Innerer Frieden

Integration Traumawissen und 5BN

Katharina Lehmann

Innerer Frieden

Integration Traumawissen und 5BN

Bibliografische Information der Deutschen Nationalbibliothek:
Die Deutsche Nationalbibliothek verzeichnet diese Publikation in der
Deutschen Nationalbibliografie; detaillierte bibliografische Daten
sind im Internet über dnb.dnb.de abrufbar.

Die automatisierte Analyse des Werkes, um daraus Informationen
insbesondere über Muster, Trends und Korrelationen gemäß §44b UrhG
(»Text und Data Mining«) zu gewinnen, ist untersagt.

© 2024 Katharina Lehmann
Titelbild: Simonetta Martini
Gestaltung des Covers: Siân Sprenger und BoD – Books on Demand
Abbildungen, inkl. Rückseite des Covers: Siân Sprenger
Lektorat: Edith und Jürg Mächler-Frey

Verlag: BoD · Books on Demand GmbH, In de Tarpen 42, 22848 Norderstedt
Druck: Libri Plureos GmbH, Friedensallee 273, 22763 Hamburg
ISBN: 978-3-7597-3502-7

Inhaltsverzeichnis

Vorwort: Selbstermächtigung durch eigenes Denken   9

1. Weltbilder Krankheit und Gesundheit   13
  1.1 Was ist Spiral Dynamics?   13
  1.2 Beiges Weltbild   16
  1.3 Purpurfarbenes Weltbild   17
  1.4 Rotes Weltbild   20
  1.5 Blaues Weltbild   22
  1.6 Oranges Weltbild   24
      1.6.1 Oranges Krankheitsverständnis   31
  1.7 Grünes Weltbild   35
      1.7.1. Grünes Krankheitsverständnis   39
  1.8 Gelbes Weltbild   41
      1.8.1 Gelbes Krankheitsverständnis   53
  1.9 Türkisfarbenes Weltbild   58

2. Stressreaktionen und psychische Erkrankungen   64
  2.1 Verbreitung psychischer Erkrankungen   64
  2.2 Ursachen psychischer Erkrankungen   66
  2.3 Wie entsteht ein Trauma?   72
  2.4 Unterschiedliche Arten von Traumata   78
      2.4.1 Systembindungstrauma   78
      2.4.2 Geburtstrauma   81
      2.4.3 Bindungs- oder Entwicklungstrauma   88
      2.4.4 Verlusttrauma   90
      2.4.5 Einzeltrauma   91
  2.5 Überlebensanteile   92
  2.6 Stressreaktionen   95
      2.6.1 Akute Auswirkungen: Nervensystem   95
      2.6.2 Akute Auswirkungen: Veränderung an Organen   96

2.6.3 Chronische Auswirkungen von Stressreaktionen 98
2.7 Das autonome Nervensystem und Stressreaktionen 101

3. Regenerationsphasen nach einer Konfliktlösung 108
3.1 Überblick über die fünf biologischen Naturgesetze 109
   3.1.1 Auslösendes Ereignis 110
   3.1.2 Zweiphasigkeit eines Sinnvollen Biologischen
       Sonderprogramms (SBS) 111
   3.1.3 Veränderungen an Geweben 112
   3.1.4 Rolle der Mikroorganismen 114
   3.1.5 Sinn der Veränderungen 120
3.2 Konfliktaktive Phase eines SBS 124
   3.2.1 Diagnoseschocks 128
   3.2.2 Konstellationen 130
3.3 Wiederherstellungsphasen eines SBS 132
   3.3.1 Dauer der Wiederherstellungsphasen 132
   3.3.2 Gewebeveränderungen und Symptome im Detail 133
   3.3.3 Linderung der Symptome 136
3.4 Themen der unterschiedlichen Gewebearten 138
   3.4.1 Stammhirn/Entoderm: Brockenkonflikte 138
   3.4.2 Kleinhirn/Alt-Mesoderm: Schutz- und Sorgekonflikte 141
   3.4.3 Marklager/Neu-Mesoderm: Selbstwertkonflikte 145
   3.4.4 Grosshirnrinde/Ektoderm: Trennungs-, Identitäts-
       und Revierkonflikte 147
3.5 Erhöhung der Schwelle für ein SBS 154

4. Ursächliche Bearbeitung emotionaler Konflikte 156
4.1 Bearbeitung emotionaler Konflikte 156
   4.1.1 Grundsätzliches zur Arbeit mit Traumata 156
   4.1.2 Systembindungstrauma: Aufstellungen 159
   4.1.3 Geburtstrauma: Holotropes Atmen 163
   4.1.4 Entwicklungstrauma: Integration abgespaltener
       Anteile und Heilung von Bindung 167
   4.1.5 Verlusttrauma: Zeit für Trauer 181

4.1.6   Einzeltrauma: Aktives Wiedererleben   185
4.1.7   Trauma aus Vorleben: Schamanische Reisen   187
4.1.8   Förderung der Affektregulation durch Beziehung   191
4.1.9   Förderung der Affektregulation durch Neurofeedback   194
4.2 Spirituelle Entwicklung und Selbsterkenntnis   200
4.2.1   Entwicklung von Gewahrsein und Präsenz   201
4.2.2   Wer sind wir wirklich?   205
4.2.3   Projektionen   208
4.2.4   Arbeit mit dem inneren Team   213
4.2.5   Arbeit mit Persönlichkeitstypen: Enneagramm   218
4.2.6   Arbeit mit Entwicklungsstufen und Weltbildern   223

5. **Ausblick**   **229**

6. **Literaturverzeichnis**   **235**

Tabellenverzeichnis

Tabelle 1: Vereinfachtes 4Quadranten-Modell nach Wilber 47
Tabelle 2: ACE-Skala mit Kategorien schädlicher Kindheitserlebnisse:
    Resultate 67
Tabelle 3: Gehirnteile und Steuerung der unterschiedlichen Gewebe 114
Tabelle 4: Gewebe und Mikroorganismen 118
Tabelle 5: SBS und Veränderungen in den einzelnen Phasen 134
Tabelle 6: Satzanfänge Ehrliches Mitteilen 193
Tabelle 7: Persönlichkeitstypen im Enneagramm 220
Tabelle 8: Methoden im vereinfachten 4Quadranten-Modell verortet 230

Abbildungsverzeichnis

Abbildung 1: Verteidigungskaskade des Nervensystems 73
Abbildung 2: Erstarrte und kollabierte Körperform 76
Abbildung 3: Überlebensanteile in Anlehnung an Ruppert 93
Abbildung 4: Das autonome Nervensystem 102
Abbildung 5: Window of Tolerance 106
Abbildung 6: Zweiphasigkeit eines Sinnvollen Biologischen
    Sonderprogramms (SBS) 111
Abbildung 7: Abgespaltene Anteile 168
Abbildung 8: Integrierter Kinderanteil 171
Abbildung 9: Neuer Vagus 192
Abbildung 10: Drama-Dreieck 210
Abbildung 11: Erwachsenen-Ich und innerer Anteil 215

Vorwort: Selbstermächtigung durch eigenes Denken

Dieses Buch ist für Menschen geschrieben, welche die Verantwortung für ihre Gesundheit selbst in die Hand nehmen wollen und sich nicht scheuen, ihre Weltbilder zu hinterfragen und wo notwendig, um 180 Grad zu drehen. Dazu braucht es Mut, weil dies in der Regel zuerst zu einer gewissen Verunsicherung und einem Verlust von Halt und Orientierung führt. Aber es wird belohnt mit Klarheit und einem umfassenderen Verständnis für unsere geistige, psychische und physische Gesundheit.

Der Glaube an Gott wurde heute bei vielen durch den Glauben an die Wissenschaft ersetzt. Wissenschaft bedeutet jedoch nicht Glauben, sondern eigenes Denken, hinterfragen, überprüfen, vergleichen unterschiedlicher Quellen. Dazu gehören auch die Prüfung potenzieller Interessenskonflikte von Wissenschaftlern/innen und deren Weltbildern oder die Finanzierungsquellen von Forschungsprojekten. Natürlich bedeutet dies einen gewissen Aufwand. Es ist anstrengender als sich durch Tageszeitungen und Fernsehsendungen berieseln zu lassen. Aber es lohnt sich, weil es zu Freiheit führt und Ängste reduziert.

Unser Anliegen ist es, aktuelles Wissen aus dem Bereich Stressregulation und Traumaverarbeitung mit dem Wissen der *Fünf Biologischen Naturgesetze (5BN)* nach Hamer zu verbinden und zu integrieren. In diesen Themengebieten gab es bezüglich Forschung und Anwendung seit den 80er-Jahren des letzten Jahrhunderts enorme Fortschritte, welche wir im Hinblick auf das Ausmass der Verbreitung zunehmenden Stresserlebens und Traumatisierungen dringend brauchen.

Zur Integration unserer langjährigen Erfahrung im Bereich der Traumaverarbeitung und Stressregulation mit den *5BN* gründeten wir, Alice Haller-Berger (meine Mutter), Elisabeth Galli und ich, Katharina Lehmann, eine Fachgruppe und tauschten uns mehrmals mit Luciano Riillo aus, einem erfahrenen TCM-Therapeuten. Zur Klärung unterschiedlicher Themen arbeiteten wir in der Fachgruppe auch mit der Aufstellungsmethode.

Weil eigene Weltbilder und Glaubenssysteme bezüglich Krankheit und Gesundheit bestimmen, wie wir mit diesem Thema umgehen, werden in *Teil 1* unterschiedliche Weltbilder mit Hilfe des Entwicklungsmodells *Spiral Dynamics* beleuchtet und skizziert. Daraus werden entsprechende Krankheitsverständnisse abgeleitet, welche ein Hinterfragen der eigenen Weltbilder ermöglichen sollen.

Krankheit und Gesundheit sind seit der Industrialisierung in privatwirtschaftlichen Händen und zu einem Geschäftsmodell geworden. Profitabel ist dieses Geschäftsmodell jedoch nur, wenn Menschen krank sind und es auch bleiben. Einem solchen Geschäftsmodell dienen Weltbilder und Glaubenssysteme, welche die Ursachen für psychische und physische Erkrankungen verschleiern.

In *Teil 2* wird das Thema Stress und Trauma vertieft. Schädliche Kindheitserlebnisse und daraus entstehende chronische Stressreaktionen sind weit verbreitet. Sie sind Hauptursachen für psychische Erkrankungen. Verschärft werden diese durch propagierte Krisen, zunehmendes Stress- und Mangelerleben und eine sich immer schneller vergrössernde Schere zwischen Arm und Reich. Bei Traumatisierungen in der Kindheit fallen wir aus dem Kontakt mit uns selbst, mit anderen und dem Kosmos. Eigenes Denken wird dadurch erschwert. Hier braucht es Heilung durch Beziehung.

Teil 3 befasst sich mit den *5BN*, insbesondere mit Regenerationssymptomen nach der Lösung von Traumatisierungen und intensiven Konflikten. Durch das Verständnis der *5BN* verändert sich das Weltbild bezüglich Krankheit und Gesundheit tiefgreifend, weil viele bekannte Symptome nicht Ausdruck einer Krankheit sind, sondern Ausdruck von Regeneration. Mit den *5BN* beschäftigen wir uns seit ungefähr drei bis vier Jahren. Die Gesetzmässigkeiten konnten wir bereits etliche Male an uns selbst sowie an unseren Klienten/innen überprüfen. Das Schöne dabei ist, es muss nichts geglaubt werden. Es kann an eigenen Symptomen selbst erfahren und überprüft werden.

In *Teil 4* geht es um die ursächliche Bearbeitung von Konflikten und Traumata. Alle Methoden, welche beschrieben werden, wenden wir in der Praxis an, nutzten sie zur Auflösungung eigener Traumatisierungen und weiterhin zu Selbsterkenntnis und spiritueller Entwicklung. Sie sollen insbesondere Hilfe zur Selbsthilfe bieten. Es ist jedoch empfehlenswert, die beschriebenen Methoden zuerst mit Unterstützung von Fachleuten anzuwenden. Insbesondere wichtig ist dies bei der Aufarbeitung frühkindlicher Traumatisierungen, da hier der Beziehungsaufbau zu sich selbst auf der Basis einer vertauensvollen Beziehung zu einem Gegenüber im Zentrum steht.

Werden Wissen und Methoden, welche in diesem Buch vermittelt werden, von Lesern/innen angewendet, geschieht dies in voller Selbstverantwortung.

Zu jeder Methode haben wir Erfahrungsberichte aus unserer eigenen Praxis beschrieben. Alle Namen wurden geändert und die Situationen jeweils leicht verändert, damit keine Rückschlüsse möglich sind.

Angaben zu uns und unseren Angeboten finden sich am Schluss des Buches.

Wir wünschen allen, dass die Verbindung des Wissens um Traumaverarbeitung und der *5BN* Ängste reduziert und eigenes Denken stärkt, damit die Freude am Leben ungehindert fliessen kann, wir inneren Frieden finden und unser Potenzial zum Wohl aller einsetzen können.

Das Buch wurde grösstenteils finanziert durch unsere Stiftung *VitaNetz*, welche wir 2021 gegründet haben mit der Vision der sozialen Dreigliederung nach Rudolf Steiner als neuer Gemeinschaftsform. Diese umfasst drei sich selbst verwaltende Bereiche: das Geistes-, Rechts- und Wirtschaftsleben. Jedem Bereich wird eine geistige Idee zugeordnet: dem Geistesleben die Freiheit, dem Rechtsleben die Gleichheit und dem Wirtschaftsleben die Nächstenliebe (Brüderlichkeit). Diese Gemeinschaftsform bietet kreative Möglichkeiten zur Lösung aktueller Probleme. Gründer/innen sind Alice Haller-Berger, Christian Kaufmann und ich. Elisabeth Galli ist freie Mitarbeiterin der Stiftung. Der Link zur Stiftung findet sich ebenfalls am Ende des Buches.

Herzlich bedanken möchten wir uns bei Luciano Riillo für den fruchtbaren Austausch und seinen Forschergeist bezüglich der *5BN*. Dies ermöglichte uns die Klärung von Fragen und Entwicklung neuer Fragen zur Integration von Traumawissen und *5BN*.

Ein ganz besonderer Dank geht an Edith und Jürg Mächler-Frey, welche den Inhalt des Buches in aufwändiger Kleinarbeit lektoriert haben und mir viele Inputs gaben, die Inhalte nochmals zu überarbeiten und zu reflektieren.

Lieben Dank auch an Brigitta Zahler für ihre hilfreichen Anregungen sowie herzlichen Dank an Siân Sprenger für die ausdrucksstarken Illustrationen und an Simonetta Martini für das Titelbild, welches das Herz berührt.

1.   Weltbilder Krankheit und Gesundheit

Zur Selbstreflexion des eigenen Weltbildes, leistet das Wertesystem *Spiral Dynamics* gute Dienste. Es beschreibt die Entwicklung der Menschheit im Hinblick auf unterschiedliche Bewusstseinsstufen.

1.1   Was ist Spiral Dynamics?

Spiral Dynamics wurde von Clare Graves, einem Psychologen, auf der Grundlage von Befragungen unterschiedlichster Gruppen und Kulturen erforscht und von Beck und Cowan (Beck et al., 2019) weiterentwickelt. In diesem System werden acht bis neun Bewusstseins- oder Entwicklungsstufen beschrieben, woraus unterschiedliche Weltbilder und Glaubenssysteme resultieren, die auch unser Verständnis von Krankheit und Gesundheit in hohem Masse prägen. Die Stufen erstrecken sich vom reinen Überlebenstrieb bis zur Verbundenheit mit allen Wesen. Diese Bewusstseinsstufen werden auch *Memes* genannt und sind durch unterschiedliche Farben gekennzeichnet. Farben wurden gewählt, damit keine Wertung entsteht. Die Entwicklung der Menschheit pendelt dabei zwischen individuellen und kollektiven Werten.

Die Entwicklungsstufen können grob in egozentrisch, ethnozentrisch (wir/nationalistisch) und weltzentrisch/Menschheitsfamilie zusammengefasst werden, wobei die Stufen acht und neun noch weiter zu einem kosmozentrischen Weltbild führen.

Die Stufen beziehen sich darauf, was wir im Alltag leben, wie wir ganz konkret unser Leben gestalten und mit anderen umgehen: also nicht auf Zustände, welche wir beispielsweise während einer Meditation erleben können (Wilber, 2007). Stufen können beim Meditieren nicht erfahren werden, weil wir dafür den Vergleich mit anderen brauchen, um unsere Weltbilder reflektieren zu können. Es braucht dazu eine andere Umgebung, einen anderen Kontext. Stufen sind dauerhafte Entwicklungen und verschwinden in der Regel nicht von heute auf morgen, wie beispielsweise die Entwicklung der Sprache ebenfalls dauerhaft ist. Stufen können auch nicht übersprungen werden. Zum Beispiel bildet ein Kind normalerweise keine Sätze, bevor es Wörter aussprechen kann. Bei Zuständen, welche kommen und gehen, ist dies anders. Beispielsweise können wir während einer Meditation Zustände von Mitgefühl, tiefer Liebe für alle und Einheit erleben, wobei diese im Alltag wieder wie weggeblasen sind, wenn unsere Muster getriggert werden. Trotzdem ist dieses vorübergehende Erleben solcher Zustände sehr hilfreich, denn wir wissen nun, wie es sich anfühlt und was auch im Alltag erstrebenswert wäre. Es gibt verschiedene Entwicklungslinien (z.B. kognitive, emotionale, moralische), wobei sich *Spiral Dynamics* auf Weltbilder und Werte bezieht.

Die Forschungsrichtung, welche sich mit Entwicklungsstufen beschäftigt, heisst *Strukturalismus*. Man stellt vielen Menschen eine Frage, wie zum Beispiel Carol Gilligan zu moralischer Entwicklung (Wilber, 2007): «Hat eine Frau das Recht, abzutreiben?» und versucht, verschiedene Antwortkategorien herauszufiltern:

- A Ja, sie hat das Recht, im Sinne von «niemand sagt mir, was ich zu tun habe» (egozentrisch).
- B Nein, sie hat nicht das Recht, da dies gegen die Bibel, die Gesellschaft, das Recht etc. verstösst (ethnozentrisch).
- C Ja, unter gewissen Umständen, weil man die Auswirkungen auf alle Beteiligten einbeziehen muss und eine Abtreibung manchmal das kleinere Übel ist (weltzentrisch).

Nach einer gewissen Zeit stellt man diesen Menschen die gleiche Frage und untersucht, ob und wie sich die Antwort verändert hat. Dabei wurde festgestellt, dass die Entwicklung immer von A nach C geht und nie umgekehrt. *Strukturalismus* versucht, die Muster zu erforschen, welche den Strukturen zugrunde liegen (Wilber, 2000).
Eine Stufe ist dabei nicht besser oder schlechter als die andere. Eine gesunde Entwicklung schliesst jeweils die vorangehende Stufe ein, transformiert diese und entwickelt sich weiter. Das heisst, je mehr Phänomene/ Perspektiven im Bewusstsein auftauchen können, desto höher die Entwicklungsstufe. Jede hat dabei sowohl gesunde Aspekte, die dem Leben dienen, als auch spezifische Fehlentwicklungen, die es zu transformieren gilt.

Nachfolgend werden die Entwicklungsstufen etwas genauer beschrieben, welche bei der Entwicklung eines Kindes ebenfalls beobachtet werden können, vor allem bei den ersten Stufen. In Kapitel 4.2.6 wird aufgezeigt, wie mit diesen Stufen gearbeitet werden kann.

Obwohl die Mehrheit der Bevölkerung Glaubenssysteme in der *Blauen, Orangen* und *Grünen Bewusstseinsstufe* aufweisen (Wilber, 2003), werden die Weltbilder bezüglich Krankheit und Gesundheit vor allem durch *Orange* und *Grün* dominiert. Deshalb sollen einerseits diese herausgearbeitet werden, andererseits zusätzlich ein Krankheitsverständnis für die *Gelbe* Bewusstseinsstufe, welches in diesem Buch weiter vertieft wird.

Im Wertesystem *Spiral Dynamics* (Beck et al., 2019) werden auch geschichtliche Zeitangaben gemacht. Dabei wird das Auftauchen von *Beige* bei ca. 100'000 Jahren v. Chr. angesiedelt, *Purpur* bei ca. 50'000 v. Chr. und *Rot* bei ca. 10'000 v. Chr. Die Entwicklung von *Spiral Dynamics* basiert jedoch auf der Befragung unterschiedlicher Bevölkerungsgruppen unserer Zeit und dem Herausarbeiten derer Glaubenssysteme. Die daraus entstandenen Bewusstseinsstufen wurden nachträglich auf verschiedene Zeitalter der Menschheitsentwicklung übertragen. Die Beschreibung unterschiedlicher Zeitalter basiert heute vor allem auf Mutmassungen und Theorien ausgehend von archäologischen Funden (Miera, 2024).
Purpur würde damit dem Jungpaläolithikum und der Entstehung des Homo sapiens in Europa vor ca. 50'000 Jahren entsprechen. Der archäologische Fund vom mittlerweile berühmten Ötzi wird beispielsweise auf nur ca. 7000 v. Chr. datiert (Wikipedia, 2024). Die Einsortierung archäologischer Funde in eine zeitliche Jahreszahl-Struktur ist schwierig und wird von geschichtlichen Chronologiekritikern/innen in Frage gestellt. Hinzu kommt, dass die Geschichte in der Regel von Kriegsgewinnern geschrieben wird, wodurch die wahren Umstände oft im Dunkeln bleiben (Garve, 2022).

Neben der offiziellen Geschichtsschreibung der Entstehung der Menschheit, welche sich vorwiegend auf ein materialistisches, darwinistisches Weltbild abstützt (FairTalk, 2021), gibt es zusätzlich die Geisteswissenschaft von Rudolf

Steiner (Steiner, 2020) mit einer spirituellen Kosmologie, welche in einem Weltenplan beschrieben ist. Dieser beschreibt ebenfalls die Entwicklung der Menschheit, jedoch basierend auf einem geistigen Weltbild. Die Angabe für das *Purpurfarbene* Weltbild könnte dem Zeitalter von Atlantis entsprechen, welches mit der Sintflut ca. 8000 v. Chr. endete. Danach entwickelte sich gemäss dem Weltenplan das urindische/vedische Zeitalter und später das urpersische. Bis zum Untergang von Atlantis könnte von der Involution des Geistes in die Materie gesprochen werden und noch nicht von Evolution. Involution heisst, dass sich der Geist zunehmend in die Materie hinein verdichtet. Erst danach inkarnierte sich das Geistige vollständig in das Physische. Vorher war nach Steiner die Verbindung mit dem physischen Körper noch viel lockerer.

Deshalb werden in diesem Buch für *Beige, Purpur* und *Rot* keine Zeitangaben gemacht. Auch Beck et al. (2019) beziehen sich bei ihren Beispielen zu den unterschiedlichen Bewusstseinsstufen ebenfalls mehrheitlich auf unterschiedliche Bevölkerungsgruppen unserer Zeit und nicht auf frühere Epochen. Ab der *Blauen* Bewusstseinsstufe wird es einfacher, Zeiträume anzugeben, weil sie näher an unserer Zeit liegen.

1.2   Beiges Weltbild

Die erste Entwicklungsstufe ist *Beige*. Diese Stufe ist instinktiv und auf das Überleben ausgerichtet. Das Zeitgefühl umfasst nur das Hier und Jetzt, der Fokus ist auf die Befriedigung körperlicher Bedürfnisse wie Nahrung, Wasser, Schlaf, Wärme, Körperkontakt, Fortpflanzung oder Sicherheit ausgerichtet.

Diese Stufe zeigt sich insbesondere bei Kleinkindern, welche ohne ein fürsorgliches Gegenüber nicht überleben könnten. Sie sind darauf angewiesen, dass eine einfühlsame Mutter ihre Bedürfnisse erfüllt. Da wir zudem nicht mit der Fähigkeit geboren werden, unsere Affekte selbst regulieren zu können, brauchen wir als Kleinkinder eine Mutter, welche uns beruhigt, wenn unsere Gefühle eskalieren. Erst dadurch lernen wir mit der Zeit, uns selbst zu beruhigen, damit unser Nervensystem nicht beim kleinsten Stresserleben eskaliert

(LaPierre & Heller, 2013). Erleben Kleinkinder kein einfühlsames Eingehen auf seine Bedürfnisse, vor allem wenn noch Missbrauch und physische Gewalt dazu kommen, führt dies zu einem Entwicklungstrauma mit schwerwiegenden Folgen auf allen Ebenen der Entwicklung. Diese Menschen können kein Urvertrauen entwickeln und werden von Angst und Wut dominiert. Daraus entwickeln sich oft Menschen mit den verschiedensten Süchten. Diese Stufe wird beispielswiese sichtbar bei Drogenabhängigen, welche auf der Strasse leben. Hier finden sich aber auch extremer Autismus (man zieht sich ganz auf sich selbst zurück) oder Soziopathie. Menschen mit soziopathischem Verhalten sind unfähig zu Mitgefühl und Schuldempfinden. Sie können andere nur benutzen, anstatt mit ihnen in Kontakt zu treten. Neben Gewalt und Missbrauch haben sie nie erlebt, wie es ist, bemuttert, gehalten und beruhigt zu werden (Fisher, 2014). Fisher beschreibt beispielsweise die Geschichte eines vierjährigen, hochtraumatisierten Jungen, welcher sich bei seinen Pflegeeltern das Essen schnappte und unter dem Tisch verschlang. Wenn sich ihm jemand näherte, machte er Laute wie ein Knurren.

Diese Stufe kann sich aber auch generell nach jeder traumatischen Situation zeigen, wie beispielsweise nach schweren Unfällen oder Naturkatastrophen. Die Beschreibung von *Beige* könnte deshalb auch vor allem zur Beschreibung eines traumatisierten Bewusstseins nach katastrophalen Erlebnissen passen.

Bedürfnisse auf dieser Stufe sind beispielsweise: Nahrung, Flüssigkeit, Schlaf, Erholung, Wärme, Fortpflanzung, Körperkontakt, Schutz, physische Unversehrtheit, Versorgung, Betäubung.

1.3 Purpurfarbenes Weltbild

Bei *Purpur* lebten Menschen in Sippen und Stammesverbänden. Das Ego war noch nicht entwickelt und ging vollständig im kollektiven Wir auf. Der Stamm bot Versorgung, Geborgenheit und Schutz. Der Rhythmus der Natur bestimmte die Bräuche und Rituale und das Zeitempfinden war zyklisch. Zugehörigkeit war überlebenswichtig und ein Ausschluss aus der Gruppe bedrohte in hohem

Masse die Existenz. Der Mensch war Teil einer Gruppen- oder Stammesseele und konnte sich noch nicht als einzelnes Individuum wahrnehmen. Falls sich doch individuelle Impulse meldeten, wurden diese von der Gruppe wieder erstickt. Sich gegen Regeln und Bräuche zu stellen, konnte sich der/die Einzelne nicht erlauben (Küstenmacher et al., 2022). Neben dem Wohlergehen der Sippe zählte das einzelne Leben nicht viel. Wer nicht zur eigenen Sippe gehörte, wurde als Bedrohung wahrgenommen (Beck et al., 2019). Durch die starke Bindung an die Gruppe war die Opferbereitschaft entsprechend hoch, Tier- und Menschenopfer üblich. Wissen wurde von den Ältesten, welche ein hohes Ansehen genossen, von Generation zu Generation mündlich weitergegeben,.

Zu *Purpur* gehört nach *Sprial Dynamics* ein magisches Denken (Beck, et al., 2019). Da sich das Individuum noch nicht ganz von seiner Umgebung differenziert, resp. getrennt hat, nahm es ausgehend von diesem Weltbild die Umgebung als belebt wahr. Bäume, das Rauschen des Windes oder das Plätschern eines Flusses sprachen zu den Menschen. Zu diesem Weltbild gehören Schamanen, Druiden und Hexen, welche im Auftrag des Stammes als Vermittler/innen die geistigen Wesen hinter den Naturkräften besänftigen sollten. Durch magische Handlungen und Rituale sollte das Schicksal der Sippe gnädig gestimmt und das Leben erleichtert werden. Als Beispiele in der heutigen Welt nennen Beck et al. (2019) die afrikanischen Zulu, die australischen Aborigines oder irische Clans.

Im Gegensatz dazu wird in der Geisteswissenschaft davon ausgegangen, dass während des Zeitalters von Atlantis für alle das Geistige sichtbar und real war und nicht die Folge einer noch nicht ganz erfolgten Trennung des Individuums von seiner Umgebung. Die Menschen verfügten nach Steiner über ein einfaches Hellsehen, weshalb es ausser Frage stand, dass hinter allen Naturkräften geistige Wesenheiten wirkten (anthrowiki, 2024). Die damaligen Menschen konnten sich zu jener Zeit allerdings darüber keine Gedanken machen, weil der Verstand noch nicht wie heute entwickelt war. Es war ein unbewusstes Hellsehen. Die geistige Welt führte den Stamm durch Eingeweihte. Deshalb könnte in diesem Zeitraum von Involution des Geistes gesprochen werden und nicht von Evolution, weil Seele und Geist noch nicht ganz in der Materie verankert waren. Dieses Hellsehen ging mit der Verlagerung des Fokus auf die äusseren Sinne nach und nach ganz verloren und sollte heute wieder neu entwickelt werden: heute jedoch in einer bewussten Art und Weise, wofür die Geisteswissenschaft (Steiner, 1980) entsprechende Anleitungen gibt.

Seit einiger Zeit erlebt *Purpur* mit der esoterischen Szene ein Revival (Küstenmacher et al., 2022). Das Positive ist sicherlich, dass dadurch das Geistige nach dem Materialismus wieder an Bedeutung gewann. Jedoch drückt sich damit teilweise eine kindliche Spiritualiät aus. Diese zeigt sich darin, dass Bestellungen beim Universum gemacht, Wunder erwartet, magische Handlungen vorgenommen werden, um glücklich oder gesund zu werden. Oder man lässt sich auf alle erdenklichen Arten energetisch behandeln, was nicht heissen soll, dass dies nicht auch nützlich und hilfreich sein kann. Alle Behandlungen sollten jedoch dazu führen, dass der/die Ratsuchende Hilfe zur Selbsthilfe erhält, was hier oft nicht der Fall ist. Nach einer Heilbehandlung fühlen sich die Behandelten zwar für ein paar Tage oder Wochen besser, aber es ist in der Regel nicht nachhaltig. Wenn es nicht dazu führt, dass das symptomverursachende Thema mit Erkenntnis durchdrungen werden kann, führt es bloss in neue Abhängigkeiten. Abgespaltene Anteile mit ihren Symptomen (s. Kapitel 4.2.3 und 4.2.4) lassen sich in der Regel weder wegmeditieren noch magisch auflösen. Diese Anteile werden dadurch nur einsamer, weil dies nicht dazu führt, dass wir uns ihnen bewusst zuwenden.

Alles, womit wir heute unsere Familienverbundenheit ausdrücken, sind Aspekte von *Purpur*. Dies erstreckt sich von geerbtem Schmuck, über das gute Geschirr der Grossmutter hin zu geselligen Familientreffen am Sonntag, Geschenken oder Eheringen (Küstenmacher et al., 2022). Weiter gehören zu *Purpur* alle Arten der Signale von Zugehörigkeit, wie beispielsweise gleiche Tricots beim Fussballclub oder die gleichen Mützen in einem Verein.
Krisenzeiten aktivieren *Purpur,* wobei Menschen vermehrt die Geborgenheit und Sicherheit in der Gruppe suchen.

Bei der Entwicklung des Kindes spiegelt sich *Purpur* in der symbiotischen Verbindung mit der Mutter. Eine heilsame Bindung zwischen Mutter und Kind ist ein Ausdruck für gesundes *Purpur*. Das Kind beginnt zwar langsam zu erkennen, dass es nicht der Körper ist, sondern einen Körper hat, geht seelisch aber noch ganz im Wir mit der Mutter auf.

Kann sich ein Kind nicht aus der Symbiose mit der Mutter lösen, zeigt sich ungesundes *Purpur* im Erwachsenen-Alter in schwachen Ego-Kräften. Durch eine erstickende Symbiose kann das Kind neben seinem Bedürfnis nach Nähe, seinem Bedürfnis nach zunehmender Autonomie nicht nachkommen. Die eigenen Willensimpulse werden dadurch nicht ausgebildet. Es bleibt in seiner Entwicklung im Wir stecken (s. auch Kapitel 2.4.3).

Ungesundes *Purpur* drückt sich zusätzlich im Helfersyndrom, in Co-Abhängigkeit oder Beziehungssucht aus. Bei Beziehungssucht wird alles getan, um das Wir zu erhalten und damit vermeintlich die eigene Existenz. In der Psychologie und Psychiatrie wird dies oft als abhängige Persönlichkeit oder Borderline-Persönlichkeit diagnostiziert.

Bedürfnisse auf dieser Stufe sind beispielsweise: Zugehörigkeit, Zusammenhalt, Sicherheit, Bindung, Gemeinschaft, Rituale, Harmonie, Vertrauen, Unterstützung, Fürsorge.

1.4 Rotes Weltbild

Aus dem Verbund von Gruppenseelen in Sippen entwickelte sich langsam das Bewusstsein eines Egos, welches sich daraus zu lösen begann, um sich mehr und mehr als ein eigenständiges Wesen zu erleben. Der Mensch wurde sich seiner persönlichen Triebe und Bedürfnisse bewusst sowie seiner Fähigkeit, Einfluss auf die Umwelt zu nehmen und anderen zur Befriedigung seiner Triebe auch den Willen aufzuzwingen. Der Slogan für *Rot* ist, «Ich will, jetzt!» Aus der Symbiose von *Purpur* gelöst, ist dieses Ego nun fähig, sich als ein getrenntes Wesen wahrzunehmen. Allerdings ist hier die Fähigkeit nicht entwickelt, sich in andere einzufühlen und anzuerkennen, dass sie ebenfalls eigenständige Egos sind. Diese enwickelt sich erst nach und nach mit dem Ich. *Rot* ist deshalb egozentrisch.

Abgrenzung, eigene Kraft und Macht spielen hier eine grosse Rolle. *Rot* setzt starke Kräfte frei, welche sich in Lebenslust, dem Drang an Eroberungen, Wille zum Sieg und der Entdeckung von Neuem spiegeln. Hier gilt das Recht des Stärkeren und dessen Gesetze. Beck et al. (2019) nennen als Beispiele mächtige Stadtstaaten wie Babylon, Athen oder Rom.

Während sich der Mensch auf der *Purpurfarbenen* Entwicklungsstufe bei Gefahr zusammenrottet, tritt der Mensch auf der *Roten* Entwicklungsstufe der Gefahr mit Mut und Tatkraft entgegen. Wenn Stämme sich wegen ihrer Lebensräume bekämpften, waren es die *Roten* Anführer, die gewonnen haben, beispielsweise wie Julius Caesar oder Alexander der Grosse (Beck et al., 2019).

Rot zeigt sich bei Kindern während der Trotzphase. Das Kind beginnt, sich getrennt von Mutter und Vater zu erleben und die Wörter «Nein!» und «Ich will!» stehen im Zentrum. Das Kind möchte seine Kraft spüren und sucht nach Grenzen, welche es überwinden kann. Diese Stufe ist entscheidend dafür, dass wir uns als getrenntes Wesen wahrnehmen und uns aus der Symbiose mit der Mutter und der Gruppe lösen können. Hier müssen Eltern einen guten Mittelweg finden zwischen dem Setzen von Grenzen und Freiraum. So kann sich das Kind einerseits als eigenständiges Wesen erleben, andererseits wird es sozialisiert, damit ein Auskommen mit anderen möglich wird. Setzen Eltern Kindern während der Trotzphase nicht genügend Grenzen, können kleine Tyrannen gezüchtet werden, die leider oft auch zu grossen werden (Prekop, 1988). Im Extrem gipfelt dies in narzisstischem Verhalten, bei welchem sich das Ego als der Nabel der Welt betrachtet und andere als den verlängerten Arm zur Befriedigung seiner Triebe und Bedürfnisse.

Ungesundes *Rot* bedeutet damit Dominanz und Machtmissbrauch. Angst, Schuld und Scham werden abgespalten und bei anderen verachtet. Dies kann zu Grausamkeit ohne Gnade führen. Andererseits heisst das aber auch, dass es hier bereits so etwas wie ein Schuldempfinden gibt, im Gegensatz zum soziopathischen Verhalten bei *Beige*, es wird allerdings mit allen Mitteln bekämpft. *Rot* zeigt sich auch bei Sportarten wie Rugby, bei Strassenbanden oder Fussballvandalismus.
Unser aktuelles Geldsystem entspringt ebenfalls dieser Bewusstseinsstufe. Es ist ein Zinsgeld, welches sich am Anfang langsam, aber dann exponentiell zu

einem *Winner-takes-it-all-System* entwickelt, welches in der Welt unsägliches Leid angerichtet hat und die Schere zwischen Arm und Reich immer noch grösser werden lässt. Dabei ginge es nicht darum, das Geld als Tauschhilfe abzuschaffen, sondern das destruktive Zinsgeldsystem (Pfluger, 2019; Gartz, 2018).

Bedürfnisse auf dieser Stufe sind beispielsweise: Abgrenzung, Macht, Spontaneität, Kraft, Vergnügen, Neues entdecken, Eroberungen, Triebbefriedigung, Lust, Intensität, alles oder nichts, Sieg, Rausch.

1.5 Blaues Weltbild

Blau entwickelte sich ca. ab 5000 v. Chr. Religionen mit einem Gott wie das Judentum, das Christentum oder der Islam ermöglichten mit der Zeit, unabhängig von Blutsverwandtschaft, Teil einer Gemeinschaft zu werden. Verpflichtete man sich, diesem einen Gott zu dienen und seinen Geboten und Verboten vorbehaltlos zu folgen, wurde man in die Gemeinschaft aufgenommen. Moses und die zehn Gebote (mit vielen weiteren Regeln) sind ein Beispiel dafür. *Blau* ist deshalb ethnozentrisch. Im Gegensatz zum *Roten* Weltbild stand nicht mehr die Sofort-Befriedigung eigener Bedürfnisse im Zentrum, sondern ein Leben im Dienste eines einzigen Gottes, einer Wahrheit und eines richtigen Weges. Die Menschen waren bereit, diese Regeln zu befolgen und sich einem übergeordneten Plan unterzuordnen, damit sie später (im Jenseits) dafür belohnt würden. Das Individuum hatte wie bei *Purpur* wieder zu Gunsten des Kollektivs zurückzustehen. *Blau* brachte basierend auf einem religiös-hierarchischen System viel Struktur und Ordnung in die Gemeinschaft. Da wo *Rot* auf die Befriedigung im Hier und Jetzt auf Kosten anderer ohne Rücksicht auf Verluste ausgerichtet ist, wurde in der *Blauen* Bewusstseinsstufe erkannt, dass es der Gemeinschaft nützt, wenn Begierden und Impulse beherrscht werden können (Beck et al., 2019).

Mit der Gründung von Rom gewannen ausserdem der Rechtsstaat mit vielen Gesetzen sowie eine zunehmende Infrastruktur an Bedeutung. Mit Rom wurde allerdings neben dem Menschen auch der fiktive Bürger geschaffen, wodurch dieser sich selbst entfremdet wurde (anthrowiki, 2022).

Mit der Geburt von Jesus Christus gab es bei *Blau* bereits einen neuen Impuls, welcher Freiheit, Wahrheit und Eigenständigkeit bringen sollte und mit dem Neuen Testament das Alte ausser Kraft setzte. Mit dem Neuen Testament sollte nicht mehr blind geglaubt, sondern selbst durchdacht werden. Ca. 300 n. Chr. wurde das Christentum in Rom zur Staatsreligion erhoben. Anfänglich nahm die Katholische Kirche diese neuen Impulse des Christentums auf, verbot aber aus Angst vor Machtverlust mit dem 8. Ökumenischen Konzil von Konstantinopel im Jahr 869 den *Geist*, welcher zu einem Anhängsel der *Seele* degradiert wurde. Damit wurden diese Impulse im Keim erstickt (Bonneval, 2014). Die Machtanwendung der Kirche gipfelte dann in der Inquisition und Hexenverbrennung, wenn vom richtigen Glauben abgewichen wurde, resp. vor allem, um zu frei denkende Menschen loszuwerden.

Ungesundes *Blau* kann daher die Triebfeder für Fundamentalismus, fanatische Ideologien und Patriotismus sein und zu einem dogmatischen Richtig-Falsch-Denken führen, mit dem Slogan, «bist du nicht für uns, bist du gegen uns». Auf dieser Basis führen Druck, Regeln und Vorschriften zu Überanpassung des Egos sowie zu einem intensiven Schuld- und Schamgefühl, wenn davon abgewichen wird. Prägend ist hier der weit verbreitete Glaubenssatz der Kirche, wir wären alle Erbsünder/innen, welche Gott mit Krankheit und Tod bestraft. Bei dieser Entwicklungsstufe steht der Glaube im Zentrum, welcher unter keinen Umständen hinterfragt werden durfte, wobei Loyalität gegenüber der eigenen Gemeinschaft einen zentralen Wert darstellt.

Andererseits ist jedes System auf ein gesundes *Blau* mit einer gewissen Ordnung, Strukturen und Regeln angewiesen, um funktionieren zu können. Dies führt zu Verlässlichkeit und Verbindlichkeit. Durch Übertreibung entsteht jedoch ineffiziente Bürokratie, welche Prozesse lahmlegt und die Kreativität erstickt.

Bei der Entwicklung des Kindes beginnt diese Bewusstseinsstufe mit der Einschulung und der zunehmenden Entwicklung des Verstandes ab ca. zwölfeinhalb Jahren (Burkart/Youtube, 2019). Das Kind lernt zusätzlich, sich neben der Familie in ein neues soziales System mit anderen Regeln zu integrieren.

Bedürfnisse auf dieser Stufe sind beispielsweise: Orientierung, Ordnung, Struktur, Sicherheit, Kontrolle, Verlässlichkeit, Verbindlichkeit, Rücksicht, Loyalität, Anerkennung.

Zeitspanne: ca. 5000 v. Chr.- 15. Jahrhundert

1.6   Oranges Weltbild

Wird *Blau* zu extrem, unterdrückt es die weitere individuelle Entwicklung und den eigenen Ausdruck. Daraus erwuchs ein starkes Bedürfnis nach individueller Freiheit und Selbstbestimmung. Dies spiegelte sich in den Werten der Aufklärung mit Freiheit, Gleichheit und Brüderlichkeit (Geschwisterlichkeit). Demokratien wurden geschaffen, die Habeas-Corpus-Akte erlassen, welche Rechtssicherheit gewähren sollte, die Sklaverei abgeschafft und die Menschenrechte deklariert. Auf dieser Basis wurde auch eigenes Unternehmertum begünstigt sowie der Beginn der Industrialisierung.
Genau wie *Rot* ist auch *Orange* auf die Verwirklichung eigener Bedürfnisse ausgerichtet, jedoch auf der Grundlage von Recht, Ordnung und den Menschenrechten (weltzentrisch). *Orange* schliesst *Blau* ein und arbeitet innerhalb von Strukturen. Da wo *Rot* durch Ausübung von Macht dominiert, möchte *Orange* gewinnen, erfolgreich sein, Wohlstand vermehren und hat daher ein Interesse daran, dass andere auch längerfristig mitspielen (Beck et al., 2019).

Obwohl die Inquisition noch bis Ende des 18. Jahrhunderts andauerte, gewann die Wissenschaft zunehmend an Eigenständigkeit. Alte Vorstellungen von Gott und der Kirche wurden in Frage gestellt und vieles als Angstmacherei entlarvt. Allerdings wurde oft nicht nur die Kirche hinausgeworfen, sondern gleichzeitig auch das Geistige.

Wissenschaft bedeutet Erkenntnis auf der Basis von Logik, auf Gedanken darüber, was menschliche Erkenntnis überhaupt ist. Diese wurde bereits 350 v. Chr. von Aristoteles entwickelt. Auf dieser Grundlage erarbeitete Euklid 250 v. Chr. die Mathematik, welche zu Beginn des 15. Jahrhundert die Basis der

Naturwissenschaften wurde. Dies ist der Beginn der Moderne. Wissenschaft bedeutet, sich des eigenen Denkens zu bedienen, dadurch Wissen zu erlangen und nicht mehr blind glauben zu müssen, was Herrschende vorgeben (FairTalk, 2021). Dadurch können wir selbst prüfen, was der Wahrheit entspricht. Wissenschaftliches Arbeiten umfasst die folgende Vorgehensweise (Bortz & Döring, 1998):

- Exakte Beobachtung und Sammeln von Daten
- Formulierung von Hypothesen und Theoriebildung
- Überprüfen der Hypothesen an der Wirklichkeit durch Experimente

Beim Formulieren von Hypothesen wäre die Klärung verwendeter Begriffe Voraussetzung, damit darunter alle das Gleiche verstehen. Dies müsste in den Sozialwissenschaften mit einer Definition des Menschen beginnen und mit dieser die dahinterstehenden Weltbilder. Dazu beim *Gelben* Weltbild mehr.

Heute gibt es in der Wissenschaft zusätzliche Gütekriterien (Mayring, 2003) für wissenschaftliches Arbeiten, wie etwa die Wiederholbarkeit der Ergebnisse durch andere Forscher/innen oder das Vergleichen von Experimentalgruppen mit Kontrollgruppen. Kontrollgruppen sind Gruppen, welche beispielsweise keine Behandlung mit Medikamenten erhalten, im Gegensatz zu den Teilnehmenden in der Experimentalgruppe. Ist das Medikament wirksam, sollte sich die Wirkung nur bei den Teilnehmenden der Experimentalgruppe zeigen und nicht bei den Teilnehmenden der Kontrollgruppe. Bei vielen pharmakologischen Studien gibt es jedoch oft keine Kontrollgruppen. Das heisst, die Ergebnisse der Experimentalgruppe, welche das Medikament A erhalten hat, werden ausschliesslich mit einer Gruppe verglichen, welche das Medikament B erhalten haben. Ob aber die Ergebnisse gleich oder sogar besser gewesen wären ohne Behandlung mit Medikamenten, wird nicht untersucht (Gotzsche, 2016). Die vertiefte Auseinandersetzung mit wissenschaftlichen Studien braucht sicherlich gewisse Kenntnisse, aber bereits mit der Klärung, ob Kontrollgruppen durchgeführt wurden oder eben nicht, erhält man wichtige Informationen. Zusätzlich kann auch relativ schnell überprüft werden, ob bei den einzelnen Forschenden Interessenskonflikte vorliegen (beispielsweise persönliche Mandate in der Pharmaindustrie) und wer die Studien finanziert.

Wird der Glaube an Gott und die Kirche nicht durch eigenes Denken ersetzt, besteht die Gefahr, dass dieser lediglich durch den Glauben an eine andere Institution ersetzt wird. Anstatt selbst zu denken, glaubt heute ein grosser Teil der Bevölkerung immer noch blind: heute nicht mehr dem, was die Kirche vorgibt, sondern dem, was sogenannte Wissenschaftler/innen sagen. Dies eignet sich für unterschiedliche Interessen hervorragend, die Mehrheit der Bevölkerung durch Manipulation und Propaganda in eine gewünschte Richtung zu lenken, um Macht und Profit nach Belieben zu vermehren (Mausfeld, 2019; Rügemer, 2020; Meyen, 2021). Zu den längerfristigen Propaganda-Techniken gehört beispielsweise das *Deep Marketing*. Die zunehmende Abhängigkeit der Forschung von Drittmitteln aus der Wirtschaft eröffnet Konzernen interessante Perspektiven. Kreiss (2020) beschreibt beispielsweise die Gründung eines Ethikinstituts für künstliche Intelligenz an der Technischen Universität München, welches durch Facebook finanziert wurde. Durch die gezielte Selektion des Institutsleiters wurde gleich sichergestellt, dass keine unbequemen Forschungsfragen gestellt werden, welche die Ideologie des Neoliberalismus in Frage stellen könnten. Im Neoliberalismus wird einzig und allein das Individuum für Erfolg oder Misserfolg verantwortlich gemacht (Mausfeld, 2019). Solche Forschende müssen praktischerweise auch nicht bestochen werden, da sie diese Ideologie durch und durch verkörpern.

Mit *Orange* wurde das Wahre (Wissenschaft), das Schöne (Kunst) und das Gute (Moral) ausdifferenziert (Wilber, 2007). Das heisst, diese drei Bereiche wurden voneinander unabhängig. Dies ist die Grundlage des *4Quadranten-Modells* von Wilber, welches bei der *Gelben* Bewusstseinsstufe eingehender beschrieben wird. Kunst, Moral und Wissenschaft gab es auch in der Vormoderne, aber die Kirche bestimmte, wie diese auszusehen hatten.

Ungesundes *Orange* zeigt sich darin, dass es nicht bei einer friedlichen Ausdifferenzierung dieser drei Bereiche blieb. Insbesondere wurde die Wissenschaft zunehmend zu einem übersteigerten Materialismus. Bis zu einem gewissen Grad ist dies nachvollziehbar, denn für Beobachtungen von Phänomenen braucht man die Sinne und entsprechende Instrumente, welche die Sinne beim Beobachten unterstützen. Die Erforschung der Kräfte der Materie erlaubte zunehmend deren Handhabung, was technologische Errungenschaften ermöglichte. Da sich das

Geistige nicht mit den Sinnen und Messinstrumenten erfassen liess, begann man zu bezweifeln, ob eine geistige Welt überhaupt existiert. Durch die Erforschung von Bewusstseinszuständen beispielsweise wurde entdeckt, dass sich diese in unterschiedlichen Frequenzen von Hirnwellen spiegeln. Aus diesem Zusammenhang (einer Korrelation) wurde fälschlicherweise eine Ursache gemacht, indem behauptet wurde, die unterschiedlichen Bewusstseinszustände würden durch elektrische Signale erzeugt. Dadurch wurde die Frage aufgeworfen, ob überhaupt sogenannt geistige, metaphysische Realitäten gebraucht würden, wenn ja alles Aspekte der sinnlich erfahrbaren und messbaren Welt wären: Bewusstsein und Gedanken als ein Produkt chemischer und elektrischer Vorgänge im Gehirn, Gotteserfahrungen erzeugt durch unterschiedliche Hirnwellen (Wilber, 2007). Diese Schlussfolgerung kann etwa mit derjenigen verglichen werden, unterschiedliche Programme würden im Fernseher erzeugt. Genau dieses Dogma prägt bis heute die (Neuro)wissenschaften. Leben entsteht in diesem Weltbild durch das Zusammenwirken selbstorganisierender physikalischer Kräfte und chemischer Stoffe. Die Begriffe Leben und Stoff werden dabei allerdings nicht klar definiert. Ausserdem ist es im Alltag offensichtlich, dass sich Systeme nicht einfach selbst organisieren. Denn nicht einmal der Müll trägt sich selbst hinaus. Es ist letztlich immer ein geistiges Wesen, welches dies, früher oder später, doch mal erledigt. Trotzdem ist dieses Weltbild nach wie vor die Grundlage der akademischen Welt (FairTalk, 2021; Burkart/Youtube, 2021).

Das Wahre wurde von einem zunehmend aggressiven wissenschaftlichen Materialismus verdrängt und begann, die Bereiche des Schönen und Guten zu dominieren, wobei ihnen jeder Boden der Realität entzogen wurde. Menschen wurden ausgehend davon als biologische Maschinen betrachtet, welche in ihre Teile zerlegt und das Geistige auf Materie, Energie, Felder und Naturkräfte reduziert wurde. Die Frage, wer diese Energien und Kräfte verursacht, wurde nicht mehr gestellt (Burkart, 2018). Alles, was nicht mit den äusseren Sinnen erfasst werden konnte, wurde als Aberglauben abgetan, womit auch noch die Seele abgeschafft wurde. Im Jahr 869 erledigte dies die Kirche ja bereits im Hinblick auf den Geist (Bonneval, 2014). Das Ich und das Wir wurden zum Objekt degradiert, welchen jede tiefere Bedeutung und Sinnhaftigkeit abgesprochen wurden. Wilber (2007) nennt dies *Flachland*.

Die aktuelle Blüte des Materialismus ist der heute von gewissen Interessensgruppen geplante und propagierte *Transhumanismus*. Wenn davon ausgegangen wird, dass Menschen nur hochkomplexe Maschinen sind, kann der Körper durch künstliche Intelligenz ersetzt werden, die Umwandlung eines kohlenstoffbasierten Köpers in einen silikonbasierten. In diesen neuen, immer jungen Köper soll das Gehirn downgeloadet werden, um dadurch Unsterblichkeit zu erlangen. Wilber (2003) beschreibt dies in einer Art Karikatur in seinem Buch *Boomeritis*. Es befasst sich damit, welche Bewusstseinsstufe von *Spiral Dynamics* letzten Endes downgeloadet werden sollte.

Dieser Irrsinn hätte nie ernsthaft Fuss fassen können, wenn Traumatisierungen nicht weit verbreitet wären (s. Kapitel 2.1 und 2.2). Denn eine mögliche Folge von Trauma ist der Wunsch, den Körper zu eliminieren, da er die Quelle von Schmerz und Leid ist.

Der moderne Westen ist die erste Zivilisation, welche das Geistige vollkommen leugnete. Materialismus bedeutet, dass eine geistige Welt nicht existiert. Im 19. Jahrhundert gesellte sich Darwins Evolutionstheorie dazu, welche davon ausgeht, der Mensch wäre durch Zufall und Selektion entstanden und hätte sich dadurch zu einem höheren Säugetier entwickelt. Auf dieser Basis entwickelte sich die Verhaltenspsychologie, welche ausgehend von Pavlows Experimenten mit Hunden den Schluss zieht, dass der Mensch über Reiz und Reaktion konditionierbar und steuerbar ist (Atkinson et al., 1990). Reiz und Reaktion sind beobachtbar, was im System Mensch passiert, wurde zur Blackbox erklärt. Die Verhaltenspsychologie bleibt deshalb Symptombehandlung, weil sie nicht in die Blackbox schaut. Dieses Verständnis prägt das Weltbild von Krankheit und Gesundheit ebenfalls massgeblich. Heute wurde die Verhaltenspsychologie zur kognitiven Verhaltenspsychologie weiterentwickelt, welche gute Dienste zur Bewältigung des Alltags leisten kann.

Auch die westliche Wirtschaft ist stark durch *Orange* geprägt. Sie ist ambitioniert, auf Wachstum, Innovation, Wettbewerb und individuellen Erfolg ausgerichtet, wobei sie die Realwirtschaft zunehmend verdrängt. In gesundem Mass fördert dies Unternehmertum, Kreativität und Eigeninitiative. Mit der Zeit führt dies jedoch dazu, dass die Grösseren immer schneller die Kleineren schlucken, was Wettbewerb und eine echte Konkurrenz ausser Kraft setzt. Heute sind wir bei Monopolen und Kartellen angelangt, bei wenigen mächtigen, globalen Playern, welche die gesamte Wirtschaft dominieren und mit gezieltem Lobbyismus die Politik steuern. Rügemer (2020) zeigt dies in seinem Buch «Die Kapitalisten des 21. Jahrhundert» systematisch auf. Die Pharmaindustrie beispielsweise musste in Amerika wegen illegalem Marketing, Marktmanipulation und Fehlinformation bereits viele Milliarden Busse bezahlen (Gotzsche, 2016). In den unterschiedlichsten Bereichen finden sich immer wieder die gleichen Namen, allen voran die Vermögensverwalter Blackrock, Vanguard und State Street. Diese Kartelle, welche nichts mehr mit einem gesunden *Orange* zu tun haben, beuten Mensch, Tier und Natur rücksichtslos aus.

Durch die Industrialisierung und der damit verbundenen Effizienzsteigerung wurden Arbeitsplätze geschaffen, welche durch Fliessbandarbeit, zunehmende Bürokratisierung und Spezialisierung ganzheitliche Tätigkeiten immer mehr zerstückelten (St. Louis, 2015). Der Mensch konnte dadurch nicht mehr erfahren, wie durch seinen Beitrag etwas Ganzheitliches erschaffen wird. Dies hatte massive Auswirkungen auf die Sinnhaftigkeit, auf das Interesse an der Arbeit und auf das Verantwortungsgefühl. Man wurde zu einem ohnmächtigen, unbedeutenden Rädchen im System, welches die Bedürfnisse dieser Entwicklungsstufe nach Selbstbestimmung und Eigenständigkeit erstickte.

Bei der Entwicklung des Kindes beginnt diese Bewusstseinsstufe mit der Pubertät. Jugendliche suchen nach einer eigenen Identität und streben nach mehr Selbstbestimmung und Eigenständigkeit, Autoritäten werden zunehmend in Frage gestellt.

Mit dem Hinterfragen von Autoritäten und dem eigenständigen Prüfen derer Aussagen klappt es in unserer Gesellschaft grösstenteils noch nicht, wie das blinde Befolgen sinnloser Corona-Massnahmen zeigte. Hier wurde der alte Glaube an die Vorgaben der Kirche einfach ersetzt durch den Glauben an das, was die Wissenschaft sagt: eine sogenannte Wissenschaft, welche diesen Namen nicht verdient.

Das Ausmass von Obrigkeitsgläubigkeit und der Einfluss der Autorität im «Kittel in Weiss» verdeutlichte das mittlerweile berühmte Milgram-Experiment nach dem 2. Weltkrieg (Stroebe et al., 1992). Bei diesem Experiment mussten Versuchspersonen Lernende mit zunehmend höheren Stromstössen bestrafen, wenn sie Fehler machten, wobei von Seite des Versuchsleiters Druck aufgesetzt wurde, wenn sie sich weigerten. Bei den Lernenden handelte es sich um Schauspieler/innen, welche je nach Intensität der Stromstösse Schmerzen signalisierten. 62.5% der Versuchspersonen zeigten maximalen Gehorsam und gaben sehr gefährliche bis tödliche Stromstösse. Fast alle Versuchspersonen machten weiter (92%), wenn sie die Stromstösse nicht selbst verabreichen mussten. Stiegen jedoch zusätzliche Versuchsleiter aus, machten «nur» noch 10% der Versuchspersonen weiter. Bereits Milgram versuchte neben den situativen Einflüssen herauszufinden, ob es personelle Unterschiede zwischen den Versuchspersonen gab. Dies führte aber zu keinen Erkenntnissen. Heute könnte beispielsweise untersucht werden, ob die Fähigkeit zum eigenen Denken die individuellen Unterschiede erklären könnte.

Damit niemand mehr sagen kann, er oder sie hätte bloss Befehle und Anweisungen befolgt, gibt es heute den Tatbestand der Verbrechen gegen die Menschlichkeit (auf Englisch treffender *crimes against humanity*), welcher nach den Verbrechen des 2. Weltkrieges eingeführt wurde und auch Ausführende in die Verantwortung nehmen soll.

Im Hinblick auf die Leichtgläubigkeit der Mehrheit der Bevölkerung bezüglich dem, was in den Mainstream-Medien steht, sei dies bezogen auf die Corona-Krise, Kriegstreiberei oder Klimahysterie, etc., haben wir die *Orange* Bewusstseinsstufe des eigenständigen Denkens als Menschheit noch nicht verwirklicht.

Bedürfnisse auf dieser Stufe sind beispielsweise: Selbstbestimmung, Selbstverantwortung, Freiheit, Erfolg, Gleichheit, Brüderlichkeit/Geschwisterlichkeit, Wettbewerb, Handlungsspielraum, Gestaltung, Wissen/Fragen, Leistung, eigenes Denken.

Zeitspanne: 15. Jahrhundert bis heute

1.6.1 Oranges Krankheitsverständnis

Das Weltbild des Körpers als Maschine dominiert nach wie vor in der Schulmedizin und bei der Mehrheit der Bevölkerung das Verständnis von Krankheit. Der Körper muss repariert werden, wenn er Probleme bereitet oder geschützt, wenn er von Mikroorganismen angegriffen wird.

Krankheiten werden verstanden als mechanische Störungen, welche sich durch Schmerzsignale bemerkbar machen, wobei das Zusammenspiel von Organen auf eine Art Uhrwerk reduziert wird (Reuther, 2022). Wenn einzelne Teile nicht richtig funktionieren, müssen diese geflickt, ersetzt, oder entfernt werden. Wird der Körper von Bakterien oder Viren angegriffen, müssen diese abgetötet und durch Impfstoffe immunisiert werden. Der Körper als Kriegsschauplatz mit einem Immunsystem, welches durch Impfungen stimuliert werden soll, damit es entsprechend aufgerüstet werden kann, um sich erfolgreich gegen Mikroorganismen zur Wehr setzen zu können. Mutter Natur als Bedrohung und Feindin, was auf eine Analogie zu den weitverbreiteten Traumatisierungen in der Kindheit hindeutet (s. Kapitel 2.4.3).

Die Infektionstheorie geht bereits auf über 2500 Jahre in das griechisch-römische Zeitalter zurück, konnte aber damals neben der Säftelehre nicht richtig Fuss fassen (Reuther, 2022). Gleichzeitig entstand die Idee, dass man den Körper gegen Gifte immunisieren könnte, da beobachtet wurde, dass Menschen, welche regelmässig Alkohol tranken, mehr davon vertrugen. Dass dies mit einer Mehrproduktion von Enzymen zusammenhängt, um den Alkohol abzubauen, war damals noch nicht klar (Garve, 2021). Schon damals gab es Theorien bezüglich winzig kleiner Tierchen, welche sich in sumpfigen Gegenden vermehren und durch die Atmung in Nase und Mund eindringen würden. Im 16. Jahrhundert ging man davon aus, dass Syphilis, Tuberkulose, Pest oder Lepra durch unsichtbare Erreger von Mensch zu Mensch übertragen würden, welche mit der immer noch verbreiteten Säftelehre und einer gestörten Balance der Körperflüssigkeiten nichts zu tun hätten (Reuther, 2022). Auch Hahnemann, der Begründer der Homöopathie, ging bei Cholera von kleinen tödlichen Lebewesen aus. Dass es tatsächlich Mikroorganismen gibt, wurde im 19. Jahrhundert mit dem Mikroskop nachgewiesen und damit die Keimtheorie bestätigt. Dass diese jedoch Seuchen (von siech/schwach, krank) verursachen sollten, blieb reine Theorie. Hier wurde fälschlicherweise eine Korrelation (etwas, was gleichzeitig vorhanden ist) zu einer Kausalität (Ursache) gemacht. Mehr dazu in Teil 3.

Auch Virchow warnte zuerst davor, Seuchen mit dem Nachweis von Krankheiten gleichzusetzen (Reuther, 2022). Denn durch soziale und hygienische Massnahmen verschwanden sogenannte Seuchen wie beispielsweise Cholera und Typhus, also nicht dank der Medizin, sondern durch die Erstellung von Kanalisationen, der Trinkwasserversorgung, ausreichender Ernährung, sicheren Wohnquartieren, etc. Cholera und Typhus sind keine Infekte, sondern die Folge von verschmutztem Wasser durch Fäkalien oder Leichengifte. Der Körper reagiert darauf mit Erbrechen, Durchfall und Schwitzen.

Da die humanitäre und wissenschaftliche Argumentation beim Preussischen König und seiner Regierung auf taube Ohren stiess, schwenkte Virchow um und war massgeblich daran beteiligt, dass die Wissenschaft 1858 verstaatlicht wurde (Lanka, 2021/2). Das bedeutete bereits damals das Ende einer freien Wissenschaft.

Auch die systematische, statistische Recherche von Buchwald (2020) belegte, dass der behauptete Rückgang sogenannter Seuchen nach den Impfungen nichts mit diesen zu tun hatten, sondern diese jeweils bereits vorher auf Grund verbesserter Lebensbedingungen fast verschwanden.

Pasteur und Koch machten Mikroorganismen regelrecht zu Übeltätern, welche es mit allen Mitteln zu bekämpfen galt. Für beide waren Infektionskrankheiten zufällige Ereignisse, welche nichts mit Lebensbedingungen zu tun hätten, wobei hier finanzielle Interessen eine grosse Rolle spielten. Pasteur war lange Auftragsdienstleister der Chemie- und Agrarindustrie. Impfstoffe ermöglichten durch Mikrobenangst den Aufschwung der pharmazeutischen Industrie, was gleichzeitig auf fruchtbaren politischen Boden fiel (Reuther, 2022). Durch die Freigabe der Tagebücher von Pasteur gegen Ende des letzten Jahrhunderts konnte festgestellt werden, dass es sich bei der Virenbehauptung und seinen Experimenten mit sogenannter Tollwut um einen grossen Wissenschaftsbetrug handelte und deren Existenz nie belegt werden konnte (Garve, 2021). Impfungen gegen Tuberkulose, Cholera und Typhus waren ein Flop und darüber hinaus schädlich.

Bereits zu Pasteurs Zeit (Ende des 19. Jahrhunderts) erkannte Béchamps, ein Chemiker, dass Menschen nicht keimfrei leben, wie dies von Pasteur behauptet wurde. Er erkannte, dass der Mensch sich nicht in einem stetigen Abwehrkampf gegen feindliche Mikroben befindet und Mitochondrien aus inkorporierten Bakterien bestehen (Reuther, 2022). Béchamps und nach ihm viele andere konnten in wissenschaftlichen Experimenten zeigen, dass sich Art und Menge der Mikroorganismen in Abhängigkeit von ihrer Umwelt verändern. Béchamps prägte deshalb den Ausdruck «die Mikrobe ist nichts, das Milieu ist alles». Dabei gibt es beispielsweise solche, die sich in einer säurehaltigen, sauerstoffarmen Umgebung wohlfühlen und andere, welche eine sauerstoffhaltige Umgebung brauchen. Mehr noch, es konnte auch gezeigt werden, dass Bakterien ihre Form verändern können, also pleomorph sind (Young, 2002, 2016).

Bei Kirche, Staat und Wissenschaft stiess Béchamps allerdings auf taube Ohren, denn aus diesen Erkenntnissen liess sich kein Geschäft machen.

Heute ist erwiesen, dass wir Mikroorganismen zum Überleben brauchen. Sie stellen für uns Nährstoffe her, spalten Nahrung auf und räumen für uns den Abfall in Form von Säuren weg (Enders, 2019). Das Mikrobiom (die Gesamtheit der Mikroorganismen in unserem Körper) wiegt bei Erwachsenen über ein Kilogramm (Schaenzler & Beigel, 2020).

Ausserdem konnte bis heute kein Virusisolat (s. weiter unten) nachgewiesen werden (Lanka, 2021/2). Auch wenn die Studien, welche als Nachweis von Viren angeführt werden, schwer verständlich sind, lässt sich schnell feststellen, ob es Viren gibt, indem nach Versuchen mit Kontrollgruppen gesucht wird. Es gibt bisher keine Studie, bei welcher sowohl von sogenannt Erkrankten (Experimentalgruppe) und als auch von Gesunden (Kontrollgruppe) an der gleichen Stelle Gewebeproben abgenommen werden. Diese Gewebeproben sollten anschliessend in unterschiedlichen Reagenzgläsern genau gleich behandelt werden, u.a. mit Antibiotika, um Bakterien zu eliminieren oder die Zellen verhungern zu lassen. Danach dürften nur bei den Gewebeproben der sogenannt Erkrankten Viren gefunden werden, welche ermöglichen würden, ein Virusisolat zu generieren. Diese Virusisolate existieren jedoch nicht, weil Kontrollexperimente in keiner Studie durchgeführt worden sind (Lanka, 2023/2). Lanka ging zusammen mit anderen einen Schritt weiter und führte dieses Kontrollexperiment in einem dafür geeigneten Labor selbst durch. Dabei wurde festgestellt, dass sich die Proben von Gesunden und sogenannt Erkrankten nicht unterscheiden. In beiden Fällen zeigten sich dieselben Partikel, welche als Viren fehlgedeutet wurden, nämlich abgestorbene Zellpartikel (Lanka & Stoll, 2022).

Ausserdem gibt es viele Studien mit dem Versuch, Ansteckung nachzuweisen (Eybl, 2022). Keine davon schaffte es, dieses Phänomen zu belegen (s. Kapitel 3.1.4).

Im Auftrag der Stiftungen von Rockefeller und Carnegie wurde 1910 der *Flexner-Report* erstellt. Das biomedizinische, materialistische Modell sollte der Goldstandard der medizinischen Ausbildung werden (Duffy, 2011). Im Anschluss an diesen Report wurden nur noch diejenigen Universitäten und Institute finanziell unterstützt, welche auf den chemischen Weg setzten, was zu einer weiteren Verdrängung alternativer Heilmethoden führte, deren Forschung nicht unterstützt und gefördert wurde. Viele Universitäten oder Institute, wie beispielsweise die Fachrichtung Homöopathie, mussten schliessen, da sie keine Forschungsgelder mehr erhielten. Da bis weit ins 20. Jahrhundert in vielen Medikamenten Erdölderivate steckten (Reuther, 2022), wird nachvollziehbar, weshalb diese Stiftungen den chemischen Weg zum Standard erheben wollten. Ausserdem lassen sich nur chemisch veränderte oder synthetisch hergestellte Substanzen patentieren, ein Milliardengeschäft. Die Natur ist nicht patentierbar, ausser sie wird künstlich verändert.

Wird die Gesundheit von Geschäftsinteressen gekapert und privatisiert, kann das nicht gutgehen, weil das Geschäftsmodell nicht funktioniert, wenn Menschen gesund werden und es auch bleiben.

Der Glaube im *Blauen* Glaubenssystem wurde in *Orange* letztlich nur durch den Glauben an eine instrumentalisierte Wissenschaft ersetzt.

In diesem Weltbild wird die Verantwortung für die eigene Gesundheit abgegeben. Wir werden zu Patienten/innen, welche ängstlich und geduldig entgegennehmen, was der Arzt/die Ärztin diagnostiziert und verschreibt.

Wenn bisher weder Viren noch Ansteckung nachgewiesen werden konnten, stellt sich die Frage, weshalb Menschen gleichzeitig erkranken. Richtet man den Blick auf Symptome anstatt auf Krankheiten, kann festgestellt werden, dass Betroffene oft an ganz unterschiedlichen Symptomen leiden, obwohl diese im gleichen Krankheitsbild zusammengefasst werden. Mehr dazu dann in Teil 3.

1.7 Grünes Weltbild

Orange brachte durch die Industrialisierung und Rationalisierung einerseits Überfluss und erleichterte tägliche Arbeiten, erzeugte aber anderseits durch den grassierenden Materialismus ein Gefühl von Leere und Sinnlosigkeit. Zusätzlich zeigten sich auch die Auswirkungen einseitiger Ausbeutung von Mensch, Tier und Natur. Materiell hat man alles erreicht (jedenfalls in der westlichen Welt), Arbeit, Familie und eigenes Haus, beginnt sich aber zu fragen, ob das jetzt alles sei. *Grün* entwickelte sich deshalb aus einem Bedürfnis nach Sinngebung, Fürsorge und Mitgefühl am Wohlergehen von Mensch, Tier und Natur. Nach der mechanischen, materiellen *Orangen* Welt interessiert sich *Grün* für Gefühle, die Seele und Spiritualität. Das Streben nach etwas Höherem gewann wieder an Bedeutung. *Grün* zeigt sich vor allem in Gesellschaften, wo genügend Wohlstand vorhanden ist und man nicht durch Arbeit, das Streben nach Erfolg oder mit der Versorgung vieler Kinder gänzlich absorbiert ist (Beck et al., 2019).

Grün zeigte sich zum ersten Mal vor allem in der 68er-Bewegung u.a. mit den Slogans «Love and Peace» oder «Trau keinem über dreissig» und kam mit der *Boomer-Generation* zur Blüte. Die *Boomer-Generation* wollte sich von veralteten Hierarchien und Autoritäten befreien. Dies führte dazu, dass vieles hinterfragt wurde. Es entwickelten sich weltweite Bürger/innenrechts- und Umweltbewegungen, Feminismus, Interesse an Spiritualität, Mitgefühl, Fürsorge, Solidarität und Sensibilisierung gegenüber jeglicher Form sozialer Unterdrückung von Minderheiten (Wilber, 2007). *Grün* kümmert sich um viele Ungerechtigkeiten, die in anderen Entwicklungsstufen entstanden sind.

Wissen, Werte und Wahrheiten werden mit *Grün* als kontextabhängig, kultur- und gruppenspezifisch betrachtet. Es wurde erkannt, dass es nicht nur eine absolute

Wahrheit gibt wie in *Blau*, sondern viele unterschiedliche subjektive Wahrheiten, welche sich im Hinblick auf verschiedene Umgebungen unterscheiden können. Diese neue Weltsicht der Postmoderne, des Konstruktivismus, bewirkte viel Gutes, indem sie zu mehr Verständnis gegenüber Benachteiligten, Minderheiten und anderen Kulturen führte. Dadurch entstand ein pluralistisches Weltbild. Die Ethnologie gewann an Bedeutung und mit ihr eine teilnehmende Beobachtung, das Forschungsobjekt wurde zum Subjekt. Bei der Erforschung fremder Kulturen wie dem Schamanismus blieb man nicht mehr im wissenschaftlichen, distanzierten Elfenbeinturm, sondern nahm beispielsweise an Ritualen mit bewusstseinsverändernden Substanzen, wie Ayahuasca, selbst teil (Adelaars et al., 2006).

Mit der Entwicklung der humanistischen und der transpersonalen Psychologie standen Selbstverwirklichung und erweiterte Bewusstseinserfahrungen jenseits vom Ego im Zentrum (Walch, 2009). LSD wurde erfunden und Grof (1985) therapierte damit viele Menschen, was den Zugang zu verschütteten traumatischen Erinnerungen an die Zeit im Bauch der Mutter, der eigenen Geburt sowie an frühere Inkarnationen ermöglichte.

Das Bedürfnis nach Spiritualität fand in östlichen Richtungen wie dem Buddhismus oder in den Veden Erfüllung und viele Suchende reisten in den Osten, um in Klöstern und Ashrams spirituelle Meisterinnen und Gurus zu finden.

Auch in Unternehmen wurde die persönliche Entwicklung von Mitarbeitenden und deren Fürsorge ein Thema. Es entstanden Organisationen mit flacheren Hierarchien und einem Bedürfnis nach Partizipation. Betroffene sollten zu Beteiligten gemacht werden. Das heisst, jetzt wollten Mitarbeitende in Entscheidungen mit einbezogen werden, was die Akzeptanz von Entscheidungen oft auch massgeblich erhöhte. Hingegen wird in *Grün* noch nicht verstanden, dass beispielsweise Partizipation kein absoluter Wert ist, sondern Klarheit darüber herrschen müsste, wer, wie und wann bei welchen Entscheidungen einbezogen wird. In neueren Organisationen (z.B. Umweltorganisationen, Sozialarbeit) führte dies dazu, dass alle immer und überall einbezogen wurden, weil die Entscheidungen jetzt basisdemokratisch getroffen werden sollten. Alle sollten zu Wort kommen und angehört werden. Dies führte oft zu endlosen Diskussionen, ohne dass Entscheidungen gefällt werden konnten. Auf diese Weise legte man Arbeitsabläufe praktisch lahm, wodurch wenig erreicht wurde.

Hierarchischen Strukturen misstraute man generell, denn diese richteten in der Vergangenheit viel Schaden an.

Obwohl sich mit *Grün* viele positive Werte entwickelten, führte diese im Extrem dazu, dass Hierarchien undifferenziert abgelehnt wurden (nicht nur die schädlichen). Deswegen wird auch *Spiral Dynamics* oft von *Grün* abgelehnt und misstrauisch beäugt, weil dieses System eine (Entwicklungs)-Hierarchie impliziert. Es befürchtet, die höheren Stufen könnten die niedrigeren dominieren. Dabei wird übersehen, dass *Grün* die eigene Bewusstseinsstufe trotzdem an die erste Stelle setzt. Denn es bekämpft das Richtig-Falsch-Denken von *Blau*, wirft dadurch aber auch ordnende Regeln und Strukturen über Bord oder verurteilt nicht nur die Profitgier und Gewinnmaximierung von Konzernen, sondern lehnt auch alles ab, was in *Orange* Wohlstand geschaffen hat, wie beispielsweise das wissenschaftliche, rationale Denken. Die Ablehnung von Rationalität und die Überbetonung von Herz und Gefühl wird dadurch kopf- und orientierungslos, vor allem, wenn das eigenständige Denken in der *Orangen* Bewusstseinsstufe nicht richtig ausgebildet wurde.

Dies führte mit der Zeit dazu, dass das Prinzip der Gleichheit und der Inklusion stark überbetont wurde, weshalb es zunehmend schwieriger wurde, eine Perspektive als nützlicher als die andere zu beurteilen. *Grün* kann deshalb nicht gut mit dem ungesunden, narzisstischen Ausdruck von *Rot* umgehen, weil es nicht bereit ist, diesem Verhalten Grenzen zu setzen. Würde es dies erkennen, müsste es eine Hierarchie von nützlicherem und schädlicherem Verhalten gutheissen, was im Verständnis von *Grün* bedeutet, eine zu unterdrücken. Wilber nennt diese Krankheit von *Grün Boomeritis* (2003). Wenn jede Wahrheit und alle Werte als kontextabhängig und gleichwertig gelten, gibt es erstens keine allgemeingültigen und zweitens keine mehr, welche höher entwickelt wären als andere. Jede Perspektive wird dadurch so gut wie jede andere, wobei auch Wachstumshierarchien wie *Spiral Dynamics* abgeschafft werden, durch welche sich das Bewusstsein von reinen Überlebensinstinkten zu einem von Mitgefühl und Verbundenheit getragenen entwickeln könnte. Obwohl jedes Individuum als gleichwertig anerkannt werden soll, ist definitiv nicht jeder Beitrag gleich wertvoll und nützlich.

Boomeritis ist für Wilber nicht nur eine kleine Schwäche, sondern eine lebensbedrohende Verirrung, welche zu einer kompletten Vermüllung von Wahrheit und Werten geführt hat, narzisstischen und nihilistischen Kräften Tür und Tor öffnete, welche dies bis heute für eigennützige Interessen ausschlachten. Wenn alles als gleichwertig betrachtet wird, gibt es im Endeffekt auch keine hierarchisch höher entwickelten Werte mehr, keine allgemeingültige geistige Wahrheit, an der man sich orientieren könnte. Heranwachsende identifizieren sich in Ermangelung dessen mit künstlich erzeugten Werten rund um das neuste i-Phone oder sonstigen Markenartikeln. Weil es keine orientierungsgebenden Werte und Wahrheiten mehr gibt, wird alles beliebig. Das Rennen macht, wer am meisten Klicks hat oder das Geld für viele Werbe-Wiederholungen.

Für Wilber (2003) liegt das *Grüne* Weltbild heute mit gebrochenen Flügeln am Boden. Denn es müsste erkennen, dass es einen Unterschied gibt zwischen unterdrückenden Hierarchien und Wachstumshierarchien des Bewusstseins. Das erste zu überwinden ist dem Leben dienlich, das zweite führt durch Gleichmacherei zu Narzissmus und Nihilismus. Durch erstickende politische Korrektheit verachtet es ausserdem alle vorangehenden Bewusstseinsebenen, insbesondere *Blau* mit seinen absoluten Werten. *Grün* wird heute in hohem Masse durch Macht- und Geldinteressen instrumentalisiert. Aktuelle Tiefpunkte dieser Entwicklung zeigen sich in den Themen Gender, Woke oder Klima, welches mit echtem Naturschutz wenig zu tun hat (Helmes, 2019; Bertell, 2020) sowie in der Kriegstreiberei grüner Parteien, welche Waffen für den Frieden liefern.

Bevor mit Glaubenssystemen auf unterschiedlichen Entwicklungsstufen gearbeitet werden kann, müsste das weit verbreitete *Grüne* Unbehagen bezüglich Hierarchien angeschaut werden. Dies wird erleichtert durch die Perspektive des *Gelben* Weltbildes, die nächst höhere Entwicklungsstufe.

Bedürfnisse auf dieser Stufe sind beispielsweise: Sinnhaftigkeit, Mitgefühl, Mitfreude, gehört, gesehen und verstanden werden, Frieden, Wertschätzung, Liebe, Suche nach Spiritualität, emotionale Heilung, Akzeptanz, Toleranz, Intuition, Schönheit/Ästhetik, Vielfalt, subjektive Wahrheiten.

Zeitspanne der Entwicklung: Ab 1960

1.7.1. Grünes Krankheitsverständnis

Mit *Grün* hielt die Seele wieder Einzug in das Krankheitsverständnis, was sich im Begriff der Psychosomatik niederschlägt. Der Mensch wurde wieder mit einem Köper und einer Seele wahrgenommen sowie Krankheiten als Signale der Seele verstanden. Auch der Geist fand durch spirituell Suchende, welche in den Osten reisten, um spirituelle Meister/innen aufzusuchen, nach und nach wieder seinen Weg zurück in ein aufkeimendes *Grünes* Krankheitsverständnis. Obwohl westliche Suchende während einigen Jahren in Klöstern und Ashrams den Geist erforschten und einerseits viele heilsame, bewusstseinserweiternde Erfahrungen machten, mussten sie andererseits feststellen, dass sie noch immer die gleichen Beziehungsprobleme hatten wie vorher, als sie wieder zu Hause waren (Kornfield, 2008). Es bräuchte also beides, die Arbeit auf der seelischen Ebene, die Arbeit mit Mustern und verletzten Kinderanteilen sowie mit dem Geist, um zu einer ganzheitlichen Gesundheit zu gelangen. Den Versuch, beides zu vereinen, unternahm die transpersonale Psychologie (Walch, 2009). In dieser Zeit gewannen zusätzlich unterschiedlichste Köpertherapien an Bedeutung, weil man jetzt verstand, dass Verspannungen (neben Fehlhaltungen und Überbelastungen) viel mit verdrängten Gefühlen zu tun haben (Keleman, 1995).

Mit dem Verständnis von *Grün* für die Wichtigkeit des Kontextes entwickelte sich ausserdem die systemische Therapie. Man begann, die ganze Familie und das Umfeld einzubeziehen, wenn ein Mitglied Symptome zeigte (Satir & Baldwin, 1989; Selvini-Palazzoli et al., 1993). Der Blick richtete sich ebenfalls auf die innere Familie und auf das innere, bedürftige Kind, welches unser Mitgefühl braucht. Man begann zu realisieren, dass das Innen eine Entsprechung im Aussen hat und durch unbewusste Anteile unheilsame Situationen geschaffen werden. Projektionen und das *Drama-Dreieck* der Transaktionsanalyse rückten in den Fokus (s. Kapitel 4.2.3).
Grof (1985) entwickelte durch Arbeit mit LSD und später mit dem holotropen Atmen ein Konzept, welches aufzeigte, wie prägend sich problematische Schwangerschaften und Geburten auf unser gesamtes Leben und unsere Muster auswirken können (s. Kapitel 4.1.3).

Es dauerte allerdings bis in die späten 80er-Jahre, bis Neugeborene nicht mehr ohne Narkose operiert wurden, weil in der Schulmedizin weiterhin davon ausgegangen wurde, sie hätten noch kein Schmerzempfinden und keine Gefühle (Spektrum.de, 2020).

Allmählich wurde erkannt, dass chronische Stressreaktionen und körperliche Symptome oft die Folge von Traumatisierungen sind. Diese Zusammenhänge und insbesondere die Bedeutung der Affektregulation fanden dann aber erst so richtig mit der Entwicklung des *Gelben* Weltbildes Eingang in therapeutische Methoden.

Der Ausspruch von Béchamps «Die Mikrobe ist nichts, das Milieu ist alles» (Young, 2016) fiel hier auf fruchtbaren Boden. Wird das Milieu des Körpers positiv beeinflusst, beispielsweise durch Ernährung oder Stressreduktion, könnten sich sogenannte Erreger auch nicht vermehren und Schaden anrichten. Das Immunsystem rückte deshalb ins Zentrum der Aufmerksamkeit und man suchte nach unterschiedlichsten Möglichkeiten, dieses zu stärken. Dadurch sollte es in die Lage versetzt werden, sich gegen alle möglichen Viren und Bakterien besser verteidigen zu können. Hier konnte *Grün* die Kampfmetapher von *Orange* allerdings noch nicht ganz transformieren, denn die Idee eines Immunsystems basiert auf der Immunologie. Da diese auf Hypothesen beruht, welche nie belegt werden konnten, gibt es bis heute auch keinen Nachweis für ein Immunsystem. Das Bedürfnis nach Schutz und Widerstandsfähigkeit ist natürlich verständlich, deshalb könnte der Begriff des Immunsystems in Zukunft vielleicht durch den Begriff *Resilienz* (Widerstandsfähigkeit) ersetzt werden, welcher in der Psychologie bereits Verbreitung gefunden hat.
Durch die Erkenntnis, dass das Milieu eine grosse Rolle spielt, gewannen auch Prävention und Salutogenese (Gesunderhaltung) an Wichtigkeit. Die Fragen, was gesund erhält und wie ein gesundes Milieu (körperlich, psychisch und soziales Umfeld) gefördert werden kann, rückten in den Fokus.

Ein weiterer Aspekt des Krankheitsverständnisses von *Grün* zeigt sich in einem Hang zu *Purpur*, wie bereits beim *Purpurnen* Weltbild beschrieben. Durch esoterische Behandlungen aller Art bei körperlichen Symptomen und psychischen Problemen erhofft man sich oft eine Spontanheilung, ohne sich die schmerzhaften Informationen hinter den Symptomen bewusst machen zu müssen.

1.8 Gelbes Weltbild

Graves stellte in seinen Forschungen fest, dass beim Übergang vom *Grünen* zum *Gelben* Weltbild ein Bewusstseinssprung stattfindet. Es entwickelt sich zunehmend eine Metaperspektive, welche Menschen in die Lage versetzt, komplexe Probleme kreativ zu lösen. Graves (Beck et al., 2019) nennt dies den Übergang von der ersten Ordnung (Stufen *Beige-Grün*) zur zweiten. *Gelb* ermöglicht es, alle Entwicklungsstufen zu erkennen und zu reflektieren. Dazu braucht es ein vernetztes, mehrperspektivisches Denken. Diese Entwicklungsstufe erkennt im Gegensatz zu den unteren Bewusstseinsstufen die unterschiedlichen Wertesysteme an und ist in der Lage, sie aufeinander abzustimmen. Bis *Grün* herrscht jeweils die Meinung vor, die eigene Entwicklungsstufe wäre die beste.

Was als real wahrgenommen werden kann, hängt stark mit den Entwicklungsstufen zusammen. Systemisches Denken beispielsweise kommt erst mit *Grün* langsam ins Blickfeld. Im *Gelben* Weltbild wird es möglich, die Vor- und Nacheile aller Stufen zu überblicken.

Damit Gemeinschaften und Organisationen gedeihen können, braucht es das Beste von allen Evolutionsstufen und insbesondere eine Entidentifikation der eigenen Perspektive:

- von *Beige* den Überlebenswillen
- von *Purpur* das Zusammengehörigkeitsgefühl und Rituale
- von *Rot* Tatkraft, Mut, Durchsetzungsfähigkeit und Abgrenzung
- von *Blau* Ordnung, Orientierung und Struktur
- von *Orange* Erkenntniswissenschaft und eigenständiges Denken, Freiheit, Gleichwertigkeit, Geschwisterlichkeit und Unternehmergeist
- von *Grün* Mitgefühl, Fürsorge und Sinnhaftigkeit

Das Krankheitsverständnis von *Orange* wird noch stark durch *Rot* dominiert, was sich darin äussert, dass sogenannte Erreger durch Kampf und Krieg ausgerottet werden sollen. Im *Blauen* Verständnis ist Krankheit eine Strafe Gottes, was unter keinen Umständen hinterfragt werden darf und bei *Grün* findet die Seele wieder Eingang in das Verständnis, möchte sich aber mit dem Immunsystem immer noch gegen Eindringlinge schützen. Obwohl *Grün* bereits ein Verständnis für Projektionen entwickelt hat, können Mikroorganismen noch nicht als das wahrgenommen werden, was sie sind: Helfer bei der Regeneration des Körpers. Es erkennt auch nicht, dass es sich beim gleichzeitigen Vorhandensein von Mikroorganismen und Symptomen nicht um eine Kausalität handelt, sondern um eine Korrelation. Richtig ist, dass seit der Entdeckung von Keimen mit dem Mikroskop regelmässig Bakterien gefunden werden, nur kann daraus nicht geschlossen werden, dass sie auch die Verursacher von irgendwelchen Krankheiten sind. Hier wird in der *Neuen Medizin* mit ihren *fünf Biologischen Naturgesetzen*, des öftern das Beispiel der Feuerwehr angeführt (Eybl, 2022): nur weil die Feuerwehr bei jedem Brand anwesend ist, kann nicht daraus geschlossen werden, dass sie auch die Brandstifterin ist. Die Rolle der Mikroorganismen wird in Teil 3 vertieft. Hier müsste *Grün* auf die logische Basis von *Orange* zurückgreifen, die eigene Hypothese in Frage stellen und nach dem neusten Stand der Wissenschaft überprüfen.

Damit eine Gesamtschau überhaupt möglich wird, braucht es die Entwicklung der Fähigkeit zur Entidentifikation. Man muss sich erst einmal von der eigenen Perspektive lösen können, damit mehrere Sichtweisen zu einer Gesamtschau integriert werden können. Zur Entidentifikation tragen insbesondere Meditationsmethoden bei, mit deren Hilfe die eigenen Empfindungen, Gefühle und Gedanken beobachtet werden können. Damit entwickeln sich mit der Zeit ein/e innere/r Beobachter/in und Präsenz. Steiner spricht in diesem Zusammenhang von der Entwicklung des reinen Denkens, welches die Denkfähigkeit an und für sich untersucht (Bonneval, 2019). Wilber (2007) bezieht sich auf kognitive Entwicklungslinien u.a. auf die des Psychologen Piaget für die unteren Stufen und auf die des indischen Weisheitslehrers Sri Aurobindo für die höheren. Bei der kognitiven Entwicklungslinie geht es um die zunehmende Wahrnehmungs- und Erkenntnisfähigkeit (cognoscere – erfahren/erkennen). Wilber ordnet *Gelb* der *Schaulogik* zu, bei Aurobindo wäre es das höhere *Mental* (Wilber, 2000). Bei der *Schaulogik*, wie beim reinen Denken auch, rückt die Welt der Gedanken ins Zentrum, bei den unteren Entwicklungsstufen bis *Orange* liegt der Fokus der Wahrnehmung vorwiegend auf äusseren Phänomenen.

Obwohl das Alltagsbewusstsein bei *Gelb* liegt, wird bewusst, dass Anteile von uns durch untere Stufen geprägt sind, wenn uns beispielsweise bei einem Konflikt das Blut in den Kopf schiesst oder wir zu einem Mäuschen werden, wenn uns jemand kritisiert, den oder die wir sehr schätzen. Die Entwicklung des Bewusstseins verläuft nicht einfach linear. Anteile, welche insbesondere durch Traumatisierungen während der Kindheit auf früheren Stufen stehen geblieben sind, können durch Propagandatechniken (Mausfeld, 2019) getriggert werden: beispielsweise indem, am Verstand vorbei, durch Bilder gezielt Gefühle angesprochen werden (z.B. während der Corona-Krise), welche diese Anteile in Angst versetzen und Bedürfnisse nach Schutz, Sicherheit und Orientierung aktivieren.

Gelb kann gut gleichzeitig auf mehreren Bühnen tanzen, ohne sich zu erschöpfen und mit Chaos und turbulenten Veränderungen umgehen. Im Gegensatz zu *Blau*, wo eins nach dem anderen linear erledigt werden musste. *Gelb* ist in der Lage, komplexe Projekte mit vielen unterschiedlichen Interessensgruppen mal hierarchisch, mal selbstorganisiert durchzuführen und lehnt damit, im Gegensatz zu *Grün*, hierarchische Strukturen nicht mehr kategorisch ab, sondern erkennt situativ, was gebraucht wird.
Gelb zeigt sich insbesondere in Projekten, bei denen unterschiedliche Interessen in Einklang gebracht werden, wie Wirtschaftlichkeit, Naturschutz und menschenwürdige Arbeitsbedingungen und arbeitet innerhalb autonomer Netzwerke. Zum Entwickeln von Lösungen stehen Vernetzung, Interdisziplinarität, Austausch von Wissen im Zentrum, wobei die Nutzung digitaler Technologien zur Gewinnung von Synergien eine wichtige Rolle spielt.
Gelb hat kein Problem mehr mit Entwicklungshierarchien des Bewusstseins, denn es kann zwischen unterdrückenden und förderlichen Hierarchien unterscheiden. Es anerkennt Kontextabhängigkeit und Pluralismus, weiss aber, dass es auch universelle Kontexte gibt, wie die Menschheit, die Natur, die Welt, und

damit universelle Wahrheiten und Werte. Beispielsweise haben alle Menschen die gleichen Grundbedürfnisse und wollen frei und glücklich sein, auch wenn diese manchmal unter schweren Traumatisierungen verschüttet sind.

Mit der Entwicklung des *Grünen* Weltbildes geht die moderne Philosophie davon aus, dass Wahrheit nicht gefunden werden kann, wie sich dies beispielsweise im Buch «Wahrheit ist die Erfindung eines Lügners» spiegelt (von Foerster & Pörksen, 2003). Wenn alle Wahrheiten subjektiv sind, gibt es keine Gewissheit. Passender wäre es wahrscheinlich, von subjektiven Meinungen zu sprechen. Im Gegensatz dazu müsste eine Wahrheit transpersonal sein. In einem *Grünen* Weltbild bedeutet dies, dass es im Zeitalter von Fake News und Desinformation keine Möglichkeit gibt, Wahrheit von Falschmeldungen (Lügen) zu unterscheiden.

Dies öffnet einer Reihe von Manipulationstechniken Tür und Tor, welche auf Erkenntnissen der kognitiven Psychologie beruhen, das heisst darauf, wie unser Verstand funktioniert (Mausfeld, 2019). Die folgenden Methoden gehören dabei zu den harmloseren:

- Dekontextualisierung (z. B. Aufsummierung absoluter Todeszahlen ohne Kontext/Vergleich während der Corona-Krise)
- ständige Wiederholungen
- zwei Sachverhalte in einem Text aufführen, obwohl sie nichts miteinander zu tun haben; das Gehirn schafft automatisch eine Verbindung.

Techniken, welche viel schwieriger zu durchschauen sind, zielen heute auf Ablenkung, Desorientierung und Verwirrung. Die Technik der Desinformation, im Gegensatz zur Falschinformation (Fake News), umfasst irreführende, irrelevante, bruchstückhaft wahre und oberflächliche Informationen. Dies führt zu einer *Diskursvermüllung*, aus welcher unser Gehirn keine zusammenhängenden Schlüsse ziehen kann. Damit werden rationales Denken und Sinnfindung blockiert. Auch bei der sogenannten weissen Folter (Mausfeld, 2009) ist das Ziel Desorientierung, beispielsweise indem Uhren mehrmals vor- oder zurückgedreht werden. Dadurch können die Ich-Funktionen geschwächt werden, welche uns eine Orientierung im Alltag ermöglichen, was mit der Zeit und je nach Kombination ähnlicher Methoden zu einer Regression zu früheren, kindlichen Entwicklungsstufen führen kann.

Durch Reizüberflutung mit Nichtigkeiten wird unser Gehirn abgelenkt, denn es liegt in seiner Natur, nach Reizen zu suchen. Die ständigen Reize führen mit der Zeit zu einer Abstumpfung und einer Art Lethargie, welche dafür sorgt, dass eigene Meinungen erst gar nicht mehr ausgebildet werden. In dieses Vakuum können anschliessend gewünschte Ideologien wie der *Neoliberalismus* (entweder man ist für den Markt verwertbar oder ein/e Versager/in) eingespeist werden. Das endlose Geplapper in den sozialen Medien wird ausserdem gezielt zur weiteren *Diskursvermüllung* genutzt und durch einen *Haltungsjournalismus* (basierend auf Meinungen) wieder an die Bevölkerung zurückgespiegelt. *Haltungsjournalismus* dient nicht der Wahrheitsfindung, sondern der Generierung möglichst vieler Klicks. Dies erzeugt ein Rauschen durch Nichtigkeiten und Reizüberflutung, welches gesellschaftliche Machtverhältnisse einer rationalen Verständlichkeit entzieht und dadurch unsichtbar macht (Mausfeld, 2019). Aussagen wie «Das ist mir alles zu hoch», «Das ist mir zu kompliziert, da blicke ich nicht mehr durch» sind an der Tagesordnung. Menschen, welche Unstimmigkeiten hinterfragen, werden mundtot gemacht, indem sie beispielsweise als Verschwörungstheoretiker/innen bezeichnet werden oder kritische Beiträge zensuriert werden.

Falls sich bei der Bevölkerung Emotionen aufstauen, welche sich gegen die Herrschenden richten könnten, wie nach einschneidenden Corona-Massnahmen, werden diese durch ein *Empörungsmanagement* kontrolliert, indem die aufgestauten Gefühle auf Ausländer/innen oder kritische Bevölkerungsgruppen abgelenkt werden: teile und herrsche.

Es ist von zentraler Bedeutung, dass mit einem *Gelben* Verständnis nachgeholt wird, was bei *Orange* bei einer Mehrheit nicht möglich war: auf der Basis eines wissenschaftlichen Vorgehens, Wahrheit von Lüge durch eigene Denkleistung zu unterscheiden. Durch wissenschaftliches Vorgehen ist es möglich, Wahrheit zu finden. Beispielsweise bestreitet niemand mehr, dass eins und eins zwei ergibt. Durch wissenschaftliches Vorgehen kann auch der Materialismus widerlegt und die Erkenntnis gewonnen werden, dass es eine geistige Welt geben muss, wie bereits bei *Orange* beschrieben. Dies kann auch in der Meditation direkt erfahren werden, indem wir beobachten, dass wir nicht der Körper, nicht die Gefühle und nicht die Gedanken sind, denn sonst könnten wir diese nicht beobachten. Das heisst, es muss folglich eine zusätzliche Instanz geben. Dies ist keine subjektive Wahrheit, weil alle durch das gleiche Vorgehen zum gleichen Ergebnis kommen können. Durch die Anwendung eines wissenschaftlichen Vorgehens wird es möglich, Manipulation durch Propaganda im Dienste von Macht und Gier zu durchschauen und gesundheitsförderliche Entscheidungen zu treffen. Dies sollte allen Jugendlichen in der Schule beigebracht werden. Statt dessen wird mit einem Spiel wie «Immune Patrol» zur Stärkung der «Impfkompetenz» betreutes Denken durch die Pharmalobby gefördert, welches die WHO Schulen kostenlos für 11- bis 12-Jährige zur Verfügung stellt, praktischerweise bevor das eigene Denken Fuss fassen kann (WHO, 2024).

Während *Grün*, wie *Purpur* und *Blau* den Fokus auf der Gemeinschaft, auf dem Du und Wir haben, liegt der Fokus von *Gelb* wieder auf dem Individuum. Hier entwickeln sich eine gewisse Autonomie und Souveränität, welche es ermöglichen, unabhängiger von Meinungen anderer Menschen oder der Gesellschaft zu werden, ohne diese bekämpfen zu müssen. Dadurch finden Menschen vermehrt zu ihrer einzigartigen Bestimmung, welche sie mit dem Strom des Lebens in Einklang bringt. Dies gibt Klarheit. Man hat auch viel weniger den Drang, andere von der eigenen Sichtweise überzeugen zu müssen, wodurch sich zunehmend Gelassenheit entwickelt. Durch *Gelb* wird erkannt, wodurch andere Menschen durch ihr eigenes Wertesystem angetrieben werden und kann unterstützend das Beste der verschiedenen Entwicklungsstufen fördern. *Sowohl als auch*, jenseits von Polarisierung und *Entweder/Oder*, steht hier im Vordergrund. Ausgehend davon werden Menschen zunehmend fähig, inspirierende Visionen zum Wohle aller zu entfalten.

Mit dieser Bewusstseinsstufe entwickelte sich auch der integrale Ansatz. Einer der Hauptvertreter dieses Ansatzes ist Ken Wilber, welcher dazu viele Bücher verfasst hat. Im integralen Ansatz werden verschiedene Perspektiven zu einer Gesamtschau integriert, welche einen zieldienlichen Umgang mit Komplexität ermöglichen soll, Synergien und Vernetzungen zur Lösung von Problemen nutzt. In der Psychologie entwickelte sich beispielsweise die Psychosynthese von Assagioli (2004), welche unterschiedliche Ansätze und Methoden integriert.

Wilber (2000, 2007) entwickelte zum Umgang mit Komplexität ein *4Quadranten-Modell* mit acht Perspektiven, welches auf der Ausdifferenzierung/Unabhängigkeit des Wahren (Wissenschaft), des Schönen (Kunst) und des Guten (Moral) basiert. Diese Ausdifferenzierung ermöglichte unter anderem, wie bereits bei *Orange* erwähnt, Demokratien, Beendigung der Sklaverei, Feminismus oder Fortschritte in der Wissenschaft.

Die nachfolgende Tabelle 1 zeigt ein sehr vereinfachtes *4Quadranten-Modell*. Die acht Perspektiven werden anschliessend beschrieben.

Tabelle 1: Vereinfachtes 4Quadranten-Modell nach Wilber

Singular: Innen/ich; subjektiv	Singular: Aussen/es; objektiv
Ich	**Wissen/Wissenschaft**
Plural: Innen/wir; subjektiv	Plural: Aussen/sie; objektiv
Wir	**Systeme, Organisationen**

Die Quadranten auf der linken Seite beziehen sich auf Bedeutung und Sinn, die auf der rechten auf objektive Beobachtungen von Phänomenen und Form. Durch den wissenschaftlichen Materialismus wurde die linke Seite eliminiert. Dies nennt Wilber *Flachland*, da diese Perspektive keine seelischen und geistigen Tiefen mehr zulässt. Jeder Quadrant verfügt über zwei unterschiedliche Perspektiven.

1. Perspektive

Bei der ersten Perspektive mache ich eine Erfahrung in der ersten Person. Ich erfahre unterschiedliche Bewusstseinszustände. Diese Zustände kommen und gehen. Sie sind nicht dauerhaft. Durch Meditation, Introspektion, Kontemplation kann ich diese beobachten. Diese Zustände können unabhängig von der eigenen Entwicklungsstufe erfahren werden. Wie diese Erfahrungen interpretiert werden, ist allerdings gefärbt durch das eigene Weltbild, die Bewusstseinsstufe, welche den eigenen Alltag prägt. Wenn beispielsweise eine Einheitserfahrung gemacht wird, in welcher erlebt wird, dass ich eins mit allem bin, was existiert, im Alltag aber noch auf der *Roten* Stufe lebe, besteht die Gefahr, dass dieses Erleben auf das Ego bezogen wird und durch diese Erfahrung Allmachtsfantasien entwickelt werden.

Viele Erfahrungen machen wir im grobstofflichen Bereich. Durch die Beschäftigung mit dem eigenen Denken, dem eigenen Geist, können aber auch Erfahrungen auf anderen Daseinsebenen gemacht werden:

- Grobstofflich: Ich berühre einen Stein, ein Tier, ich rieche Blumen, sehe den blauen Himmel etc.
- Feinstofflich: Ich sehe geistige Wesen, die Aura, ein inneres Licht oder erlebe Ekstase
- Kausal (Ursache und Wirkung): Da ist nur Leere, Auflösung, Formlosigkeit
- Nondual: Das Erleben von allem, was existiert; die Erfahrung, dass Subjekt und Objekt nicht getrennt sind; göttliche Leere und relative Form sind nicht zwei (s. Kapitel 4.2.2)

Das Grob- und Feinstoffliche bezieht sich auf relative Erfahrungen. Formen und Phänomene, welche sich verändern und vergänglich sind. Im Relativen gibt es auch Entwicklungsstufen, womit sich die zweite Perspektive beschäftigt.
Das Kausale und Nonduale gehören zum Absoluten. Hier gibt es keine Formen, welche vergänglich sind, weshalb diese Erfahrungen ausserhalb der Zeit existieren.
Eine zentrale Frage für Praktizierende östlicher Weisheitslehren ist: Was ist Geist? Beginnt man in der Meditation den Geist zu suchen, stellt man erstmals fest, dass er nirgends gefunden werden kann. Diese Suche kann mit Hilfe des *Tetralemmas*, einer zentralen Methode in der Philosophie (Varga & Sparrer, 2000) sowie dessen Auflösung vertieft werden (s. Kapitel 4.2.2). Auch die

Frage nach dem Bewusstsein ist nicht einfach zu beantworten. Unterschiedliche Bewusstseinszustände hingegen können einfacher definiert werden, z. B. Schlaf, Traum, Wachzustand.

Bei der Wahrheitsfindung ist es zentral zu unterscheiden, ob man sich auf das Relative bezieht oder auf das Absolute, sonst gibt es ein unheilsames Durcheinander (Wilber, 2007). Von einer absoluten Perspektive aus ist die grob- und feinstoffliche Welt Maya (Begriff aus dem altindischen Sanskrit), eine Täuschung, welche dazu führt, dass sich ein Ich als getrennt von allen Erscheinungen erfährt. Ausgehend vom Absoluten gibt es deshalb nur eine Wahrheit, nämlich die, dass es keine Trennung zwischen Subjekt und Objekt gibt. Bezieht man sich jedoch auf das Relative, kann hier Wahrheit beispielsweise durch ein wissenschaftliches Vorgehen gefunden werden. Oder anders ausgedrückt, ein Zen-Schüler sagte einmal, es ist ja doch nur alles Maya, da haute ihm der Zen-Meister auf den Kopf.

2. Perspektive

Die Erfahrung in der ersten Person wird jetzt von aussen beobachtet: ich versuche, mich zu sehen, wie andere mich sehen. Zum Erkennen unserer Schattenanteile und Projektionen brauchen wir ein Du, eine Reflexion und einen Vergleich von aussen, einen Spiegel durch andere. Nur durch Beobachtung von uns selbst können wir zum Beispiel nicht erkennen, dass es unterschiedliche Entwicklungsstufen gibt.

Wie bereits zu Beginn dieses Kapitels erwähnt, heisst diese Forschungsrichtung, welche sich mit Entwicklungsstufen beschäftigt, Strukturalismus (Wilber, 2000), wobei es viele unterschiedliche Entwicklungsstufenmodelle gibt. Dabei gibt es solche, welche sich mit dem 1. Quadranten, mit dem Ich, beschäftigen (wie moralische, ästhetische, kognitive, Bedürfnisse, emotionale Stufen) und solche, welche sich mit dem 2. Quadranten beschäftigen, wie *Spiral Dynamics*. Die kognitive Entwicklungsstufe gilt dabei als Voraussetzung für die anderen, kann diese aber nicht ersetzen. Deshalb ist es möglich, dass jemand im Hinblick auf die kognitive Entwicklungslinie hoch entwickelt sein kann, sich bezüglich Moral jedoch gleichzeitig auf einer niedrigen Entwicklungsstufe befindet. Umgekehrt wäre dies nicht möglich. Die Frage ist, von all dem, dessen ich mir bewusst bin, was gefällt mir am besten (ästhetische Linie) oder von all dem, dessen ich mir bewusst bin, was brauche ich am meisten (Bedürfnis-Linie), was wäre das Richtige (moralische Linie) etc. Je mehr Phänomene in einer Bewusstseinsstufe auftauchen können, desto höher die Entwicklung, bis eines Tages alles, was ist, ohne Trennung eingeschlossen werden kann.

Der Osten praktizierte vor allem die erste Perspektive und der Westen die zweite. Dies führte im ersten Fall dazu, dass auch hochentwickelte spirituelle Meister Schülerinnen sexuell traumatisierten, da sie ihre Schattenseiten und Projektionen nicht bearbeitet hatten. Oder ein erleuchteter Meister behandelt seine Frau als minderwertig, da er im Alltag in *Blau* lebt und sich bisher nie mit Entwicklungsstufen auseinandergesetzt hat (Wilber, 2007).
Umgekehrt entwickelten sich im Westen in der Psychologie zwar viele Methoden, welche sich mit den Abgründen der Seele, mit Schatten und Projektionen beschäftigten, aber nicht mit dem Geist selbst (Kornfield, 2008). Erst mit *Grün* fand der Geist über westliche Suchende im Osten wieder in den Westen zurück. Der Osten brachte dem Westen damit den Geist wieder und der Westen könnte dem Osten künftig noch vermehrt das Thema Entwicklungsstufen bringen.

3. Perspektive
Bei der 3. Perspektive geht es um ein Wir-Gefühl, um Diskurs, gemeinsame Resonanz, um Bedeutung von Interaktionen sowie Glaubens- und Wertesystemen. *Spiral Dynamics* ist ein Modell, um dies sichtbar zu machen und mit unterschiedlichen Weltbildern zu arbeiten.

4. Perspektive
Die 4. Perspektive befasst sich mit dem Erkennen von Kontext, beispielsweise durch die Erforschung unterschiedlicher Kulturen und Bräuche durch teilnehmende Beobachtung. Dadurch kann erkannt werden, dass es verschiedene Realitäten und Wahrheiten gibt, je nach Kontext und Verhältnissen.
Es geht auch darum, etwas in ein Verhältnis, einen Vergleich zu setzen, zum Beispiel absolute Todeszahlen in ein Verhältnis zu denjenigen der letzten zehn Jahre und diese nicht ohne Kontext über den Mainstream zu verbreiten, wie dies beispielsweise während der Corona-Krise 2020-2022 üblich war.

Bis zur 4. Perspektive geht es immer darum, ein inneres, subjektives oder intersubjektives Erleben zu erfassen. Bei den Perspektiven 5-8 wird etwas von aussen objektiv beobachtet.

5. Perspektive

Hier wird untersucht, wie ein Organismus innerhalb funktioniert, beispielsweise was ein Gehirn macht, wenn es Objekte wahrnimmt. Hier finden sich die Kognitionswissenschaften, welche Wahrnehmung, Denken, Urteilen oder Motivation untersuchen. Wie oben beschrieben, können diese Forschungserkenntnisse zu Propagandazwecken grossflächig missbraucht werden.

6. Perspektive

Bei dieser Perspektive geht es vor allem um die klassische Wissenschaft. Es werden unterschiedliche Objekte und Gegenstände untersucht, wie beispielsweise das Bevölkerungswachstum, die Anzahl Herzinfarkte, Studien zu Medikamenten, Hirnwellen oder welche Auswirkungen Stresshormone haben. Es geht insbesondere um Zahlen, um beobachtbares Verhalten und messbare Veränderungen.

7. Perspektive

Hier liegt der Fokus auf der Kommunikation und der Interaktion zwischen Systemmitgliedern oder einzelnen Systemelementen. Nach Luhmann (1987) bestehen soziale Systeme nicht aus einzelnen Organismen, sondern aus Interaktionen. Man möchte von aussen erfassen, wie sich das Erleben innerhalb des Systems zeigt. Diese Dynamiken können u.a. durch die Aufstellungsmethode (Varga von Kibéd & Sparrer, 2000) sichtbar gemacht werden (s. Kapitel 4.1.2).

8. Perspektive

Bei der 8. Perspektive geht es um die konkrete Steuerung, um die Kybernetik von Systemen sowie um die einzelnen Mitglieder und Subsysteme. Gegenstand der Betrachtung ist hier zudem alles, was in den Systemen materiell ausgetauscht wird.

Durch das *4Quadranten-Modell* wird nachvollziehbar, dass sich alle Quadranten gleichzeitig entwickeln. Entwickelt sich im 2. Quadranten das *Orange*

Glaubens- und Wertesystem, entwickelt sich gleichzeitig auch das rationale Denken im 1. Quadranten (die kognitive Entwicklungslinie). Auf der rechten Seite im 3. Quadranten spiegelt sich diese Entwicklung in wissenschaftlichem Fortschritt. Beispielsweise wird das Gehirn untersucht und festgestellt, dass sich bei zunehmender Entwicklung mehr Synapsen bilden. Und im 4. Quadranten entstehen durch Rationalisierung und Effizienzsteigerung Fliessbandarbeit und spezialisierte Unternehmen.

Auch *Gelb* wird seine ungesunden Seiten entwickeln. Doch da sich diese Bewusstseinsstufe heute noch nicht flächendeckend manifestiert hat, kann dazu nicht viel gesagt werden. Es könnte sich beispielweise eine gewisse Überheblichkeit und Distanzierung entwickeln, wenn man vor allem mit Metaperspektiven jongliert. Oder das Bedürfnis nach Autonomie könnte zu sehr in Richtung Autarkie abdriften.

Obwohl diese Entwicklungsstufe auf Gesellschaftsebene noch nicht weit verbreitet ist, gibt es doch einige Menschen, welche diese Stufe individuell bereits verwirklicht haben. Bei Wilber (2008) entspricht *Gelb* der Kentaur-Stufe. Er nennt diese so, weil das Ich, der Körper und die Gefühle eine integrierte Einheit darstellen und diese zum (kleinen) Selbst führt. Kleines Selbst, weil es noch nicht das allumfassende Selbst ist. Das Ego entspricht der *Roten* Entwicklungsstufe, das Ich der *Orangen. Grün* ist schon im Übergang zum (kleinen) Selbst. Mit der *Gelben* Kentaur-Stufe konnte man sich von vielem entidentifizieren und gelangte dadurch zu schöpferischem Potenzial und Selbstverwirklichung. Dies kann aber zu einer neuen Identifikation und einer neuen Illusion führen, indem das Gefühl entsteht, man hätte jetzt den Gipfel der Entwicklung erreicht. Das (kleine) Selbst möchte jetzt selbst Schöpfer/in sein und das Leben unabhängig meistern. Weil das Leben zum ersten Mal bewusst voll ausgeschöpft wird, entsteht andererseits oft eine massive Existenzangst. Denn jetzt hat man viel zu verlieren, was zu einer unausweichlichen bewussten Konfrontation mit dem Tod führt. Auf den anderen Stufen konnte der Tod noch verdrängt und ausgeblendet werden. Diese Todesangst kann nur transformiert werden, wenn *meine* Selbstverwirklichung, *meine* Autonomie oder *meine* Vision zu etwas Umfassenderem wird, wenn *mein* Wille zu dem von Christus wird, resp. zu dem von anderen hochentwickelten Wesen oder zu dem vom Höheren Selbst.

Daraus entwickeln sich das feinstoffliche Selbst und die nächst höhere *Türkis-farbene* Stufe (Wilber, 1996).

Bedürfnisse auf dieser Stufe sind beispielsweise: Autonomie, Souveränität, Flexibilität, Vernetzung, Synergien, Authentizität, Überblick, subjektive und objektive Wahrheit, Klarheit, interdisziplinäre Zusammenarbeit, Kreativität, Verwirklichung von Visionen, Stille, Entidentifikation, Präsenz, Leichtigkeit, Spiel, Ebenbürtigkeit, Austausch.

Zeitspanne der Entwicklung: Ab 1980

1.8.1 Gelbes Krankheitsverständnis

Das *4Quadranten-Modell* von Wilber wird im Folgenden zur Entwicklung eines möglichen Krankheitsverständnisses von *Gelb* verwendet.

1. Perspektive: Um eine integrale Perspektive einnehmen zu können, braucht es die Entwicklung eines Ichs, welches zur Beobachtung von sich und der Welt fähig ist. Dadurch entwickeln sich zunehmend Präsenz und Wachheit. Darauf wird in Kapitel 4.2.2 weiter eingegangen. Dieses Ich braucht es insbesondere für die Verarbeitung von Traumata (s. Teil 4).

2. Perspektive: Ausgehend von einem stabilen Ich können der Körper und Beziehungen zunehmend als Spiegel für die eigenen Seelenanteile erkannt werden. Alles, was mir begegnet, gehört zu mir und ich lerne, es als Projektionen meiner eigenen Anteile willkommen zu heissen. Wenn man eine unverdaute Wut in sich hat, ist die Wahrscheinlichkeit gross, dass man auch im Aussen genervten Mitmenschen begegnet. Da unsere wahre Natur Ganzheit ist, streben wir danach, Traumatisierungen, welche zu Spaltungen in der Seele geführt haben, wieder zu heilen und inszenieren das Trauma solange (unbewusst), bis wir es eines Tages bewusst lösen können. Wir erkennen, dass wir in uns abgespaltene Kinderanteile haben, welche der Heilung bedürfen. Diese Anteile werden insbesondere aktiviert, wenn Ängste geschürt werden durch sogenannte todbringende Erreger, Klimahysterie oder Kriegstreiberei. Für diese Anteile ist es eine Überforderung, selbst zu denken, denn Kinder bis ca. 12-13 Jahre lernen durch Vorbilder (Burkart/Youtube, 2019) und kleine, verängstigte Kinderanteile brauchen Schutz und Trost. Wenn in der Not ein Ausweg durch eine Spritze geboten wird, greifen diese bedürftigen Anteile dankbar danach. Und wenn ihnen sogenannte Vorbilder sagen, Impfen sei solidarisch und bedeute Nächstenliebe, wird dies geglaubt.

3. und 4. Perspektive: Durch die Reflexion der familiär geprägten Werte, Weltbilder und Glaubenssysteme, unter anderen mit dem Entwicklungsmodell *Spiral Dynamics*, können unheilsame Glaubenssätze und Weltbilder transformiert werden. Indem man durch die 4. Perspektive erkennt, dass Gesundheit auch durch den Kontext geprägt ist, zum Beispiel durch Armut, Bildungsniveau, unterschiedliche Länder, trägt man nicht alleine die Verantwortung, wenn man wirtschaftlich auf keinen grünen Zweig kommt und kann sich dafür engagieren, an den Strukturen etwas zu verändern.

5. und 6. Perspektive: Im Bereich der Forschung ist es eine Voraussetzung, Begriffe, welche verwendet werden, genau zu klären. Oft ist dies nicht der Fall. Deshalb soll hier als Grundlage der Begriff *Krankheit* geklärt werden. Krank bedeutet gemäss Wikipedia (2023) schwach/geschwächt und ist wohl eine Begleiterscheinung der meisten Symptome. Hamer (2009) spricht deshalb nur von Symptomen. In der Schulmedizin werden heute Krankheiten aus den unterschiedlichsten Symptomen zusammengewürfelt, was für ein klares Verständnis nicht dienlich ist. Beispielsweise werden bei Krankheitsdiagnosen wie der Grippe ein Konglomerat an Symptomen wie Fieber, Schüttelforst, Husten, Hals- und Schluckweh, Schmerzen in Muskeln und Gelenken, Schnupfen oder Schwindelgefühl zusammengefasst. Darauf wird in Teil 3 eingehender eingegangen.
Die Bedeutung des Begriffs *Symptom* kommt aus dem Altgriechischen syn/zusammen und piptein/fallen (Wikipedia, 2022). Verschiedene Umstände fallen zusammen. Dieser Zusammenfall (Zufall) könnte mir etwas mitteilen und spiegeln (Orban & Zinnel, 2005). Dazu bräuchten wir die 2. Perspektive.
Ausserdem müsste geklärt werden, was unter einem *Menschen* verstanden wird und was die *Seele*/die *Psyche* ist, v.a. weil sie bei psychosomatischen Symptomen eine zentrale Rolle spielt.

In der Geisteswissenschaft nach Steiner (2019) ist ein Mensch ein Mensch, wenn er neben dem Körper, eine Seele und ein Ich-Bewusstsein hat. Steiner hat dies durch seine hellseherische Erforschung herausgearbeitet. In einem materialistischen Weltbild wäre dies nicht zulässig, da diese Sachverhalte nicht mit den äusseren Sinnen und den damit verbundenen Messgeräten erfasst werden können. Da sich mit *Gelb* zunehmend die inneren Sinne entwickeln, soll diese Begriffsdefinition eines Menschen trotzdem ihren Platz im 3. Quadranten erhalten.

Ausserdem sah Steiner drei Körper: den physischen, den ätherischen/lebensbildenden und den astralischen/seelischen. Die Beschreibung dieser drei Körper findet sich bereits in östlichen Traditionen, Steiner beschreibt diese jedoch basierend auf Erkenntniswissenschaft. Auch die Seele hat drei Glieder, welche sich im Lauf der Evolution zunehmend ausbilden: die Empfindungsseele (entspricht ungefähr *Rot*), die Verstandesseele (*Blau*) und die Bewusstseinsseele (*Orange*). Die Seele verfügt über die Fähigkeiten des Denkens, Fühlens und Wollens. Beim Wollen findet sich die Kraft des Begehrens, welches im Zuge mehrerer Leben zu vielen Verstrickungen mit der Materie geführt hat. Wer sich gerne ausführlicher mit einer schönen Definition von Seele beschäftigen möchte, findet dies in einer Video-Trilogie von Burkart (2020, Teil 1-3).

Aktuell steht gemäss dem Weltenplan an, die Bewusstseinsseele weiter auszubilden (Steiner, 2020). Mit der Entwicklung der Bewusstseinsseele ergreift die Seele ihre eigene Wesenheit, das Ich. Empfindungs- und Verstandesseele sind ganz mit äusseren Reizen und Wahrnehmungen beschäftigt, während sich der Fokus mit der Entwicklung der Bewusstseinsseele gegen Innen verlegt und sich die Seele mit dem eigenen Ich, mit dem Selbst zu beschäftigen beginnt. Zusätzlich bilden sich mit der zukünftigen Evolution auch drei Geistesglieder aus, worauf beim *Türkisfarbenen* Weltbild näher eingegangen wird.

Die Definition des Begriffs Mensch spielt gerade im Bereich der Forschung bezüglich Krankheit und deren Interpretation eine grosse Rolle. Denn diese Definition ist, ob bewusst oder unbewusst, immer Teil unterschiedlicher Weltbilder und Glaubenssysteme von Forscher/innen. Forschung bräuchte damit neben einem klar definierten Vorgehen auch die Explikation der Weltbilder der Forschenden (2. Quadrant) sowie der dahinterstehenden Interessen finanzierender Organisationen (4. Quadrant).

Wenn in einem materialistischen Weltbild unterschiedliche chemische und elektrische Zustände im Gehirn als Ursache für Gefühle interpretiert werden, liegt es natürlich nahe, sie durch chemische Substanzen, durch Psychopharmaka, zu beeinflussen. Ein sogenannt chemisches Ungleichgewicht verursacht pathologische Zustände, wobei dieses mit einem Antidepressivum den Neurotransmitter Serotonin beeinflussen soll. Im Hinblick auf die Erkenntnisse der Neurowissenschaften ist die gezielte Beeinflussung nur eines bestimmten Neurotransmitters in einer bestimmen Gehirnregion jedoch eine Illusion, weil das Gehirn als Gesamtsystem vielfältig vernetzt ist (Fisher, 2014). Um diese systemischen Zusammenhänge erfassen zu können, bräuchte es ein *Grünes* Weltbild. Das dahinter liegende Problem, welches die Gefühle beeinflusst, wird durch Psychopharmaka nicht gelöst und führt lediglich zu einer Symptomverlagerung. Es muss also eine andere Instanz geben, welche ursächlich auf die Gefühle einwirkt. Die aktuelle Traumaforschung zeigt, dass durch Traumatisierungen Gefühle, welche im Moment nicht verarbeitet werden können, abgespalten werden. Dies führt zu einer Deregulation des Nervensystems sowie gestörter Affektregulation, verbunden mit massiven psychosomatischen Auswirkungen. Diese Erkenntnisse bezüglich Affektregulation entwickelten sich insbesondere seit den 90er-Jahren, wobei die Entdeckung der *Polyvagal-Theorie* von Porges zu grossen Fortschritten in der Behandlung von Traumata führte. Den Beobachtungen in der Geisteswissenschaft kann entnommen werden, dass das Nervensystem durch die Seele gesteuert wird. Auf dieser Grundlage sehen Behandlungsmethoden zum Umgang mit Gefühlen folglich ganz anders aus (s. Kapitel 2.7 und Teil 4).

Zusätzlich steht ebenfalls seit dem Auftauchen von *Gelb* ein neues medizinisches Verständnis zur Verfügung, welches von Hamer (2009) entdeckt wurde. Dieses beruht auf der Beobachtung, welche zeigt, dass viele Symptome erst nach der Lösung eines emotionalen Konflikts entstehen. Trotzdem können diese Symptome ebenfalls zu Schmerzen und Angst führen. Aber die Angst nimmt ab, wenn man weiss, dass dies Teil von Regenerationsprozessen ist. Darauf wird in Teil 3 ausführlich eingegangen.

7. und 8. Perspektive
Durch die 7. Perspektive können mit *Aufstellungen* unsichtbare Verstrickungen

sichtbar gemacht werden, welche zu vielfältigen psychosomatischen Symptomen führen können. Dies wird im Kapitel 4.1.2 genauer beschrieben.

Im Rahmen der 8. Perspektive lohnt es sich im Hinblick auf gross angelegte Impf- oder Krebskampagnen (Brustkrebs, Hautkrebs, Prostatakrebs etc.), die daran beteiligten Organisationen und Netzwerke etwas genauer unter die Lupe zu nehmen und zu recherchieren, welche Produkte und Dienstleistungen zu welchem Zweck angeboten werden. Wie Rügemer (2020) in seinem Buch «Die Kapitalisten des 21. Jahrhundert» aufzeigt, stösst man immer wieder auf gleiche Namen und Organisationen. Ohne grossen Aufwand lässt sich auch herausfinden, wer beispielsweise die grössten Geldgeber der World Health Organisation (WHO) sind, oder welche Interessen ein Netzwerk wie das World Economic Forum (WEF) tatsächlich verfolgt. Und wie bereits erwähnt, kann kein Pharmaunternehmen ein Interesse daran haben, dass Menschen gesund werden und es auch bleiben, da dies ihr Geschäftsmodell ausser Kraft setzen würde. Mit dem Wachstumszwang im Kapitalismus muss ausserdem dafür gesorgt werden, dass immer neue Märkte generiert werden. Dies kann beispielsweise durch das Propagieren unzähliger Vorsorgeuntersuchungen erreicht werden: Möchte man mehr Blutdrucksenker verkaufen, werden einfach die Grenzwerte für einen zu hohen Blutdruck tiefer angesetzt. Aktuell wird durch die Genderagenda ein ganz besonders verwerflicher Markt für Pubertätsblocker erzeugt, weil auch hier wieder Kinder im Visier sind (wie z.B. bei Hyperaktivität).

Zusammenfassend könnte man sagen, ein Krankheitsverständnis von *Gelb* betrachtet Körper, Gefühle und Geist als eine integrierte, systemische Einheit, welche in einen spezifischen sozialen Kontext eingebettet ist.
Durch emotionale Stressoren werden sogenannte *Sinnvolle Biologische Sonderprogramme (SBS)* gestartet (s. Teil 3), welche u.a. zu Alarmreaktionen des Nervensystems führen. Können diese Stressoren über längere Zeit nicht beseitigt werden, entstehen chronische Stress-Symptome.
Andererseits können Vergiftung, Verstrahlung, Medikamente, Hitze, Kälte, Fehl- und Mangelernährung, schädliches Bewegungsverhalten oder Unfälle zu zusätzlichen Symptomen führen.
Können wir die Stressoren auflösen/beseitigen, finden im Körper eine Vielzahl

an Regenerationsprozessen statt, welche Symptome verursachen können. Anstatt eines in *Grün,* aus dem *Orangen* Glaubenssystem übernommenen, nicht hinterfragten Immunsystems finden sich bei *Gelb* unterschiedliche körperliche Regenerationsprozesse, bei welchen Mikroorganismen eine wichtige Rolle spielen. Sie werden dabei nicht als die Verursacher von Krankheiten gesehen, sondern als integrierter Bestandteil dieser Prozesse (s. Teil 3).

Glaubenssysteme bieten Halt und Orientierung und führen zu Destabilisierung, wenn sie sich verändern. Mit der *Gelben* Entwicklungsstufe werden Veränderungsprozesse zunehmend leichter, weil man mit dem eigenen Weltbild nicht mehr so identifiziert ist wie auf den Stufen *Beige-Grün.*

1.9 Türkisfarbenes Weltbild

Diese Bewusstseinsstufe ist wieder auf das Wir ausgerichtet. Es gibt jedoch noch nicht viele Menschen, welche *Türkis* verwirklicht haben und dies im Alltag leben, obwohl andererseits Einblicke in diese Stufe als vorübergehende Zustände während Meditationen gewonnen werden können.

Hier wird die Verbundenheit mit allen Wesen und dem Kosmos erlebt. *Türkis* ist einerseits eigenständig und bildet gleichzeitig eine nahtlose Einheit mit dem Ganzen. In der ganzen Tiefe wird verstanden, dass Vergänglichkeit und Tod zum Leben gehören, weil es ohne Vergänglichkeit keine Lebendigkeit und Schöpfung gäbe.

Mit *Türkis* geht der Prozess der Entidentifikation von Begehren, Leidenschaften, Anhaftung und Aversion weiter. Im Buddhismus wird von *Geistesgiften* gesprochen, wobei die Verwirrung, die Verschleierung des klaren Gewahrseins zunehmend lichter wird (Kornfield, 2008). Dadurch nimmt Klarheit weiter zu. Darauf wird im Kapitel 4.2.2 vertiefter eingegangen. Auch Steiner (2020) spricht von Schleiern, welche mit jeder Entwicklungsstufe das Verborgene etwas mehr freigeben. Diese lüften sich jedoch erst ganz, wenn im Alltag erlebt wird, dass es zwischen Subjekt und Objekt keine Trennung gibt. Dies entspricht einem *nondualen* Erleben.

Die Wahrnehmung der geistigen Welt wird mit *Türkis* Alltag. Das Feinstoffliche wird zunehmend durch ein neues bewusstes Hellsehen, basierend auf der weiteren Entwicklung des Denkens und der Imagination, direkt erlebt (Steiner, 1980). Dadurch entwickelt sich das *Geistselbst*. Neben den drei Körpern, den drei Seelengliedern, werden mit zunehmender Entwicklung zudem drei Geistglieder ausgebildet: das *Geistselbst* (Manas), der *Lebensgeist* (Buddhi) und der *Geistmensch* (Atma) (Steiner, 2020). Diese werden ebenfalls in den östlichen Lehren beschrieben. Die Namen in den Klammern beziehen sich auf die Wörter in Sanskrit.

Mit der Entwicklung des *Geistselbst* werden Astralkörper und Seele weiter geläutert. Das *Geistselbst* wird sich gemäss der Geisteswissenschaft über einen langen Zeitraum hinweg entwickeln und führt in der vollendeten Form zur Integration des Heiligen Geistes oder des Geistes der Wahrheit und Weisheit. Wahrheit finden wir durch Erkenntnis, indem wir uns mit unserem Denken selbst beschäftigen. Wilber (2000) bezieht sich im Hinblick darauf auf die kognitive Entwicklungslinie (s. Kapitel 1.8), wobei die Entwicklung des Heiligen Geistes in uns selbst den höheren Entwicklungsstufen bei Sri Aurobindo entsprechen könnten. Haben wir den Heiligen Geist integriert, verfügen wir über eine innere Instanz der Gewissheit (Burkhart, 2021).
Nach der Heilung abgespaltener, traumatisierter Anteile, welche bei *Türkis* sicherlich zu Beginn noch eine Rolle spielen können, geht es bei der Ausbildung des *Geistselbst* um die bewusste Handhabung und Entidentifikation von Trieben, Begehren und Leidenschaften. Die *Rote* Entwicklungsstufe wird davon vollständig dominiert. Diese Identifikationen führten über viele Inkarnationen zu Anhaftung, Aversion und Verwirrung, einer tiefgreifenden Verstrickung mit der Materie. Diese drei *Geistesgifte* zementieren das Erleben eines getrennten Ichs, in östlichen Lehren die Ursache für alles Leid und Symptome (Parkin, 2011). Durch die Läuterung der Seele werden Menschen zunehmend wirklich frei, frei von äusseren, aber insbesondere von inneren Zwängen, Gewohnheiten und Reaktionsmustern.

Zur Transformation unterschiedlicher Leidenschaften leistet das *Enneagramm* gute Dienste (s. Kapitel 4.2.5). Dieses System beschreibt neun Persönlichkeitstypen, welches allen eine spezifische Leidenschaft zuordnet: Zorn, Stolz, Eitelkeit,

Neid, Geiz, Angst, Völlerei, Wollust und Trägheit. Die zunehmende Läuterung und Entidentifikation oder Entleerung von Mustern und Gewohnheiten führt mit der Zeit zur Entwicklung von Gleichmut. Ein angenehmer Zustand, weil man im Alltag mehr Distanz zu seinen reaktiven Mustern hat und sich ausgeglichen fühlt. Dies kann jedoch, wenn zu schnell entleert und dekonstruiert wird, zu einer spirituellen Krise führen. Die angenehme Distanz weicht dann zunehmend einer Gleichgültigkeit, welche in Fatalismus, Haltlosigkeit und Depression münden kann. Im Gegensatz zu einer Depression infolge einer Traumatisierung verschwindet diese jedoch schlagartig, wenn man von jemandem Unterstützung erhält, der oder die sich mit spirituellen Krisen auskennt. In diesem Fall muss auch wieder mit etwas gefüllt werden. Dazu werden im Buddhismus neben dem Praktizieren von Gleichmut immer auch die drei anderen Qualitäten der *Brahmaviharas* praktiziert: liebende Güte, Mitgefühl und Mitfreude. Mit *Türkis* werden diese vier Qualitäten zunehmend im Alltag gelebt. *Brahmaviharas* bedeutet im Buddhismus vier unermessliche Orte, um zu verweilen (Bachelor, 2003). Diese vier Qualiäten sollten in einem guten Gleichgewicht sein. Das Mantra der *Brahmaviharas* wird jeweils in kursiver Schrift gekennzeichnet (s. weiter unten):

- Metta (Liebe/Wohlwollen)
- Karuna (Mitgefühl)
- Mudita (Mitfreude)
- Upekkha (Gleichmut)

Mit der Qualität von *Metta* ist gemeint, dass wir zunehmend ein Wohlwollen gegenüber allen Wesen entwickeln, auch gegenüber unseren sogenannten Feinden. Denn auch sie haben mit den gleichen *Geistesgiften* zu kämpfen wie wir und wollen in der Tiefe ihrer Seele, jenseits von Traumatisierungen, frei und glücklich sein. Und dank anderer Menschen auf diesem Planeten sind wir nicht alleine. *Mögen alle Wesen frei und glücklich sein und die Ursachen von Glück realisieren.*

Mit der Qualität von *Karuna* entwickeln wir Mitgefühl für das Leid aller Wesen, denn wir haben selbst erfahren, wie Anhaftung, Ablehnung und Verwirrung in der Folge vieler Leben zu Traumatisierungen und unsäglichem Leid geführt haben. *Mögen wir frei von Leid und dessen Ursachen sein.*

Mit der Qualität von *Mudita* entwickeln wir Mitfreude, Wertschätzung und Freigebigkeit. Wir freuen uns, wenn jemand Erfolg hat, sein/ihre Leiden transformieren konnte oder momentan eine Glückssträhne hat. Wenn wir Glück erfahren, uns selbst erkennen können, inspirierende Ideen haben, teilen wir dies zum Wohle von allen.

Mögen wir nie von der wahren, leidfreien Freude getrennt sein.

Die Entwicklung der Qualität von *Upekkha* sorgt für die nötige Distanz und Klarheit, damit unser Wohlwollen nicht zu Sentimentalität verkommt, damit wir trotz Mitgefühl unheilsamem Verhalten Grenzen setzen können und nicht in einen Helfertrip abgleiten. Damit unsere Mitfreude echt ist, wenden wir uns zuerst unseren bedürftigen Anteilen zu, wenn wir Neid empfinden oder etwas vorheucheln müssten. Andererseits braucht es die anderen drei Qualitäten, damit Gleichmut nicht zu Gleichgültigkeit führt sowie kühl und herzlos gegenüber dem Leid von anderen wird oder zu Fatalismus degeneriert.

Mögen wir frei von Anhaftung und Ablehnung in grossem Gleichmut verweilen.

Zu *Türkis* passt das buddhistische *Bodhisattva-Gelübde*, durch welches gelobt wird, die eigene Befreiung zum Wohl aller Wesen einzusetzen und nicht eher zu ruhen, bis sich alle Wesen von ihrem Leiden befreien konnten. So wie Christus ebenfalls versprochen hat, «ich werde bei euch sein, bis ans Ende aller Tage».

Mit *Türkis* wird erkannt, dass auch die Gemeinschaft/Gesellschaft ein lebendiger (sozialer) Organismus ist. Zur Entwicklung dieses sozialen Organismus hat Steiner das Modell der *sozialen Dreigliederung* entwickelt (Bonneval, 2020). Die *soziale Dreigliederung* beschreibt eine Gemeinschaft, in welcher die gesamtgesellschaftlichen Prozesse nicht durch einen Staat oder eine Führungselite organisiert werden, sondern durch drei selbstverwaltete Bereiche oder Glieder. Diese Bereiche agieren einerseits autonom, sind aber untereinander als lebendiger, sozialer Organismus vernetzt und halten sich im Gleichgewicht. Damit soll gewährleistet werden, dass kein Bereich den anderen dominiert. Bei diesen Bereichen handelt es sich um das *Geistes-, Wirtschafts- und Rechtsleben*. Jedem Bereich wird eine geistige Idee zugeordnet, welche sich auf die

Ideale der französischen Revolution beziehen: dem *Geistesleben* die Freiheit, dem *Wirtschaftsleben* die Brüderlichkeit (Geschwisterlichkeit oder auch Nächstenliebe), dem *Rechtsleben* die Gleichheit.

Momentan ist die *soziale Dreigliederung* noch in keinster Weise verwirklicht. Die Bildung, welche ein Teil des *Geisteslebens* ist, muss unabhängig von staatlichen Vorgaben und Wirtschaftsinteressen sein. Diese sollte sich bedingungslos an den Bedürfnissen von Kindern und Jugendlichen orientieren, damit sie sich entfalten und zu ihrer Bestimmung finden können. Grundlage dafür wäre die Förderung eigenständigen Denkens.

Ausserdem sind auch Staat und Wirtschaft derzeit auf eine ungesunde Weise durch Lobbyismus miteinander verstrickt. Der Staat, resp. das *Rechtsleben*, müsste als einzige Aufgabe die Menschenrechte sichern und sie von einer übergriffigen Wirtschaft schützen, welche viele Gesetze von *Blau* ausgehöhlt hat, um sie für Macht- und Profitbefriedigung zu missbrauchen. Das aktuelle *Wirtschaftsleben* wird damit weitgehend von *Rot* dominiert, durch Egoismus und einem *Winner-takes-it-all-System*. Wir sind gesellschaftlich also noch weit davon entfernt, Freiheit im *Geistesleben*, Gleichheit im *Rechtsleben* und Nächstenliebe im *Wirtschaftsleben* zu verwirklichen. Für Nächstenliebe im *Wirtschaftsleben* braucht es ein Interesse an den Mitmenschen, damit ich erkennen kann, was andere brauchen. Erst indem man sich, unabhängig von den eigenen Bedürfnissen, für andere interessiert, kann man herausfinden, was sie tatsächlich brauchen. So werden wir uns in Zukunft zunehmend gegenseitig versorgen, damit alle ihren Bedürfnissen entsprechend leben können. Dies bedingt allerdings, dass man die eigenen Kinderanteile integrieren konnte und sich um ihre Bedürftigkeit bereits gekümmert hat. Mit dem aufkeimenden *Türkis* wird der Dienst an anderen zu einem Bedürfnis, könnte dem *Wirtschaftsleben* neue Impulse geben und würde durch Nächstenliebe zu einem gelebten Christentum.

Bereits mit *Gelb* tauchten neue Gemeinschaftsformen auf, welche im Einklang mit Mensch, Tier und Natur leben wollen. Allerdings sind diese oft vor allem auf eine autonome wirtschaftliche Versorgung ausgerichtet und weniger auf eine *soziale Dreigliederung* als Gesamtes.

Die Entwicklung des Menschen, wie sie die Geisteswissenschaft beschreibt, ist ebenfalls ein Stufenmodell, eines das jedoch viel umfassender ist als *Spiral Dynamics*, weil es zusätzlich die sieben Inkarnationen der Erde in einem Weltenplan umfasst (Steiner 2020). Sie beschreibt ausserdem neun Engelshierarchien als weitere Entwicklungsstufen, welche an der Schöpfung mitwirken.

Durch den wissenschaftlichen Materialismus hat die aktuelle Entwicklung der Bewusstseinsseele und damit die *Orange* Entwicklungsstufe einen harten Schlag erlitten. Diese Auswirkungen bekommen wir heute bitter zu spüren, weil bei der Mehrheit der Bevölkerung eigenes Denken nicht ausgebildet wurde, wodurch zum Beispiel kollektiv verhängte, gesundheitsschädliche (Corona)-Massnahmen unhinterfragt akzeptiert worden sind. Welche geistigen Kräfte ein Interesse daran haben, dass eigenes Denken nicht ausgebildet wird, beschrieb Steiner bereits vor mehr als hundert Jahren (Burkart, 2022/No 6).
Andererseits führten eine verschärfte Zensur und Desinformationen während der Corona-Krise dazu, dass etliche Menschen zum eigenen Denken erwacht sind, und ihre Gesundheit jetzt selbstverantwortlich in die Hand nehmen wollen.

Bedürfnisse auf dieser Stufe sind beispielsweise: Verbundenheit mit allem was ist, Heilung von Trennung, Inspiration, Fülle, Einheitserfahrungen, dienen zum Wohle aller, Ganzheit, Gleichmut, Gelassenheit, das Gute, Ekstase.

Zeitspanne der Entwicklung: Erst am Auftauchen

Die *Korallenfarbene* Entwicklungsstufe wird in diesem Buch nicht beschrieben, weil sie bisher kaum sichtbar ist. Eine Ahnung davon wird jedoch im Buch «Gott 9.0» skizziert (Küstenmacher, et al., 2022).

Im nächsten Teil 2 wird ausführlich auf das Thema Stressreaktionen und Traumatisierung eingegangen.

2.   Stressreaktionen und psychische Erkrankungen

2.1   Verbreitung psychischer Erkrankungen

Psychische Erkrankungen sind weiter verbreitet als allgemein angenommen. Bereits 2017 bezogen mehr Personen auf Grund psychischer Erkrankungen eine IV-Rente als aufgrund einer körperlichen (Bundesamt für Sozialversicherungen, 2018).

Rund 5% fühlten sich vor 2020 stark und 13% mittelschwer psychisch belastet. Am häufigsten waren Depressionen, Angststörungen und Süchte (Schuler et al., 2016). Frauen gaben an, psychisch höher belastet zu sein als Männer (Schuler et al., 2016). Allerdings war die Selbstmordrate bei Männern deutlich höher als bei Frauen (PR-Online, 2013), wobei sie sich im Schnitt sechs Jahre später Hilfe suchten als Frauen. Weniger Gebildete waren ebenfalls deutlich höher psychisch belastet als besser Gebildete. Ausserdem litten 70% mit starker psychischer Belastung auch an starken körperlichen Beschwerden (Schuler et al., 2016).

Seit März 2020, dem Beginn der Corona-Krise, verschlimmerte sich die Situation insbesondere bei Kindern und Jugendlichen. Gemäss dem Schweizerischen Gesundheitsobservatorium (Obsan) berichteten mehr Menschen über eine erhöhte psychische Belastung. Bei den Jungen hat sich der Anteil zwischen 2017 und 2020/21 mehr als verdoppelt (Obsan, Bulletin, 2022). Besonders beeinträchtigt wurden Menschen mit psychischen Vorbelastungen sowie solche niedriger Einkommens- und Bildungsschichten. Am meisten betroffen waren Kinder und Jugendliche (0-18 Jahre), besonders Mädchen und junge Frauen. Während 2020 nahmen Beratungen bei der Schweizerischen Pro Juventute im Zusammenhang mit Suizidgedanken um 40% und Autoaggression wie Ritzen um 42% zu (Pro Juventute, 2021). Obwohl Suizide im Jahr 2020 im Vergleich zu 2019 insgesamt und auch bei den Jugendlichen nicht zugenommen haben (Bundesamt für Statistik, 2022), nahmen die Hospitalisationen aufgrund eines mutmasslichen Suizidversuchs zwischen 2017 und 2019/20 insgesamt um 25% zu, bei der Gruppe der 0-18-Jährigen um 55% und bei den Mädchen dieser

Gruppe sogar um 67% (Obsan, Bulletin, 2022). 2020 waren die Betten im Notfallzentrum der Kinder- und Jugendpsychiatrie an der Universitätsklinik in Bern doppelt ausgelastet. Allerdings war das Versorgungsangebot in diesem Bereich auch schon vor der Corona-Krise knapp. Bereits seit 2012 nahmen die psychiatrischen Hospitalisierungen von Kindern und Jugendlichen kontinuierlich um ca. 6% zu, so auch zwischen 2019 und 2020. Die Rate der Behandlungen nahm seit 2012 insgesamt um 23% zu, bei Kindern und Jugendlichen um 40% zu (Hockertz, 2021).

Auswertungen der Krankenkasse Helsana (2021) zeigen ein ähnliches Bild. Im Jahr 2020 wurden insgesamt ungefähr gleich viele Leistungen in der ambulanten Psychiatrie und Psychotherapie erbracht wie im Vorjahr, obwohl es beim ersten Lockdown einen sprunghaften Anstieg an Kriseninterventionen bei Psychiatern/innen gab. Zusätzliche Auswertungen der Helsana zeigen, dass die Verschreibung von Antidepressiva ungefähr auf dem gleichen Stand von 9% blieb. Auch hier zeigt die Auswertung, dass die Gruppe der Kinder und Jugendlichen von der Corona-Krise am stärksten betroffen war und im Vergleich zum Vorjahr mehr Leistungen in Anspruch genommen wurden.

Im Rahmen der Tiroler Covid-19-Kinderstudie der Universitätsklinik für Kinder- und Jugendpsychiatrie Innsbruck und Hall (Exenberger et al., 2022) wurden Eltern und Kinder (3-13 Jahre) im Zeitraum vom März 2020 bis Dezember 2022 viermal zu ihrem Befinden befragt. Gemäss der Studienleiterin führte die Corona-Krise die psychische Belastung der Kinder erst so richtig vor Augen. Die psychische Gesundheit verschlechterte sich während des Erhebungszeitraums deutlich und führte dazu, dass sich ein Drittel der Kinder psychisch belastet fühlte und Symptome zeigte wie Konzentrationsprobleme, Nervosität, Niedergeschlagenheit, Kopfschmerzen, Magenprobleme oder andere psychosomatische Beschwerden. Damit zeichnete sich bereits Ende 2022 ein ziemlich eindeutiges Bild ab im Hinblick auf das Ausmass psychischer Auswirkungen bei Kindern und Jugendlichen auf Grund der Corona-Krise. Eine interministerielle Arbeitsgruppe der Bundesregierung Deutschland (2023) berichtete ausserdem aufgrund einer Studie des Deutschen Bundesinstitutes für Bevölkerungsforschung, dass Depressionssymptome, welche direkt durch die Corona-Massnahmen verursacht wurden, bei Kindern und Jugendlichen um 75% zugenommen haben. Zudem zeigt eine Studie der Kaufmännischen Krankenkasse in Deutschland (2022), dass bei Kindern und Jugendlichen auch Sprachprobleme zugenommen haben, insbesondere bei der Gruppe der 15-18-Jährigen.

Ausmass und Anfälligkeit für psychische Beeinträchtigungen während Krisen werden durch psychische Vorbelastungen in der Kindheit verstärkt.
Im nächsten Kapitel geht es um chronische Stressreaktionen als Ursachen für psychische Erkrankungen.

2.2   Ursachen psychischer Erkrankungen

Insgesamt können fünf Ursachen für Erkrankungen unterschieden werden (Garve, 2021):
- Physikalische Ursachen: Vergiftung, Verstrahlung, Medikamente, Hitze, Kälte
- Fehl- und Mangelernährung
- Bewegungsverhalten (zu viel oder zu wenig)
- Unfälle
- Chronische Stressreaktionen aufgrund von Traumatisierungen und anderer Belastungen

Heute wird zunehmend deutlich, dass chronische Stressreaktionen aufgrund von Traumatisierungen und anderer Belastungen mit Abstand die wichtigste Kategorie für Erkrankungen, insbesondere auch für psychische Erkrankungen darstellt. Hinzu kommt, dass auch schädliches Ernährungs- und Bewegungsverhalten oft mit chronischen Stressreaktionen im Zusammenhang steht, wie die folgende Studie deutlich aufzeigt.

Spätestens seit Ende der 90er Jahre des letzten Jahrhunderts war erwiesen, dass psychische Erkrankungen nicht einfach zufällig aufgrund eines chemischen Ungleichgewichts im Gehirn entstehen (Gotzsche, 2016). Wie die nachfolgende Studie belegt, stehen sie in engem Zusammenhang mit schädlichen

Kindheitserlebnissen. Die mittlerweile berühmte *ACE-Studie* (Adversive Childhood Experiences), welche in den 90er-Jahren mit ca. 10'000 Teilnehmenden durchgeführt wurde, zeigte, dass schädliche Kindheitserlebnisse weiter verbreitet sind, als allgemein angenommen (Felitti, 1998). Die Studie wurde vom amerikanischen Center for Disease Control and Prevention (CDC) in Zusammenarbeit mit der Krankenkasse Kaiser Permanente durchgeführt, bei welcher Felitti die Präventionsabteilung leitete. Die Befragten waren alle Mitglieder dieser Krankenkasse und hatten sich bei der Präventionsabteilung für eine Generaluntersuchung angemeldet. Die Befragten waren damit Angehörige der Mittel- oder Oberschicht (da sich die anderen keine Krankenkasse leisten könnten), waren überwiegend weiss, im mittleren Alter, gut ausgebildet und finanziell abgesichert. Die Aussagen der Befragten zeigten, dass schädliche Kindheitserlebnisse kein Randphänomen sind, sondern weit verbreitet.

In der Studie wurden sieben Kategorien schädlicher Kindheitserlebnisse erfragt (s. ACE-Skala Tabelle 2). Die Kategorie «psychischer Missbrauch» entspricht beispielsweise häufigen verbalen Misshandlungen oder bei der Kategorie «Mutter wird misshandelt», dass sie von ihrem Partner geschlagen wird. Am weitesten verbreitet waren Substanzen-Missbrauch in der Familie (25.6%), sexueller Missbrauch (22%) und psychische Erkrankungen in der Familie (18.8%). Die folgende Tabelle 2 gibt einen Überblick über die Antworten der Befragten.

Tabelle 2: ACE-Skala mit Kategorien schädlicher Kindheitserlebnisse: Resultate

Kategorie	Verbreitung
Substanzen-Missbrauch in der Familie	25.6%
Sexueller Missbrauch	22%
Psychische Erkrankungen in der Familie	18.8%
Mutter wird misshandelt	12.5%
Psychischer Missbrauch	11.1%
Physischer Missbrauch	10.8%
Kriminelles Verhalten in der Familie	3.4%

52% der Befragten erlitten mindestens eine dieser Kategorien, das ist mehr als die Hälfte, 25% der Befragten zwei Kategorien und 6% vier und mehr. In neueren Studien liegt der Prozentsatz der Betroffenen sogar bei 62% und in Deutschland erlitten gemäss veröffentlichten Studien in den Jahren 2018 und 2019 44% der Befragten mindestens eine der ACE-Kategorien (Gossel, 2022). Die meisten der Betroffenen litten an vielen psychosomatischen Beschwerden, ernährten sich schlechter, bewegten sich weniger und neigten zu vermehrtem Suchtverhalten als Befragte, die keine schädlichen Kindheitserlebnisse erlitten hatten. Ab 4 Kategorien und mehr waren 66% der Frauen und 35% der Männer chronisch depressiv (Männer werden anstatt depressiv vermehrt gewalttätig), wurden siebenmal häufiger alkoholsüchtig als bei 0 Kategorien, wobei bei 6 Kategorien die Wahrscheinlichkeit, intravenös Drogen zu konsumieren massiv zunahm. Suizidversuche stiegen ausserdem mit jeder zusätzlichen Kategorie auf der Skala dramatisch an. Die Teilnehmenden der Studie wurden zudem auch nach körperlichen Beeinträchtigungen und schädlichem Ernährungs- und Bewegungsverhalten befragt. Es zeigte sich, dass auch dies in engem Zusammenhang mit der Anzahl schädlicher Kindheitserlebnisse stand. Diejenigen der Befragten, welche mehr schädliche Kindheitserlebnisse erlitten hatten, hatten auch mehr körperliche Beeinträchtigungen und zeigten ein ungesunderes Ernährungs- und Bewegungsverhalten.

Ein sogenannt chemisches Ungleichgewicht im Gehirn (und weit mehr, s. Kapitel 2.3) ist damit nicht die Ursache einer psychischen Erkrankung, sondern die Folge schädlicher Kindheitserlebnisse und der daraus resultierenden chronischen Stressreaktionen.

Die *ACE-Studie* führte zu vielen Nachfolgestudien, welche die Resultate der ersten durch alle Bevölkerungsschichten hindurch bestätigten, wobei die Verbreitung schädlicher Kindheitserlebnisse, welche nur Teilnehmende aus Städten befragte, noch höher ist. Die letzte Studie wurde von 2009-2018 in 42 Bundesstaaten durchgeführt (Wikipedia, 2023).

Es muss damit davon ausgegangen werden, dass ein grosser Teil der Bevölkerung entsprechende Vorbelastungen hat. Auf diese Gruppen der Bevölkerung wirken sich zusätzliche länger andauernde Belastungen wie beispielsweise Corona-Massnahmen oder Kriegs- und Energiemangel-Ängste besonders schädlich aus, wie auch die Zahlen zu den Auswirkungen der Corona-Massnahmen zeigen (s. letztes Kapitel).

Ausserdem stehen wir heute gesellschaftlich vor immensen Herausforderungen (Gartz, 2018):

- Rasant zunehmende Schere zwischen Arm und Reich (Milliarden von Menschen leben in Armut)
- Zerstörung der Umwelt durch ständiges Wirtschaftswachstum und Ressourcen-Verschwendung
- Kriege zur Erschliessung neuer Ressourcen und Märkte
- Steigende Krankenkassenprämien und Wohnungsmieten
- Zunehmende Orientierungslosigkeit und Überforderung
- Ständige Beschleunigung, Digitalisierung und Rationalisierung der Wirtschaft führen zu zunehmendem Stresserleben.

Mit der Ideologie des Neoliberalismus wurde ausserdem der Glaube an eine *Meritokratie* zur *Ich-AG* gesteigert (Mausfeld, 2019). Wer für den Markt nicht verwertbar ist, ist nutzlos und wird als Versager/in hingestellt. *Meritokratie* heisst, dass die soziale Position in der Gesellschaft nur durch die eigene Leistung bestimmt und der strukturelle Kontext (z.B. gesellschaftliche und familiäre Verhältnisse) ausgeblendet wird. Dies erweckt den Anschein, man wäre allein dafür verantwortlich, wenn man keinen Erfolg hat. Daraus können Apathie und Hoffnungslosigkeit entstehen, was zu einem ständigen Gefühl des Nicht-Genügens und der Verunsicherung vor allem auch bei Jugendlichen führt. Darüber hinaus wächst die Zahl an Arbeitsverhältnissen, welche keine materielle Existenzsicherung mehr garantieren (Mausfeld, 2019).

Heute werden zur Behandlung chronischer Stressreaktionen immer noch viele Psychopharmaka verschrieben oder zu deren Beruhigung entsprechende Suchtmittel eingenommen. Dies löst jedoch die Ursache nicht. 2.1% der Bevölkerung gab 2022 an, regelmässig Schlaf- oder Beruhigungsmittel (Benzodiazepine/Barbiturate) einzunehmen. Benzodiazepine werden häufig zur Behandlung von Angst/Panik, bei Schlafstörungen, starker Anspannung oder Übererregung verschrieben, alles akute oder chronische Stress-Symptome, für welche es auch andere Behandlungsmöglichkeiten gibt (s. Teil 4). Ausserdem trinken 7.1% der Frauen und 14.9% der Männer täglich Alkohol (Suchtschweiz, 2024).

Es dauerte lange, bis öffentlich anerkannt wurde, dass Barbiturate und Benzodiazepine süchtig machen, trotz früherer wissenschaftlicher Studien, welche das hohe Suchtpotenzial belegten (Gotzsche, 2016). In den 60er Jahren warb Roche so intensiv für Valium, dass es das meistgekaufte Medikament der Welt wurde. Ähnliches zeichnet sich heute bezüglich Antidepressiva ab. Sie werden äusserst intensiv beworben und Suchtpotenzial sowie Nebenwirkungen verharmlost.

Gemäss OECD-Bericht Health-at-a-Glance von 2017 hat sich die Einnahme von Antidepressiva zwischen 2000 und 2012 in vielen Ländern mehr als verdoppelt, obwohl Depressionen in den letzten Jahren gemäss Befragungen nicht zugenommen haben (Baer, 2013). Allerdings wurden die Kriterien für Depressionen stark erweitert (Gotzsche, 2016). Trauer beispielsweise war im Diagnosemanual DSM-3 (Diagnostic and Statistical Manual of Mental Disorders) noch ein Ausschlusskriterium für die Diagnose einer Depression, im DSM-4 durfte noch zwei Monate nach einem Verlust von nahestehenden Menschen getrauert werden, bevor eine Depression diagnostiziert werden konnte und im DSM-5 war Trauer gar kein Ausschlusskriterium mehr. Das heisst, dass zwei Wochen nach schweren Verlusten bereits eine Depression diagnostiziert werden konnte (Wagner, 2016; Falkai & Wittchen, 2015). Im Diagnosemanual ICD-11 (International Statistical Classification of Diseases and Related Health Problems) gibt es jetzt eine Kategorie für eine anhaltende komplexe Trauerstörung. Diese muss hier immerhin mindestens sechs Monate andauern, bevor eine Depression diagnostiziert werden kann.

Hinzu kommt, dass auch bei leichteren Depressionen und Angststörungen vor allem in Hausarztpraxen Antidepressiva verschrieben werden, während in psychiatrischen Praxen in solchen Fällen eher Psychotherapie angeboten wird (Baer, 2013). Die meisten gehen aber bei psychischen Belastungen und Stress-Symptomen wie Niedergeschlagenheit, Schlaflosigkeit, Ängsten oder Konzentrationsproblemen nicht zu Psychiaterinnen oder Psychologen, sondern zuerst zur Hausärztin oder zum Hausarzt, was die Verschreibung von

Psychopharmaka erhöht. In der Schweiz nahmen 2013 6% der Bevölkerung Antidepressiva (Masiero, 2018) ein, in Europa waren es 7.2% (Lewer, 2015), 9.4% Frauen und 4.9% Männer (ab 40 Jahren stark zunehmend bei den Männern). Nach Angaben der Krankenversicherung Helsana waren es jedoch im Jahr 2019 bereits 9% der Versicherten.

Psychopharmaka beeinflussen bei regelmässiger Einnahme die Neurotransmitter im Gehirn, genauso wie Alkohol und andere Drogen auch. Es ist erwiesen, dass es beim Absetzen von Antidepressiva häufig zu Entzugssymptomen kommt, wenn diese nicht langsam und ausschleichend abgesetzt werden, obwohl die Pharmaindustrie Nebenwirkungen und Entzugserscheinungen verharmlost (Pharmazeutische Zeitung, 2019).
Langzeitstudien zeigen, dass sich die Wirkung zwischen Antidepressiva und Placebo im Hinblick auf Depression (Hamilton-Skala, eine der bekanntesten Skalen zur Messung von Depression) nicht signifikant unterscheidet. Allerdings haben die Antidepressiva schwere kurz- und langfristige Nebenwirkungen (Gotzsche, 2016; Woggon, 2009, Hengartner, 2018).

Kurzfristige Nebenwirkungen von Antidepressiva:
- Erhöhte Suizidrate (3x höher als bei Placebo)
- Akathisie (extreme Unruhe; Getriebensein)
- Emotionale Abgestumpftheit und erhöhte Aggression
- Schädigung des Fötus
- Sexuelle Dysfunktion
- Schläfrigkeit
- Tremor
- Schlaflosigkeit.

Langfristige Nebenwirkungen:
- Schwere Entzugsreaktionen (u.a. Schlaflosigkeit, Albträume, Erbrechen, Ängstlichkeit, sensorische Störungen, welche sich wie Stromschläge anfühlen können)
- Medikamenten-induzierte affektive Störungen (z.B. Stimmungsschwankungen)

- Erhöhtes Mortalitätsrisiko (insbesondere durch kardiovaskuläre Erkrankungen)
- Erhöhtes Demenzrisiko (durch anticholinerg wirksame Antidepressiva)
- Steigende Invaliditätsraten, Arbeitsunfähigkeit.

Die Pharmaindustrie musste in Amerika bereits viele Milliarden Dollar Strafen bezahlen wegen illegalem Marketing, Marktmanipulation und Fehlinformationen, beispielsweise GlaxoSmithKline 2012 mit einer Rekordbusse von 3 Milliarden Dollar oder Pfizer zwischen 2002-2009 mit insgesamt 4 Milliarden Dollar und die letzte im Umfang von 2.3 Milliarden Dollar wegen illegalem Marketing (Gotzsche, 2016; Tagesanzeiger, 2012).

2.3　Wie entsteht ein Trauma?

Wenn intensive Gefühle wie Angst, Wut, Ohnmacht oder Scham nicht reguliert und verarbeitet werden können, entsteht ein Trauma (Schauer et al., 2011). Damit wir während traumatischer Erlebnisse nicht an den massiven Stressreaktionen in Folge von Übererregung und Todesangst sterben, werden diese Gefühle abgespalten (dissoziiert), die Aktivierung heruntergefahren und in den Körper verdrängt, wodurch mit der Zeit vielfältige psychosomatische Symptome entstehen können. Fisher (2014), eine Psychologin, welche bei Entwicklungstraumata mit Neurofeedback arbeitet (s. Kapitel 4.1.9), konnte mit Hilfe eines EEGs (Elektroencephalogramm) beobachten, dass ihre Klienten/innen vermehrt viele langsame Hirnwellen im Bereich von 3-5 Hz produzierten, wenn das Trauma unbeabsichtigt getriggert und die Betroffenen dissoziieren. Traumatische Ereignisse spiegeln sich folglich, neben schnelleren Hirnwellen, vor allem in ganz langsamen Hirnwellen. Dies bestätigte auch van der Kolk (2016) mit seinen Untersuchungen.
Werden traumatische Gefühle nicht verarbeitet, können sie durch unterschiedlichste Situationen oder Krisen getriggert werden. Panikattacken sind ein typisches Beispiel dafür. Die Betroffenen haben dann zusätzlich Angst, verrückt zu werden, da keine Verbindung zu den abgespaltenen Anteilen mehr besteht und die Reaktionen für sie keinen Sinn ergeben.
Bei traumatischen Erlebnissen (z.B. Vernachlässigung und Missbrauch in der Kindheit, schwere Geburten, Unfälle, Vergewaltigungen) setzt der Körper eine

Verteidigungs-Kaskade in Gang (Schauer et al., 2011) wie in Abbildung 1 dargestellt.

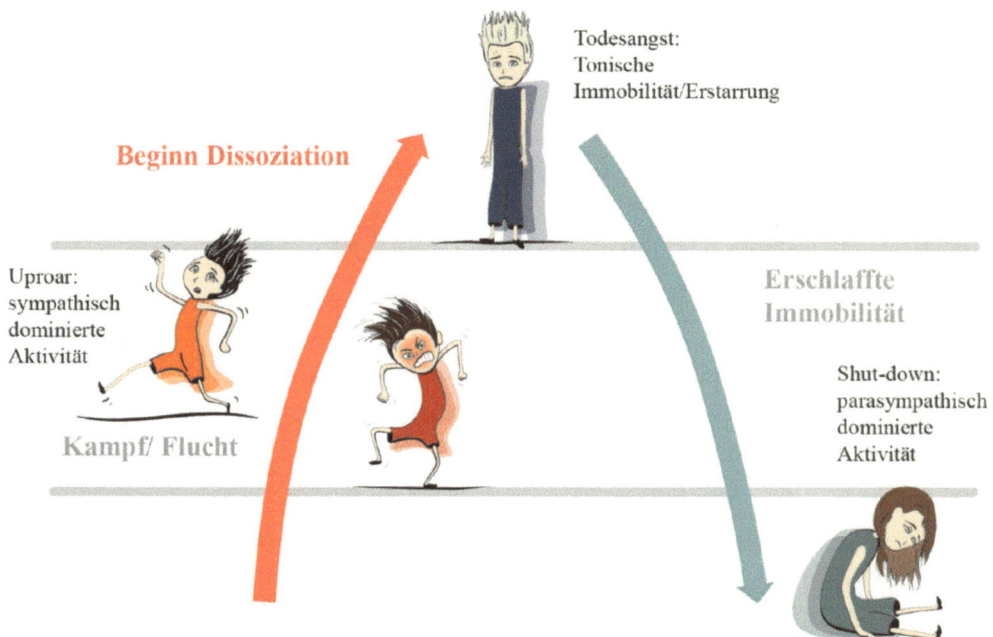

Abbildung 1: Verteidigungskaskade des Nervensystems

Bei jedem traumatischen Erlebnis wird zusätzliche Energie über die Ausschüttung von Stresshormonen mobilisiert. Der sympathikotone Teil des Nervensystems wird aktiviert (Sympathikus). Dem voraus geht oft eine Schreckreaktion (Keleman, 1995), bei welcher sich die grossen Rückenmuskeln strecken. Dies ermöglicht eine bessere Fokussierung. Man hält inne und ist höchst wachsam. Dazu gehört eine Versteifung der Wirbelsäule, das Zwerchfell senkt sich, die Luftwege öffnen sich und die Lungen blähen sich auf. Hier sind auch Augen, Ohren und Nase auf das höchste geschärft (Keleman, 1995). Der Sympathikus schaltet sich jedoch erst ein, wenn der Schreck nicht nachlässt und der/die Betroffene versucht, entweder zu flüchten oder zu kämpfen. Dabei nimmt die Anspannung der Muskulatur stetig zu. Sind in einer Situation weder Flucht noch Kampf möglich, kommt es zu Todesangst und einem Schockzustand. Da man an der eigenen Übererregung oder an unerträglichen Schmerzen sterben könnte, beginnt nun ein Prozess der Dissoziation, das heisst, eine Spaltung von Körper und Seelenanteilen. Kann sich diese Dissoziation nicht wieder lösen, führt dies zu einer gespaltenen Persönlichkeit, welche Ruppert (2012) unterteilt in traumatisierte Anteile, Überlebensanteile und gesunde Anteile. Gesunde Anteile sind immer auch noch vorhanden, man muss sie nur wieder befreien (mehr zu den Überlebensanteilen in Kapitel 2.5). Dissoziationen, welche kurzfristig das Überleben gewährleisten, führen längerfristig zur Annahme, Traumatisierungen wären nur ein gesellschaftliches Randphänomen (Ruppert, 2019), da man keinen Zugang mehr zu den (eigenen) traumatisierten Anteilen hat. Deshalb bekommt man in Beratungen öfters zu hören, die Klienten/Klientinnen hätten eine ganz normale Kindheit gehabt, während der eigentlich alles gut war. Durch eine Dissoziation des Erlebten entsteht das Gefühl, dass es nicht mir passiert ist. Erst mit der Zeit, wenn mit den abgespaltenen Trauma-Anteilen wieder Kontakt aufgenommen werden kann, wird das volle Ausmass des Leids von Angst, Wut, Scham, Trauer oder Ekel wieder zugänglich und man akzeptiert nach und nach, was geschehen ist.

Im extremen Schockzustand sind Muskulatur, Wirbelsäule sowie die Lungen völlig unbeweglich und auch die glatte Muskulatur der Organe ist blockiert. Die Augen können nicht mehr fokussieren, Körperflüssigkeiten und arterielle Blutversorgung stocken teilweise. Der Organismus wird dadurch völlig empfindungs- und gefühllos (Keleman, 1995). Nach dieser Erstarrung kommt es zur Erschlaffung der Muskulatur bis hin zu Ohnmacht, wenn die traumatische Situation weiter andauert. Das Nervensystem wird jetzt vom alten Vagus dominiert, s. Kapitel 2.7 (Schauer et al., 2011).

Im Folgenden werden unterschiedliche Stress-Symptome auf Grund einer Traumatisierung beschrieben (Schauer et al., 2011). Zur ersten Gruppe gehören die Sympathikus-dominierten Stressreaktionen, welche sich auf den roten Pfeil der *Verteidigungs-Kaskade* beziehen (s. Abbildung 1):

Flashbacks
Ein traumatisches Erlebnis führt zu vielen intensiven Verknüpfungen von Körperempfindungen und Gefühlen mit Sinneswahrnehmungen von

Gegenständen, Bildern, Tönen oder Gerüchen, welche mit dem Trauma an und für sich nichts zu tun haben, aber im gleichen Moment präsent sind. Dadurch entsteht eine *Furchtstruktur*. Treten solche, mit dem Trauma verbundenen, Sinneswahrnehmungen später wieder auf, wird häufig die gesamte Furchtstruktur aktiviert, was zu Flashbacks führen kann. Diese werden Trigger genannt, weil sie die traumatischen Reaktionen wieder auslösen können. Bei einem Flashback entsteht der Eindruck, man wäre wieder in der traumatischen Situation, begleitet von Todesangst und Panikattacken.

Da traumatische Erinnerungen auch bei frühkindlichen Traumata wieder abgerufen werden können, prägte Petri den Begriff des *Erlebnisgedächtnisses* (1996), s. Kapitel 2.4.2.

Vermeidung
Mit der Zeit lernt man, welche Reize schmerzhafte Reaktionen verursachen und versucht, sie zu vermeiden, was im Extremfall dazu führen kann, dass man das Haus gar nicht mehr verlässt.

Physische Übererregung
Dies äussert sich beispielsweise in Reizbarkeit, Konzentrations-, Schlaf-, Verdauungsstörungen, Kopfschmerzen, Hyperaktivität oder kalten Füssen und Händen. Die physische Übererregung kann nach einem traumatischen Erlebnis so gross sein, dass mit der Zeit sogar positive Emotionen vermieden werden, da auch diese einen Alarmzustand auslösen können.

Dies kann bis zu emotionaler Taubheit führen. In einem von Fisher beschriebenen Beispiel (2014) führte emotionale Taubheit bei einem Jungen dazu, dass er nicht einmal die Schmerzen eines Blinddarm-Durchbruchs bemerkte.

Dauern diese Symptome über mehrere Wochen an, wird dies als posttraumatische Belastungsstörung (PTBS) bezeichnet.

Zur zweiten Gruppe gehören die Parasympathikus-dominierten Symptome, welche sich auf den schwarzen Pfeil der Verteidigungs-Kaskade beziehen. Nach Abspaltung von Seelenanteilen und Erstarrung beginnt der Körper zu kollabieren. Diese Stress-Reaktionen treten insbesondere bei Menschen auf, welche während ihrer Kindheit körperlich und seelisch misshandelt oder vernachlässigt worden sind. Wenn ein Kind in eine Familie geboren wird, in der es abgelehnt wird und die Erfüllung der kindlichen Bedürfnisse nach Körperkontakt, Nahrung, Liebe, Zugehörigkeit, emotionaler Zuwendung oder emotionalem Halt ignoriert werden, sind Entwicklungstraumata die Folge (LaPierre & Heller, 2013). Die Stress-Reaktionen, die daraus resultieren, sind vielschichtig und umfassen Identitätsprobleme, emotionale Instabilität, Suchtmittelkonsum und süchtige Verhaltensweisen, Ängste jeder Art und vor allem Beziehungsprobleme. Gleichzeitig können alle Stress-Reaktionen der ersten Gruppe auftreten.

Je nachdem, ob der Körper in der Erstarrung stecken geblieben oder kollabiert ist, resultiert daraus eine unterschiedliche Körperform (Keleman, 1995), wie in der nachfolgenden Abbildung 2 sehr vereinfacht dargestellt. In Wirklichkeit passt sich der Körper sehr genau in unterschiedlichsten Nuancen an die jeweilige Stress-Situation an.

Abbildung 2: Erstarrte und kollabierte Körperform

Während traumatischer Erlebnisse wird die Zusammenarbeit verschiedener Regionen im Gehirn durch Stresshormone massiv beeinträchtigt (Fisher, 2014). Bei einem Entwicklungstrauma ist diese Zusammenarbeit bereits von Anfang an beeinträchtigt. Die Entwicklung der Verarbeitung von Sinneswahrnehmungen wird durch ständige Angstzustände gestört, woraus neben den oben beschriebenen Stressreaktionen später meistens zusätzlich Aufmerksamkeits- und Lerndefizite entstehen. Nach der Aufarbeitung eines Traumas kann das Gehirn vieles aufholen. Heute ist bekannt, dass das Gehirn plastisch ist. Das heisst, es bilden sich bis ins hohe Alter neue Nervenzellen und Synapsen (neuronale Verknüpfungen) (Hüther, 2009).

Durch andauernde Ausschüttung von Kortisol (Stresshormon) schrumpft der Hippocampus, ein Teil des limbischen Systems und Sitz des autobiografischen Gedächtnisses. Der Hippocampus in der rechten Hirnhälfte speichert dabei Raum, Zeit, Gefühle, sowie nonverbale Erinnerungen und jener in der linken Hirnhälfte die verbalen. Die Amygdala (Angstzentrum) hingegen wird durch andauernde Ausschüttung von Kortisol grösser. Sie ist ebenfalls Teil des limbischen Systems. Auch hier gibt es zwei, eine in der rechten und eine in der linken Hirnhälfte. Die Amygdala in der rechten Hirnhälfte wird aktiviert bei Bedrohungen und reagiert vor allem mit Wut, Angst und Scham. Je öfters sie aktiviert wird (durch reale bedrohliche Situationen oder Trigger), desto schneller reagiert sie. Die Reaktionsschwelle senkt sich mit der Zeit und die Deregulation des Nervensystems wird grösser. Das heisst, es wird schlimmer, wenn das Trauma nicht verarbeitet werden kann (Fisher, 2014).

Bei Traumatisierungen werden Gefühle und Sinneseindrücke nicht (mehr) entsprechend mit dem rechten und linken Hippocampus vernetzt. Dadurch entsteht trotz intensivsten Sinneswahrnehmungen Sprachlosigkeit. Kommen Traumatisierte wieder langsam mit ihren Gefühlen in Kontakt, können sie diese deshalb zu Beginn oft nicht in Worte fassen. Weil die rechte Amygdala kein Gefühl für Zeit hat, können vergangene traumatische Ereignisse nicht als vergangen begriffen werden. Das heisst, der Körper hat das Gefühl, weiterhin massiv bedroht zu sein, sobald irgendwelche Reize an das Trauma erinnern, resp. die Furchtstruktur aktivieren (Schauer et al., 2011). Deswegen helfen gutgemeinte

Sprüche wie «konzentriere dich auf die Gegenwart und lasse die Vergangenheit hinter dir» bei Traumatisierungen wenig, wenn die Amygdala nicht verstanden hat, dass keine Gefahr mehr besteht. Diese erreicht man nicht über Sprache. Wie die Amygdala erreicht werden kann, s. Teil 4.

2.4 Unterschiedliche Arten von Traumata

2.4.1 Systembindungstrauma

Ein Systembindungstrauma entsteht, wenn durch schwerwiegende Vorfälle in einem System von Bindungsbeziehungen das gesamte Familiensystem traumatisiert wird. Dies ist zum Beispiel der Fall bei Krieg, Gewalttaten, frühem Verlust von Mutter/Vater oder Inzest (Ruppert, 2012).
Meistens finden sich zwei Menschen zu einem Paar, bei denen beide aus traumatisierten Familiensystemen kommen und geben ihre seelischen Verletzungen ungewollt an ihre Kinder weiter. Wie dies mit dem autonomen Nervensystem zusammenhängt, wird in Kapitel 2.7 näher erläutert. Sie ziehen sich sozusagen magisch an, weil sie auf einer unbewussten Ebene spüren, dass sie Ähnliches erlebt haben. Es fühlt sich sehr vertraut an.
Ein solches Paar gibt seine psychischen Verletzungen an die nächste Generation weiter, wenn es seine Traumatisierungen nicht aufarbeitet und heilt.

Eine Mutter, welche beispielsweise ihre Mutter früh verloren hat, wird durch ihr Kind mit ihrer eigenen Bedürftigkeit konfrontiert, was dazu führen kann, dass sie das Kind ablehnt, es mit ihrer eigenen Liebesbedürftigkeit überschüttet oder im Wechsel beides. Dies führt beim Kind zu Stressreaktionen, da die Mutter ja nicht auf seine Bedürfnisse eingehen kann, auf das, was es wirklich bräuchte. Durch diese Reaktionen könnte sich die Mutter zusätzlich abgelehnt fühlen und das Kind weiter von sich wegstossen. In seiner Not wendet sich das Kind wahrscheinlich dem Vater zu, der durch seine eigene Traumatisierung das Kind vereinnahmt und möglicherweise auch sexuell missbraucht. So werden die Eltern als ehemalige Traumaopfer ungewollt zu Trauma-Tätern/innen.

Der grösste Schaden entsteht für ein Trauma-Opfer, wenn es von den Tätern/innen abhängig ist, ihnen vertraut und sie liebt, wie dies insbesondere bei den Eltern oder bei nahestehenden Menschen der Fall ist. Eine Aufspaltung ist unumgänglich. Das eigene Opfersein muss geleugnet werden, damit eine Beziehung mit den Eltern überhaupt noch möglich ist. Denn das Kind kann ja alleine nicht überleben. Daraus entwickeln sich Opferdynamiken, welche sich durch das ganze Leben ziehen, wenn die Traumatisierungen nicht aufgearbeitet werden. Deshalb hört man Sätze wie, «ist ja alles nicht so schlimm», «was mich nicht umbringt, macht mich stark» oder «das ist doch normal, ich beisse mich schon durch». Oder man bekommt zu hören, dass dies ja schon lange her sei, vorbei ist, das Leben müsse ja weitergehen. Weitere Opferdynamiken sind beispielsweise, sich selbst die Schuld am Geschehenen zu geben oder Schädigungen als gerechte Strafe für die eigene Bedürftigkeit oder Unachtsamkeit hinzunehmen. Bei sexuellem Missbrauch schämt man sich für den eigenen Körper, hasst ihn und gibt ihm als Tatort für das Geschehene die Schuld. Oft entwickeln Kinder, welche psychischen und physischen Missbrauch erlebt haben, Überlebensanteile, welche sich voll und ganz in den/die Täter/in einfühlen, vorausahnen, was er/sie von ihnen erwarten könnte, um noch Schlimmeres abzuwenden. In späteren Beziehungen werden diese Opferdynamiken wiederholt und es wird alles dafür gemacht, um eine Beziehung aufrecht zu erhalten (Ruppert, 2019). Dieses Verhalten wird oft diagnostiziert als abhängige Persönlichkeit oder Borderline-Persönlichkeit.

Werden Trauma-Opfer als Erwachsene unbewusst bei ihren Kindern zu Trauma-Täter/innen, entstehen zusätzliche Abspaltungen und spezifische Täter/in-Dynamiken. Schuld und Scham müssen dissoziiert, die Taten verleugnet und vertuscht werden. Können die Taten nicht ganz vertuscht werden, werden sie heruntergespielt, bis nichts mehr von ihnen übrig ist. Wagen es Opfer trotzdem, sich zu wehren, kommt es zu einer Täter-Opfer-Umkehr. Scham- und Schuldgefühle werden auf das Kind geschoben mit Aussagen, es wäre undankbar, sie hätten so viel für es getan und jetzt wäre es immer noch nicht zufrieden oder: «schau wie schlecht es deiner Mutter jetzt wegen dir geht». In der Öffentlichkeit versuchen sie mit allen Mitteln, eine Fassade von Normalität aufzubauen, sich als unschuldig oder selbst als Opfer darzustellen. Sie umgeben sich bevorzugt mit

Menschen, welche sich unterwürfig verhalten, sie bewundern und vor allem nicht in Frage stellen. Auch Täter/innen bleiben auf ihre Opfer fixiert, denn durch sie können sie durch physische und psychische Macht Zuwendung erzwingen, welche sie als Kinder nie erhalten haben und sich als besonders und auserwählt fühlen. Diese Aspekte entsprechen dem Narzissmus (Ruppert, 2019).

Merkmal eines Systembindungstraumas ist eine Täter-Opfer-Spaltung bei den Beteiligten. Alle tragen folglich irgendwann Täter- und Opferstrukturen in sich. Auf der Symptomebene können sich Systembindungstraumata deshalb auch in Psychosen und Schizophrenien ausdrücken (Ruppert, 2012).
Mit Blick auf die weitreichende Verbreitung schädlicher Kindheitserlebnisse (s. Kapitel 2.2) erstaunt es nicht, dass Opfer- und Täter/in-Dynamiken sich dann auch in gesellschaftlichen Strukturen spiegeln. Die aktuelle neoliberale Ordnung ist dafür ein typisches Beispiel. Auf Seite der Täter-Dynamik sind diejenigen am erfolgreichsten, welche skrupellos und ohne Rücksicht auf Verluste Mensch, Tier und Natur ausbeuten. Und die Opfer geben sich selbst die Schuld, wenn sie verarmen oder für den Markt als nicht «verwertbar» gelten und sind zufrieden, wenn sie irgendwie überleben können (Mausfeld, 2019). Auf diesem Nährboden ist es für Menschen mit Täter-Dynamiken einfach, gezielt Ängste zu schüren, um ihre Macht- und Profitinteressen durchzusetzen.

Durch Ahnenforschung und genaue Analysen von Familiengeschichten stellte man ausserdem fest, dass sich positive und negative Ereignisse, sowie schwere Schicksale von Vorfahren bei Nachfahren wiederholen können. Beispielsweise fand man heraus, dass Paare oft am gleichen Tag heiraten wie schon ihre Vorfahren, ohne das Datum jemals gekannt zu haben. Oder es können sich bei einer Person seltsame Unfälle an dem Tag häufen, an dem sich bereits früher ein tragischer Unfall in der Familie ereignete. Schützenberger (2001) nennt dies das Jahrestag-Syndrom. Schützenberger, Hellinger (2005) oder auch Boszormenyi-Nagy (1981) beobachteten, dass das Schicksal der Eltern, der Gross- und Urgrosseltern häufig nachgeahmt wird, auch wenn man sie nie kennengelernt hat. Auch schwere ungelöste Konflikte und unversöhnlicher Hass, beispielsweise zwischen Geschwistern, können bei Geschwistern der jüngeren Generation plötzlich wieder aufbrechen. Man ist dann einfach nur ratlos, warum sie immer wieder unerbittlich aufeinander losgehen, weil das Problem der Vorfahren schon lange in Vergessenheit geraten ist.

Eine andere Wiederholung zeigt sich zum Beispiel im Fall von Töchtern mit unehelichen Kindern, welche von ihren Männern verlassen werden, wie dies ihre Mütter und deren Mütter bereits erlebten. Auch Familiengeheimnisse, über die nicht gesprochen werden dürfen, können viel später bei einem Urenkel in Albträumen wieder auftauchen oder zu seltsamen Gedanken führen, bis er sich selbst für verrückt hält.

Die Ahnenforschung zeigt, dass wir nicht nur mit dem Schicksal unserer Eltern verbunden sind, sondern unbewusst auch mit dem Schicksal früherer Familienmitglieder. Dabei spricht man von unsichtbaren Bindungen und Verstrickungen mit Angehörigen. Weil viele Familienmitglieder unbekannt sind oder niemand mehr von ihnen spricht, fallen sie aus dem Bewusstsein, wodurch die Erklärung vieler Probleme im Dunkeln bleibt. Bis man zu forschen beginnt. Diese familiären Verstrickungen, welche oft abgespalten und tabuisiert sind, können durch Familienaufstellungen sichtbar gemacht und aufgelöst werden (Hellinger, 2005). Ruppert (2012) entwickelte zusätzlich das Aufstellen des Anliegens (s. Kapitel 4.1.2).

2.4.2 Geburtstrauma

Schwangerschaften und Geburtsprozesse können vor allem bei Komplikationen zu unterschiedlichsten Ängsten und Schwierigkeiten im Leben eines Menschen führen. Die Geschichte der Frauenheilkunde wird beispielsweise anschaulich im Buch von Dahlke et al. (2003) beschrieben und ist nicht erst seit der modernen Gynäkologie eine Katastrophe.

Emerson (2020) untersuchte detailliert, wie sich geburtshilfliche Eingriffe wie Ultraschall, Fruchtwasseruntersuchungen (s. Fallbericht Kapitel 4.2.5), (Peridural)anästhesien, wehenfördernde Mittel, Zangen, Saugglocken, Kaiserschnitte oder Isolationen nach der Geburt traumatisch auf das Kind auswirken. Zusätzlich werden Neugeborene teilweise noch bis heute nach der Geburt von der Mutter getrennt, glücklicherweise heute weniger oft. Das heisst, zu einem Geburtstrauma, welches allein schon schlimm genug ist, kommt der vorübergehende Verlust der Mutter, welcher Bindungsunterbrüche mit weiteren

Ängsten zur Folge hat. Das Kind wendet sich danach von der Mutter ab, was bei der Mutter zu Gefühlen von Minderwert führen kann, weil dies bei ihr alte Kindheitsmuster triggern kann.

Besonders unterschätzt wird eine Anästhesie während der Geburt, welche zu einer völligen Desorientierung des Babys führt und Todesängste auslöst. Das Anästhesie-Mittel wird zudem für Erwachsene dosiert, wodurch das Baby eine starke Überdosis erhält. Die Substanz passiert vollumfänglich die Plazentaschranke.

Unsere Geburt ist uns normalerweise nicht bewusst zugänglich, trotzdem prägt sie in hohem Masse unsere Lebensmuster und ist mit Sicherheit eines der einschneidendsten Erlebnisse im Leben. Obwohl das Bewusstsein für Geburtstraumata wächst, ist dies aber bei grossen Teilen der Gesellschaft noch nicht angekommen.

Im Geburtskanal erlebt das Kind einen massiven Druck, wobei Kräfte bis zu fünfzig Kilo von allen Seiten auf es einwirken. Durch LSD-Sitzungen und später durch das holotrope Atmen (s. Kapitel 4.1.3) kamen viele Leute mit diesen Erfahrungen in Kontakt, welche sich oft symbolisch in Form mythischer und magischer Bilder spiegelten, welche Überlebenskampf, Tod und Wiedergeburt zum Thema hatten (Grof, 1985). Die Symbolik der Tod- und Wiedergeburts-Erfahrung findet sich daher fast in jeder Kultur in unterschiedlichen Formen wieder (Campell 1999). Bei den Klienten und Klientinnen von Grof, Bewusstseinsforscher und Psychiater, waren die Erlebnisse im Bauch der Mutter bis zur Geburt oft ein Thema. Daraus entwickelte er mit der Zeit unterschiedliche Geburtsmuster. Grof nannte sie perinatale Geburtsmatrizen, obwohl sie sich auf die gesamte Schwangerschaft, inkl. Geburt beziehen. Er beobachtete die dazu gehörenden Symptome im Leben von Menschen, welche unbewusst in einer der Matrizen stecken geblieben sind. Diese beschreiben das Erleben aus der Perspektive des Kindes und werden beim Wiedererleben der Geburt oft symbolisch erlebt. Obwohl das Erleben so vielfältig ist, wie die unterschiedlichen Situationen während Schwangerschaft und Geburt, weist es je nach Phase doch Ähnlichkeiten auf (Grof, 1985):

Perinatale Matrix I
Bei dieser Phase geht es oft um die symbiotische Einheit des Fötus mit dem mütterlichen Organismus während der Schwangerschaft. Gibt es keine

störenden Einflüsse, kann sich diese Phase in Erfahrungen von ozeanischen Gefühlen, kosmischer Einheit, ekstatischen Zuständen spiegeln oder im Erleben der schützenden Mutter Natur in ihrer schönsten und nährenden Erscheinung. Menschen, welche in dieser Phase stecken geblieben sind, können zu Drogen- und Alkoholmissbrauch neigen, in der Sehnsucht nach den schönen Gefühlen dieser Zeit, vor allem wenn es anschliessend zu einer traumatischen Geburt kommt.

Bei Störungen *während dieser Phase*, sei es beispielsweise durch Krankheit, Stressreaktionen der Mutter oder Medikamenten, sehen Betroffene beim Wiedererleben ihrer Geburt beispielsweise eine bedrohliche Wasserwelt, vergiftete Flüsse, verschmutzte Natur oder erleben ein Gefühl der Auflösung von Grenzen mit einem diffusen, paranoiden Unterton. Versucht die Mutter das Kind abzutreiben oder lehnt es ab, führt dies zu tiefgreifenden, diffusen Existenzängsten und Kontaktlosigkeit.

Perinatale Matrix II

Die zweite Matrix ist der Beginn der biologischen Geburt, wobei das Baby diese durch sein eigenes endokrines System initiiert, wenn die Lunge reif zum Atmen ist (Emerson, 2020). Die intrauterine Existenz wird durch diese chemischen Signale verändert, anschliessend durch die Wehen. Weil der Muttermund noch geschlossen ist, entstehen beim Kind überwältigende Gefühle von ansteigender Angst und Erleben einer lebensbedrohlichen Situation. Mögliche Erfahrungen sind hier das Eingeschlossensein in einer klaustrophobischen, albtraumhaften Welt oder dem Gefangensein im Netz einer riesigen Spinne, Gefühle von Ausweglosigkeit, Endlosigkeit, Hoffnungslosigkeit, Sinnlosigkeit, Einsamkeit und Verzweiflung. Menschen, welche in dieser Phase stecken geblieben sind, tendieren zu Depressionen, sehen in der Welt nichts Positives und sind Opfer der Umstände. Archetypisch ist diese Phase mit Sisyphus verbunden, mit sinnentleerten Situationen ohne Ausweg oder Aussicht auf Veränderung. Hier liegt oft eine Ursache für Panikattacken.

Perinatale Matrix III

In dieser Phase beginnt der zweite Teil der biologischen Geburt, welches im Gegensatz zur zweiten Matrix durch eine Zusammenarbeit zwischen Mutter und Kind geprägt ist. Die Wehen gehen weiter, aber der Muttermund ist jetzt geöffnet und das Kind kann sich in den Geburtskanal vorarbeiten. Im Geburtskanal erlebt das Kind einen zermalmenden Druck von allen Seiten. In dieser Phase kommt es oft zu Erlebnissen eines Todes- und Wiedergeburtskampfes, mit Gefühlen des Erstickens, Erfahrungen von Feuer und Hitze (möglicherweise durch Reibung im Geburtskanal), Stromschlägen (vor allem bei wehenfördernden Mitteln) oder als Analogie zu gefährlichen Abenteuern.

Die Situation ist jetzt aber nicht mehr ausweglos wie in der zweiten Matrix. Das Kind erlebt sich als aktiv im Kampf ums Überleben. Am Schluss kann es in engen Kontakt mit Blut, Schleim, Urin und Fäkalien kommen mit dem Gefühl, Exkremente zu schlucken oder sich darin zu wälzen. Hier finden sich auch gegensätzliche Extreme von Todeskampf und vulkanischer Ekstase. Auf mythologischer Ebene spiegelt es den Kampf zwischen Gut und Böse.

Im Erleben kann es zusätzlich zu einem sadomasochistischen Aspekt kommen, welcher die wahrgenommene Aggression durch die Wehen und die biologische Wut des Kindes als Antwort auf Ersticken, Schmerz und Angst reflektiert. Es fühlt sich dabei sowohl als Opfer wie auch als Täter/in.

In einem Fall hatte die Mutter während dieser Phase plötzlich keine Kraft mehr zum Pressen. Das Baby blieb deshalb im Geburtskanal stecken. Dies führte im Leben dieses Klienten dazu, dass er beruflich oft in schwierige Situationen kam, in welchen er sich auf andere hätte verlassen müssen, ihnen aber misstraute und zunehmend mit Panikattacken reagierte.

Perinatale Matrix IV
Hier findet die eigentliche Geburt statt, welche gekennzeichnet ist durch plötzliche Erleichterung und Entspannung. Auf symbolischer und spiritueller Ebene bedeutet diese Phase das Ende der Tod- und Wiedergeburtserfahrung und die Erfahrung des Egotods. Denn der Übergang von der dritten in die vierte Phase involviert ein Gefühl der Vernichtung. Alles ist jetzt anders. Das Kind muss selber atmen, essen und verdauen. Es ist auch nicht mehr dunkel. Alle vorangegangenen Referenzpunkte werden ausgelöscht. Auf archetypischer Ebene entspricht dies dem Phönix. Die alte Form wird in Schutt und Asche gelegt und eine neue entsteht. Auf das Erleben der totalen Vernichtung folgt häufig ein Licht in übernatürlicher Schönheit oder

es zeigt sich die aufblühende Natur nach einem Sturm. Erfahrungen können hier das Erleben eines tiefen Gefühls spiritueller Befreiung und Errettung sein oder das Empfinden der Welt als schöner und sicherer Ort.

Falls der Übergang von der dritten in die vierte Matrix nicht ohne Komplikationen gelingt, kann dies dazu führen, dass man sich physisch und emotional extrem unter einem Druck fühlt, der nicht gelöst werden kann. Menschen, welche hier stecken geblieben sind, haben häufig eine manisch-depressive Tendenz.

Zu dieser Phase gehört die meistens zu frühe Durchtrennung der Nabelschnur, welche dramatische physische Veränderungen zur Folge hat und Schmerzen verursacht, welche zu Todesangst und Erstickungsgefühlen führen können. Das Kind beginnt ja erst, mit seinen Lungen zu atmen und die Blutzufuhr, resp. der Sauerstoff, wird dadurch abrupt gestoppt (Lüssi, 2022). Damit stellt sich die Bauchatmung nicht ein, wodurch Herz und Lunge weniger durchblutet werden. Beim Auspulsieren der Nabelschnur würde sich das Baby das eigene Blut noch einverleiben, wodurch die Umstellung auf die Lungenatmung ohne Angst geschehen könnte.

Zur Gewinnung des Nabelschnurblutes wird sie jedoch innerhalb von 30 Sekunden durchtrennt. Das Baby verliert dadurch ca. einen Drittel seines Gesamtblutes. Atembeschwerden wie Asthma sind oft die Folge (GreenBirth, 2021). Eine weitere traumatische Erfahrung kommt hinzu, wenn das Kind direkt nach der Geburt von der Mutter getrennt wird.

Auch geplante Kaiserschnitte sind ein grosses Thema. In den 90er-Jahren lag die Rate bereits bei 25% (Emerson, 2020), in der Schweiz und Deutschland liegt die gesamte Kaiserschnittrate heute ca. bei 30%. Dies ist sehr hoch.

Durch einen geplanten Kaiserschnitt kann das Kind so geschockt sein, dass es sich in seinem Körper und seiner Umgebung nicht mehr orientieren kann. Dieses Ereignis ist so schnell und massiv, dass das Kind keine Chance hat, seine eigenen Kräfte und Energien einzusetzen (Dowling, 2001). Dies kann im Leben beispielsweise dazu führen, dass Betroffene kurz vor dem Abschluss von Projekten, Ausbildungen, Prüfungen, etc. einfach aufgeben.

Studien belegen, dass Kaiserschnitte nach der Geburt oft zu Atemproblemen führen (doppelt bis viermal so hoch wie bei normalen Geburten). Erst nach 39

Wochen gab es keinen Unterschied mehr im Vergleich zu den Normalgeburten (Kirkeby Hansen, 2008). Diese hängen sehr wahrscheinlich mit fehlenden Katecholaminen zusammen, welche bei einer normalen Geburt ausgeschüttet werden und dafür sorgen, dass weniger Flüssigkeit in die Lungen des Kindes abgesondert wird und gleichzeitig die Bildung eines wichtigen Stoffes, Surfactant, anregt. Dieser weitet die Lungenbläschen und erleichtert dem Kind die ersten Atemzüge (GreenBirth, 2021).

Bei Notkaiserschnitten spielt es jeweils eine Rolle, in welcher Geburtsmatrix das Kind stecken geblieben ist.

Es besteht bei den Geburten, wie sie heute schulmedizinisch durchgeführt werden, dringender Handlungsbedarf. Glücklicherweise gibt es bereits einige Bestrebungen, die Geburt wieder in die Hände der Frauen und Hebammen zurückzugeben, wobei die Männer schützend zur Seite stehen können.

Oft ist die Geburt eines Kindes bei Komplikationen auch für die Mutter traumatisch. Bevor sie einfühlsam auf das Erleben des Kindes eingehen kann, ist es notwendig, zuerst ihr eigenes Erleben zu verarbeiten, sonst geschieht eine Vermischung der Gefühle.

Beispielswiese wollte sich ein 13-jähriger Junge nach Aufarbeitung seiner Geburt, nach welcher er wegen Herzproblemen über mehrere Monate im Spital behandelt wurde, langsam etwas ablösen, was bei der Mutter zu Ängsten und vermehrtem Klammern führte, bis sie selbst die Geburt ihres Sohnes verarbeitet hatte.

Hier stellt sich die Frage, wie man sich an die Geburt oder frühkindliche Erfahrungen erinnern kann, weil allgemein davon ausgegangen wird, dass sich das Gedächtnis nach der Geburt erst allmählich entwickelt (Wikipedia, 2024). Mittlerweile konnte in vielen Fällen überprüft werden, dass sich Gehörtes oder Gesehenes beim Wiedererleben der Zeit im Bauch der Mutter, der Geburt oder während der ersten zwei Jahre tatsächlich so zugetragen hat.

Diesbezüglich gibt es zudem viele Berichte darüber, dass Patienten/innen während Operationen mitbekommen, worüber im Operationssaal gesprochen wurde (Petri, 1996). Petri prägte dafür, wie bereits erwähnt, den Begriff des *Erlebnisgedächtnisses*, welches sich vom kognitiven, selektiven Gedächtnis unterscheidet und alle Wahrnehmungen, Körperempfindungen und Gefühle speichert.

Die Frage ist, wer speichert sie denn? In einem materialistischen Weltbild (s. Kapitel 1.6) ist es das Gehirn, in Bewusstsein, welches mittels elektrischer und chemischer Prozesse entsteht.

Damit könnten Traumata allerdings nie erfolgreich verarbeitet werden. Wäre dies die einzige Basis, könnte sich während einer Therapie nie ein gesundes Ich herausschälen. Mit diesem Ich können wir Körperempfindungen, Gefühle und Gedanken beobachten, die zu den traumatischen Erinnerungen führen, damit sie verarbeitet werden können. Es muss also noch eine andere Instanz geben. Diese können wir durch unterschiedliche Meditationsmethoden erfahren, indem wir beobachten und feststellen können, dass wir nicht unsere Wahrnehmungen, Gefühle oder Gedanken sind, denn sonst könnten wir sie nicht beobachten (Kornfield, 2008). Die akademische Psychologie, generell die akademische Welt, hängt immer noch im materiellen Weltbild fest. Zum Thema Materialismus gibt es viele Beiträge im YouTube-Kanal von Axel Burkart, einem Geisteswissenschaftler nach Rudolf Steiner, welcher in nachvollziehbarer Weise das materielle Weltbild durch wissenschaftliches Denken widerlegt.

Die Seele kann durch Erfahrungen, welche wir hier auf der Erde machen in viele Anteile aufgespalten werden, welche schwere Wunden davontragen können. Der Geist jedoch bleibt dabei immer ganz und unversehrt.

Petri unterschiedet einerseits das kognitive, bewusste Erinnern, andererseits ein Wiedererleben, wie es auch durch Trigger traumatischer Situationen zustande kommen kann. Dieses ungewollte Wiedererleben einer traumatischen Situation sieht er auch als einen Lösungsversuch des Organismus, sich davon zu befreien. Ausgehend von diesem Lösungsversuch, welcher für die Betroffenen mehr Leid als Lösung bringt, entwickelte er zur Verarbeitung von Traumata dann die Methode des aktiven Wiedererlebens (s. auch Kapitel 4.1.4).

In diesem Zusammenhang soll auch erwähnt werden, dass es durch Suggestionen möglich ist, falsche Erinnerungen zu erzeugen. Dies wurde insbesondere rund um Zeugenaussagen von Elisabeth Loftus erforscht. Deshalb ist es sehr wichtig, dass Therapeuten/innen bei der Verarbeitung von Traumata sehr genau darauf achten, keine suggestiven Bemerkungen einfliessen zu lassen oder Körperempfindungen vorschnell zu interpretieren (Levine, 2015). Traumatische Erinnerungen sind natürlich subjektiv und liegen mehrheitlich in der Kindheit. Für die Betroffenen ist es oft nicht mehr so wichtig, das Erlebte objektiv zu überprüfen, wenn die Traumareaktionen verarbeitet und die abgespaltenen Anteile integriert werden konnten. Es gibt aber Betroffene, denen eine Überprüfung wichtig ist (beispielsweise, um weitere Übergriffe auf andere zu verhindern) und in vielen Fällen finden sich auch objektive Hinweise für das Erlebte.

Im Jahr 1992 wurde die Stiftung «False Memory Syndrome» gegründet, welche ein Konzept falscher Erinnerungen vor allem bei sexuellem Missbrauch in der Kindheit propagierte, verursacht durch Suggestionen während einer Therapie. Die Stiftung wurde vom Ehepaar Freyd gegründet, deren Tochter den Vater beschuldigte, sie in der Kindheit sexuell missbraucht zu haben. Hier sass auch Loftus im wissenschaftlichen Beirat. Ende Dezember 2019 wurde die Auflösung der Stiftung bekannt gegeben. In Deutschland wurde 2012 die «False Memory Deutschland e.V. (FMD) – Arbeitsgemeinschaft Falsche Missbrauchserinnerung» gegründet (Wikipedia, 2024). Das Konzept wird heute in den Mainstream-Medien dazu instrumentalisiert, um die Möglichkeit ritueller Gewalt zu leugnen. Dieses dunkle Kapitel in der Geschichte der Menschheit wird sicher in Zukunft noch genauer ausgeleuchtet werden müssen.
Natürlich kommt es auch vor, dass Leute fälschlicherweise sexueller Übergriffe bezichtigt werden. Hier wäre genau zu untersuchen, aus welchen Motiven dies geschehen ist und wie oft dafür falsche Erinnerungen die Ursache sind. Im Hinblick auf die weite Verbreitung sexueller Übergriffe in der Kindheit (ca. jedes zehnte Kind, s. Tabelle 2), haben falsche Anschuldigungen wohl eher mit anderen Gründen zu tun als mit falschen Erinnerungen.

2.4.3 Bindungs- oder Entwicklungstrauma

Ein Bindungs- oder Entwicklungstrauma entsteht, wenn ein Mensch im Bindungssystem, in dem er oder sie lebt, zurückgewiesen und abgelehnt wird, wenn die Erfüllung der kindlichen Bedürfnisse nach Körperkontakt, Nahrung, Liebe, Zugehörigkeit, emotionaler Zuwendung oder emotionalem Halt ignoriert werden (Ruppert, 2012). Da wir nicht mit der Fähigkeit geboren werden, unsere Grundbedürfnisse und der daraus resultierenden Stressreaktionen selbst regulieren zu können, wenn sie nicht erfüllt werden, brauchen wir verlässliche und einfühlsame

Bezugspersonen. Fehlen diese oder sind sie nur unzuverlässig verfügbar, lernen wir nicht, uns selbst zu regulieren. Chronische Stressreaktionen sind die Folge. Wie schnell das Nervensystem eines kleinen Kindes eskalieren kann, zeigt das Experiment «Still Face» eindrücklich (Tornick, 2016; s. Video auf YouTube).

Werden Kernbedürfnisse eines Babys nicht erfüllt, beginnt es zu protestieren (LaPierre & Heller, 2013). So kann es auf die Umwelt einwirken, welche ihm nicht gibt, was es braucht. Quengeln und Schreien ist in diesem Fall ein gesunder Ausdruck von Aggression. Kommt keine einfühlsame Reaktion, schaltet das vegetative Nervensystem (Sympathikus, s. Abbildung 1) einen Gang höher und der Protest wird zu einem Wutgeschrei. Jedesmal wenn die Mutter das Baby dann erfolgreich beruhigt, wird sein vegetatives Nervensystem reguliert. Bleibt dies aus und werden Wut und Aggression chronisch, kann sich das autonome Nervensystem nicht mehr entladen. Die Energie bleibt im Körper. Weil das Kind weder kämpfen noch fliehen kann, wird als Anpassungsleistung das Bedürfnis eingefroren (Erstarrungsreaktion). Die Übererregung wäre auf Dauer für den Organismus sehr schädlich.
Säuglinge und Kleinkinder lernen Selbst- und Affektregulation ausschliesslich durch die Mutter oder durch nahe Bezugspersonen. Das Kind resigniert, unerfüllte Bedürfnisse und nicht bewältigte Gefühle werden im Körper in Form nicht entladener Erregung gebunden. Das Kind bemüht sich, Sinn in Fehlern und Versäumnissen des Umfelds zu finden. Es entsteht das Gefühl, an seinen Bedürfnissen wäre etwas nicht in Ordnung. Die Fehler und Versäumnisse werden verinnerlicht, als wären es die eigenen. Dadurch entstehen häufig intensive Scham- und Schuldgefühle, Selbstabwertung und Angst mit Tendenz zur Selbstaufgabe und extremem Rückzug.

Sind Kinder zudem Zielscheibe von Wut und Misshandlung der Eltern, müssen Wut- und Kampfimpulse noch mehr gebändigt werden, da sonst Schlimmeres drohen könnte. Dies führt zu Angst vor der eigenen Wut, was das Bedrohungsgefühl zusätzlich verstärkt. Um die Bindungsbeziehung zu schützen, spaltet das Kind Wut und Hass ab und macht sich selbst zum «schlechten Objekt» (LaPierre & Heller, 2013).
Dissoziation oder Verdrängung ist eine Anpassung an eine unerträgliche

Situation. Im Moment gewährleistet sie das Überleben des Individuums. Der Preis ist allerdings, dass man die verdrängten Anteile und deren Lebenskraft nicht zur Verfügung hat. Beispielsweise kann ein dreijähriges Kind seine Wut nicht frei ausleben, wenn es befürchtet, dass sich die Mutter abwendet. Es passt sich an und spaltet die Wut ab. Diese Kraft hat das Kind als Erwachsene/r nicht zur Verfügung, wenn er/sie sich einmal durchsetzen sollte. Diese Anteile bleiben in den traumatischen Situationen gefangen und realisieren nicht, dass es schon lange vorbei ist, bis sie eines Tages durch uns erlöst werden.

2.4.4 Verlusttrauma

Das schwerwiegendste Verlusttrauma ist sicherlich der Tod der Eltern für ein Kind oder der Tod eines Kindes für seine Eltern. Insbesondere Kinder und Jugendliche können den frühen Tod eines Elternteils in der Regel psychisch nicht bewältigen (Ruppert, 2012).
Auch Scheidungen der Eltern können zu einem Verlusttrauma führen, wenn der Vater oder auch die Mutter danach entweder physisch weg ist oder sich emotional von den Kindern abkoppelt. Dies geschieht oft bei Kampfscheidungen, wenn die Kinder zum Spielball der gegenseitigen Auseinandersetzung werden. Für die Kinder bedeutet dies, dass sie einen Elternteil, häufiger den Vater, emotional nicht mehr erreichen können und zusätzlich in einen Loyalitätskonflikt geraten, wenn beide Elternteile versuchen, sie auf ihre Seite zu ziehen. In solchen Situationen kommt es oft zu einer Parentifizierung der Kinder. Das heisst, sie werden zu Ersatzpartnern gemacht, was für ein Kind eine totale Überforderung bedeutet.

Vielen ist immer noch nicht bewusst, dass ein Kind auch ein Verlusttrauma erleidet, wenn es direkt nach der Geburt in eine Adoptivfamilie kommt oder die Mutter bei der Geburt stirbt. Es hat ja bereits neun Monate mit seiner Mutter verbracht, eine Beziehung aufgebaut und kann nicht begreifen, dass die Mutter plötzlich weg ist. Seine Kontaktversuche verlaufen danach ins Leere. Dies ist für ein Kind unerträglich, weshalb es die Situation nur überleben kann, wenn es diese Gefühle abspaltet. Dasselbe geschieht, wenn das Kind direkt nach der Geburt für einige Stunden oder Tage von der Mutter getrennt wird, denn es hat kein Verständnis für Zeit. Für das Kind ist es eine Ewigkeit und die Stressreaktionen, welche zu einem Trauma führen, sind bereits abgelaufen, wenn es wieder zu seiner Mutter zurückkommt, mit den Folgen eines Vertrauens- und Bindungsverlustes. Die Mutter versteht andererseits nicht, weshalb sich das Kind von ihr abwendet und fühlt sich von ihm abgelehnt: der Beginn eines Teufelskreises. Durch den Verlust dieses Urvertrauens erleben diese Kinder im späteren Leben oft Panikattacken, welche für sie unerklärlich sind. Wie die Bindung zwischen Mutter und Kind wieder geheilt werden kann, s. Kapitel 4.1.4.

Bei einem Verlusttrauma müssen der Herzschmerz, die Wut darüber, dass man im Stich gelassen worden ist und die daraus resultierende Einsamkeit abgespalten werden, je jünger umso intensiver. Ein Kind kann dies nicht aushalten, weshalb es Überlebensanteile ausbildet (s. Kapitel 2.5). Eine Überlebensstrategie besteht beispielsweise darin, dass der Verlust heruntergespielt wird, indem gesagt wird, man hätte ja Ersatzeltern gefunden oder es sei nicht so schlimm, da man die Mutter oder den Vater ja gar nicht oder kaum gekannt hätte (Ruppert, 2012).

Diese Reaktionen sind auch bei Erwachsenen umso intensiver, wenn sie bereits als Kinder ein Verlusttrauma erlitten haben und beispielsweise ihre/n Partner/in bei einem Unfall verlieren. Ein deutliches Merkmal für Verlusttraumata sind Depressionen.

Bei einem Verlusttrauma stellt sich brennend die Frage nach dem Sinn, «warum musste das geschehen?», «wieso schon jetzt?», ganz besonders, wenn Kinder früh sterben. Dies hat oft eine spirituelle Öffnung zur Folge, wenn der Verlust verarbeitet werden kann. Deshalb ist es hier besonders wichtig, dass Therapeuten/innen einen Zugang zur geistigen Dimension haben und nicht in einem materiellen Weltbild stecken bleiben.

Verlieren Eltern ihr Kind durch Suizid, ist das Schuldgefühl oft so unerträglich, dass es abgespalten werden muss und es sehr lange dauern kann, bis es möglich wird, den Verlust zu betrauern.

2.4.5 Einzeltrauma

Lange wurde im Diagnosemanual ICD (International Statistical Classification and Related Health Problems) nicht zwischen einem Einzeltrauma und einem komplexen Entwicklungstrauma unterschieden, wie in Kapitel 2.3 beschrieben.

Ein Einzeltrauma kann durch einen Unfall, eine Operation, einen Überfall oder eine Naturkatastrophe entstehen. Die in Kapitel 2.3 beschriebenen Symptome können alle auch nach einem Einzeltrauma auftreten, lassen sich aber in der Regel viel schneller auflösen als ein Entwicklungstrauma. Durch Traumatisierungen fällt man aus dem Kontakt mit sich und anderen, bei einem Einzeltrauma kommt der Kontakt nach der Auflösung in der Regel schnell wieder zurück (Klein, 2022). Bei einem Entwicklungstrauma wurde der Kontakt zu sich selbst und zu anderen noch gar nicht richtig entwickelt, deshalb braucht die Verarbeitung durch die Betroffenen viel mehr Zeit und Durchhaltevermögen. Operationen werden in diesem Zusammenhang oft unterschätzt, weil das Bewusstsein zwar betäubt ist, das *Erlebnisgedächtnis* aber trotzdem alles speichert. Beispielsweise wurde der Satz «die macht es nicht mehr lange» nach einer Operation zu einem unheilvollen Glaubenssatz, welcher erst aufgelöst werden konnte, nachdem die Betroffene ihre Operation verarbeitet hatte (Petri, 1996).

2.5 Überlebensanteile

Wie in Kapitel 2.3 bereits erwähnt, führen Traumatisierungen zu gespaltenen Persönlichkeiten. Die traumatisierten Anteile mit den unverarbeiteten Gefühlen werden, so gut es geht, mit einer dicken Schutzmauer vom Rest der Persönlichkeit isoliert und «vergessen». Damit der Mensch weiter existieren kann, werden Überlebensanteile ausgebildet. Bei Jung geht die *Persona* (Maskenpersönlichkeit) in diese Richtung (Wilber, 2008). Die Überlebensanteile sichern vor allem während der Kindheit das Überleben, wenn Kinder von ihren Eltern nicht bekommen, was sie brauchen. Ein typisches Merkmal von Überlebensanteilen ist die Normalisierung (Verleugnung des Traumas). Da hört man Aussagen wie «ich hatte eine ganz normale Kindheit», «es ist doch ganz normal, dass die Mutter keine Zeit hatte, das war halt so bei dieser Generation», «dass ich mich auch um den arbeitslosen Vater kümmern sollte» oder «Menschen halt manchmal weggehen oder sterben, das Leben muss weitergehen». Überlebensstrategien werden damit zur *Normopathie*.

Werden die aufgebauten Schutz- und Abwehrmechanismen durchlässig, unternehmen die Überlebensanteile alles, um diese Löcher wieder zu stopfen (Ruppert,

2012). Gelingt dies nicht und sie brechen trotzdem zusammen, führt dies zu einer retraumatisierenden Überschwemmung der Betroffenen mit Traumagefühlen. Deshalb ist es bei der Verarbeitung eines Traumas sehr wichtig, Überlebensanteile mit den Klienten/innen herauszuarbeiten, da diese Widerstand leisten, sobald die traumatisierten Anteile wieder vermehrt ins Bewusstsein kommen. Sie verdienen Wertschätzung, denn sie haben einen sehr wichtigen Beitrag zum Überleben des Kindes geleistet. Allerdings führen sie im Erwachsenenleben, neben den durch das Trauma verursachten chronischen Stressreaktionen, zu zusätzlichem Leid, weil sie viel Energie brauchen, um die Traumagefühle in Schach zu halten.

Es gibt Überlebensanteile, welche immer auf der Hut sind, denn es könnte überall und immer wieder etwas passieren. Andere passen sich immer an, um keine Konflikte zu riskieren, strengen sich übermässig an oder üben Macht aus, um alles zu kontrollieren, damit sie sich nie mehr ohnmächtig fühlen müssen. Verbreitet ist hier auch der «Sonnenschein». Dies sind Anteile, welche immer zwanghaft zufrieden und gut drauf sind. Die folgenden Abbildung 3 zeigt Überlebensanteile, traumatisierte und gesunde Anteile, welche immer auch noch vorhanden sind (Ruppert, 2012).

Traumatisierte Anteile

Überlebensanteile

Gesunde Anteile

Abbildung 3: Überlebensanteile in Anlehnung an Ruppert

Hinter dem Helfersyndrom stecken in der Regel ebenfalls Überlebensanteile. Es könnte nie bis zu einem Burnout kommen, wenn da nicht Überlebensanteile am Werk wären. Im Normalfall könnten wir die Signale nicht bis zur totalen Erschöpfung ignorieren und würden bereits viel, viel früher Massnahmen ergreifen. Weil Menschen mit einem Burnout in der Kindheit oft einen Überlebensanteil ausgebildet haben, welcher durch Leistung und Aufopferung zu etwas Anerkennung und Liebe gekommen ist, worauf sie ihren Selbstwert begründen, werden alle Anzeichen von Erschöpfung ignoriert. Wenn der Körper zusammenbricht, will und kann dies dieser Überlebensanteil nicht akzeptieren, weil sonst der eigene Selbstwert zusammenbrechen würde. Er treibt deshalb weiter zu Leistung an. Es bringt in der Regel nichts, mit Überlebensanteilen zu diskutieren und diese zur Vernunft bringen zu wollen. Erst wenn erkannt wird, aus welcher Zeit diese stammen und dass sie damals das Überleben des Kindes sichergestellt haben, heute aber zu zusätzlichem Leid führen und nicht mehr notwendig sind, können sich die Betroffenen langsam von dieser Strategie distanzieren. Aber es dauert in der Regel länger, bis dieser Überlebensanteil bereit ist, etwas zurückzutreten, damit man sich um den erschöpften Körper kümmern kann.

Eine andere Art von Überlebensanteilen sind die Täter/in-loyalen Anteile. Weil ein Kind weder kämpfen noch flüchten kann, wenn seine Eltern dessen Bedürfnisse missachten oder es dafür sogar bestrafen und ablehnen, ist diese Realität unerträglich. Es schafft sich deshalb eine idealisierte Mutter oder ein Idealbild des Vaters, eine Vorstellung von «Mami ist die Beste», «mit Mami muss man Mitleid haben», «sie meint es doch nur gut» oder «ist ganz lieb». Dieses Bild wird oft sehr hartnäckig verteidigt und führt zu intensiven Schuldgefühlen, wenn sich Traumagefühle wie Wut gegen die Eltern, Trauer oder Angst im Verlauf der Aufarbeitung vermehrt zeigen. An dieses idealisierte Bild klammerte sich das Kind, um wenigstens einen gewissen Halt in seinem Leben zu finden. Es kann grossen Herzschmerz und Ängste hervorrufen, wenn dieses Bild plötzlich in sich zusammenfällt. Loyale Überlebensanteile tauchen früher oder später fast immer auf, wenn man mit Entwicklungstraumata arbeitet.

Auch Süchte gehören zu den Überlebensstrategien. Suchtanteile versuchen, mit Hilfe von Substanzen ihr Nervensystem zu regulieren.

Zum Erkennen von Überlebensanteilen ist die *Kaskadentechnik* von Huber (2023) sehr hilfreich. Beginnend mit einem Symptom, wie «Schuldgefühle den Eltern gegenüber» fragt man den/die Klienten/in: «Lieber sich weiterhin so schuldig fühlen, sonst ....?» «Sonst kommt Kritik von den Eltern.» «Und wenn Kritik von der Eltern käme, was dann?» «Dann würde ich mich ganz elend fühlen.» «Wenn du dich ganz elend fühlen würdest, was dann?» «Dann würde ich mich ganz einsam und alleine fühlen und das würde ich nicht aushalten.» Eine solche Kette kann sehr schnell aufzeigen, wovor das Symptom Schuldgefühle, resp. der Überlebensanteil schützt. Dies führt bei den Betroffenen zu Verständnis und Mitgefühl gegenüber sich selbst. Diese Kaskade kann mit jedem Symptom durchgeführt werden, wie beispielsweise auch mit Fressattacken, Spielsucht, Verspannungen, Leistungsdruck oder Perfektionismus.

2.6 Stressreaktionen

Chronische Stressreaktionen führen mit der Zeit zu einem deregulierten Nervensystem, welches sich in psychischen Störungen wie u.a. Depressionen, Ängsten, Hyperaktivität oder Erschöpfung zeigt (s. Kapitel 2.2). Die Widerstandsfähigkeit nimmt ab, wobei bereits kleinere Vorfälle dazu führen, dass man aus dem Gleichgewicht fällt.
Angst ist eine typische Stressreaktion, ein nützlicher Verteidigungsmechanismus, welcher unser Überleben sichert. Wird diese aber zu einem Dauerzustand, beeinträchtigt sie das ganze Leben. Ausserdem blockiert Angst eine angemessene Urteilsbildung und führt zu einem Tunnelblick, wodurch Lösungen erschwert werden.

2.6.1 Akute Auswirkungen: Nervensystem

Durch Stressreaktionen werden im Körper Stresshormone ausgeschüttet, um dem Körper mehr Energie für Kampf oder Flucht zur Verfügung zu stellen (Zapf & Semmer, 2004; Kaluza, 2003). Der Körper schüttet zuerst Adrenalin und später Kortisol und Schilddrüsenhormone aus, damit schnell zusätzliche Energie zur Verfügung steht, um Belastungen bewältigen zu können (Hüther,

2009). Diese Stresshormone (Morschitzky, 2011) bewirken kurzfristig (nicht abschliessend):

- höchste Wachheit
- besseres Sehen
- Durchblutung der Muskeln
- Anspannung der Muskeln
- Zuversicht
- Fokussierung
- Zugang zu mehr Energie
- Reduzierung nicht notwendiger Funktionen wie z.B. die Verdauung.

Kurzfristig stellen Stressreaktionen kein Problem dar. Durch die Stresshormone haben wir zusätzliche Energie, um mit Problemen und Herausforderungen fertig zu werden. Wenn wir etwas erfolgreich gelöst haben, führt das zu Selbstbewusstsein, Wohlbefinden und Entspannung. Danach braucht es aber Phasen der Erholung.

Sind die Stressreaktionen jedoch zu intensiv und können nicht mehr verarbeitet werden, entsteht wie oben beschrieben ein Trauma (s. Kapitel 2.3).

Noch wenig bekannt ist, dass sich bei akuten Belastungen nicht nur das Nervensystem anpasst, sondern je nach emotionalem Konflikt auch spezifische Organe. Darauf wird im nächsten Kapitel eingegangen.

2.6.2 Akute Auswirkungen: Veränderung an Organen

Neben der Ausschüttung von Stresshormonen finden auch Veränderungen an Organen statt, um den Körper möglichst fit für den Umgang mit belastenden Situationen zu machen. Dies nannte Hamer (2009) *Sinnvolle Biologische Sonderprogramme (SBS)*. Im Rahmen seiner Neuen oder Germanischen Medizin dokumentierte er systematisch diese organischen Veränderungen. Solche *SBS* werden gestartet, wenn die Ereignisse dramatisch, akut, isolativ und unerwartet erlebt werden (Eybl, 2022). Diese und weitere Kriterien wurden auch im Rahmen der Stressforschung bereits eingehend untersucht (Atkinson et al.,

1990). Eine wichtige Rolle spielt nicht nur das Fehlen sozialer Unterstützung, sondern beispielsweise auch die Art und Weise. Diese muss zum erlebten Konflikt passen, sonst mindert es das Ausmass des Stresserlebens nicht.

Zur Auslösung eines *SBS* müssen die belastenden Situationen nicht immer zu einem Trauma führen, sind aber für die Betroffenen in jedem Fall sehr belastend. Können diese Belastungen innerhalb von Tagen gelöst werden, werden die organischen Veränderungen kaum registriert.

Solange ein Konflikt aktiv ist, bleiben die Auswirkungen vieler *SBS* über längere Zeit schmerzlos. Durch die Ausschüttung der Stresshormone fühlt man sich sehr fit. Zu Schmerzen kommt es meistens erst, wenn der Konflikt gelöst ist. Mehr dazu in Teil 3.

Hamer veröffentlichte 1981 die Ergebnisse seiner Krebsforschung mit einer Kartographie des Gehirns (Hamer, 2009). Diese zeigt den Zusammenhang zwischen einzelnen Arealen des Gehirns und unterschiedlichen Bereichen des Körpers mit Symptomen (Organe, Bewegungsapparat, etc.), welche er nach vielen Befragungen einzelnen emotionalen Belastungen zuordnen konnte. Mittels Computertomographie (CT) des Gehirns konnte er mit der Zeit genau sagen, welche emotionalen Belastungen ein Mensch erlebt hatte (Lanka & Stoll, 2022), weil sich diese auch im Gehirn spiegeln. Zu dieser Entdeckung führte seine eigene Erkrankung an Hodenkrebs nach dem tragischen Tod seines Sohnes. Er befragte seine Patientinnen, bei welchen ebenfalls die Geschlechtsorgane betroffen waren, ob sie ebenfalls einen schweren Verlust erlitten hatten, was sie alle bestätigten (Hamer, 2009). Dadurch kam er auf die Idee, emotionale Konflikte mit gewissen Symptomen zu verbinden.

Die Verbindung zwischen Körper und Seele wurde bereits mit der aufkeimenden Lehre der Psychosomatik in den 70er Jahren wieder eingeführt, aber Hamer konnte diese Zusammenhänge wissenschaftlich nachweisen (Krötsch, 2022). Zu den Haupterkenntnissen seiner Entdeckung gehört, dass viele Symptome erst nach der Lösung eines Konfliktes auftreten.

Zum Sinn der *SBS* mehr in Kapitel 3.2.2. Hier soll erst einmal darauf hingewiesen werden, dass es bei emotionalen Konflikten nicht nur zu Veränderungen im Nervensystem kommt, sondern auch zu Veränderungen in spezifischen Organen des Körpers.

2.6.3 Chronische Auswirkungen von Stressreaktionen

Gelingt es nicht, Probleme innerhalb von Tagen, Wochen oder Monaten zu lösen, sind chronische Stressreaktionen die Folge, welche sich auf unterschiedlichen Ebenen auswirken können:

- Mental: z.B. verminderte Konzentrationsfähigkeit, Vergesslichkeit, Grübeln, Selbstzweifel; bereits alltägliche Anforderungen können zu Überforderung führen
- Gefühle: z.B. Ärger, Gereiztheit, Niedergeschlagenheit, Hoffnungslosigkeit
- Beziehungen/soziale Interaktionen: z.B. Rückzug, Konflikte, Gewalt
- Körper: z.B. hoher Blutdruck, Kopf- und Rückenschmerzen durch Daueranspannung, Verdauungsprobleme, Schlafstörungen, Schwindel

Werden die Stresshormone Adrenalin und Kortisol über Wochen und Monate ausgeschüttet, beeinträchtigt das Kortisol mit der Zeit u.a. das adrenerge, serotonerge und dopaminerge System, wobei ein Serotoninmangel Depressionen fördert. Weniger Adrenalin und Dopamin führen zu Antriebslosigkeit. Wie bereits in Kapitel 2.3 beschrieben, verkleinert sich durch eine anhaltende Ausschüttung von Kortisol der Hippocampus, der Sitz des autobiografischen Gedächtnisses (Hüther, 2009). Da Serotonin in der Nacht zu Melatonin umgewandelt wird, verursacht dies bei einem Mangel Schlafstörungen (Eybl, 2022). Ausserdem wirkt Kortisol entzündungshemmend, was Reparaturprozesse im Körper unterdrückt. Normalerweise sinkt der Adrenalinpegel nach längerer Belastung nicht gleich ab, wobei diese zusätzliche Energie manchmal über Panikattacken abgebaut wird, insbesondere, wenn der Körper etwas zur Ruhe kommt oder man sich hinlegt. Dies löst weitere Angst aus und kann zu Angst vor der Angst (Morschitzky, 2011) führen.

Die chronische Ausschüttung von Stresshormonen kann zur Auszehrung des Körpers mit Erschöpfungszuständen/Burnout führen, wobei bereits alltägliche Anforderungen unüberwindbar erscheinen. Dies führt bei den Betroffenen oft zu massiven Ängsten und Ohnmacht, weil sie ihren Alltag nicht mehr bewältigen können und sich von allem überfordert fühlen.

Chronischer Stress verflacht die Atmung (Hypoxie), was zu einem latenten Sauerstoffmangel (Azidose) führt. Einerseits steht durch eine flache Atmung (Brustatmung und beschleunigte Atmung durch den Sympathikus) weniger Sauerstoff zur Ernährung des Körpers zu Verfügung, andererseits wird das CO_2 nicht mehr richtig abgeatmet. Das heisst, die Säurebelastung steigt. Nahrung spielt hier zwar auch eine Rolle (täglicher Verzehr von Eiweiss- und Getreideprodukten) aber nicht in dem Masse, wie die Atmung. Der Köper verfügt über vier Puffersysteme:

- Hydrogencarbonat (HCO_3; umgangssprachlich: Bicarbonat; basisch) -> wird beeinflusst durch Abatmung von CO_2
- Proteinat-Puffer
- Hämoglobin-Puffer
- Phosphat-Puffer

Das Hämoglobin hat eine hohe Pufferkapazität, wird aber durch den CO_2-Transport im venösen Blut beansprucht und H^+-Ionen entstehen. Die Pufferkapazität von Gewebe und Muskeln ist jedoch 5x höher als diejenige im Blut und die der Knochen hat sogar einen 50x höheren Gehalt an Carbonaten als die Gewebeflüssigkeiten. Das Knochencarbonat ist deshalb der wichtigste Basenlieferant zur Neutralisierung fixer Säuren, wenn diese im Übermass vorhanden sind. Die Niere ist das wichtigste Organ bei der Regulation des Säure-Basen Haushalts, welche fixe Säuren (chemisch gebundene H^+-Ionen werden zu Ca^{2+}-Ionen) und auch einen kleinen Teil an H^+-Ionen ausscheidet. Bei Säurebelastung kann sie bis zu einem gewissen Grad Basen (HCO_3) rückresorbieren.

Säurebelastung durch erhöhtes CO_2 im venösen Blut zieht nach Marktl (2007) und Vormann (2007) mit der Zeit einen erhöhten Verbrauch durch Ablösung puffernder Mineralstoffe aus den Knochen nach sich. Zusätzlich wird die Aktivität der Osteoklasten (Zellen, welche für den Abbau und die Resorption der Knochensubstanz zuständig sind) erhöht und die Aktivität der Osteoblasten (Zellen, welche für den Aufbau und die Regeneration der Knochensubstanz zuständig sind) gehemmt. Dadurch werden die Knochen mit der Zeit brüchig.

Diese Ergebnisse machen jedoch nur Sinn, wenn alle Knochen in gleichem Ausmass brüchig werden. Andernfalls könnte es sich um ein spezifisches *SBS* handeln (s. Kapitel 3.2.3).

Bei lang andauernden Stressreaktionen sollte die Übersäuerung durch vollwertige Ernährung (Moritz, 1997; Dahlke, 2017), zusätzliche Basen und Entgiftung des Körpers abgepuffert werden. Sehr effizient kann eine Darm- und Leberreinigung nach Moritz (2008) sein. Reinigungen sind ohnehin sehr zu empfehlen bei den vielen Umweltgiften (Schwer- und Leichtmetalle, Glyphosat, etc.) in der Nahrung, Luft und Wasser.

Auch die meisten Rückenschmerzen hängen eng mit schädlichen Kindheitserlebnissen und traumatisierten Familiensystemen zusammen sowie der daraus resultierenden chronischen Stressreaktionen. Da anhaltende Stress- und Traumareaktionen wie Anspannung, Versteifung, Erstarrung oder Kollabieren den Körperbau prägen (Keleman, 1995), führt dies mit der Zeit zu einer Disharmonie im gesamten Körper, welche durch verminderte Blutzufuhr und falsche Belastungen Schmerzen verursachen. Solange das Bewusstsein von diesen verkörperten Erfahrungen abgespalten ist, bleiben diese unverarbeiteten Energien weiterhin gespeichert. Jedesmal wenn unverarbeitete Wut getriggert wird, welche als Kind nicht ausgedrückt werden konnte/durfte, braucht dies zur Unterdrückung erneute Muskelkraft. Weil sich der Körper bei Aggression automatisch anspannt, führt dies zu weiteren Verspannungen. Verdrängung und Abspaltung verbrauchen deshalb sehr viel Energie, was zu einer latenten Müdigkeit führen kann. Ausserdem wird nicht wahrgenommen, wenn der Körper an seine Grenzen kommt, was im Extremfall bis zu einem Burnout führen kann.

Weil die Muskelkraft im Alter abnimmt, können die Überlebensanteile die Traumagefühle nicht mehr richtig in Schach halten. Weil viele alte Menschen ihre schädlichen Kindheitsereignisse nicht verarbeiten konnten, kommt es deshalb vor, dass sie für Angehörige zunehmend unerklärliche Reaktionen entwickeln, wie paranoides Verhalten, welches sich beispielsweise in der Angst äussert, es könnte sich jemand ins Haus schleichen und sie bestehlen und bedrohen. Diese Ängste sind real, gehören aber in die Kindheit. Dasselbe kann mit den Überlebensanteilen geschehen, wenn zusätzliche traumatische Erlebnisse dazu kommen, wie dies durch die Corona-Krise der Fall war.

Stressreaktionen sind eng verbunden mit dem vegetativen Nervensystem, welches im nächsten Kapitel etwas näher beschrieben wird.

2.7 Das autonome Nervensystem und Stressreaktionen

Bis Porges (2017) seine *Polyvagal-Theorie* entwickelte, wurde davon ausgegangen, dass das autonome oder vegetative Nervensystem nur aus zwei Teilen besteht. Sehr vereinfacht gesagt, aus dem Sympathikus, welcher für Stressreaktionen zuständig ist und aus dem Parasympathikus, zuständig für Erholung und Regeneration.

Der Parasympathikus besteht jedoch vorwiegend aus dem Vagus (10. Hirnnerv) mit zwei Teilen, einem älteren (dorsaler/hinterer) Vagus und einem neueren (ventraler/vorderer) Vagus. Der Vagus mit diesen zwei Ästen ist der längste Nerv im Körper und tritt an zwei verschiedenen Stellen aus dem Stammhirn aus. Wie in Kapitel 2.3 beschrieben, spielt der alte Vagus bei Traumatisierungen (Levine, 1998) eine grosse Rolle, weil er uns erstarren und ohnmächtig werden lassen kann. Bevor dies bekannt war, wurde beispielsweise bei Opferbefragungen durch die Polizei nicht verstanden, weshalb sich die Betroffenen nicht gewehrt haben. Es wurde dann fälschlicherweise als Einverständnis interpretiert. Bei den Betroffenen führt dieses Wissen zu einer grossen Entlastung, wenn sie begreifen, dass sie durch die Aktivierung des alten Vagus lahmgelegt wurden und sich deshalb nicht wehren konnten.

Basierend auf der *Polyvagal-Theorie* hat das autonome Nervensystem hat drei Teile:

- Parasympathikus: alter (dorsaler) Vagus
- Sympathikus
- Parasympathikus: neuer (ventraler) Vagus

Abbildung 4 gibt einen Überblick über die unterschiedlichen Teile des autonomen Nervensystems.

Abbildung 4: Das autonome Nervensystem

Bei den Verteidigungssystemen handelt es sich um den alten Vagus und um den Sympathikus. Der alte Vagus ist der älteste Teil des Nervensystems und gehört zum Stammhirn. Diesen teilen wir mit den Reptilien. Wenn weder Kampf noch Flucht möglich sind, kann er uns erstarren lassen und der Sauerstoffverbrauch wird minimiert. Dadurch nimmt die Schmerzempfindung ab. Schwindel und Ohnmacht werden durch einen leichten Sauerstoffmangel ausgelöst, infolge eines starken Blutdruckabfalls. Ausserdem wird damit ein toter Körper simuliert, was für Beutetiere den Vorteil hat, dass sie für Raubtiere weniger attraktiv werden.

Im angespannten Zustand wirkt der alte Vagus wie eine Bremse auf den Sinusknoten (Schrittmacher des Herzens) und kann Herz und Atmung bis zum Stillstand bringen (Porges, 2017).

Im Gegensatz zu Reptilien ist Erstarren insbesondere für Menschen problematisch, weil das Gehirn viel mehr Sauerstoff braucht als der übrige Körper.

Menschen kommen nicht mehr so leicht aus diesem Zustand heraus wie Reptilien oder Säugetiere. Wenn die Todesangst vorbei ist, zittern erstarrte Säugetiere, bis sich die eingefrorene Aktivierung entladen hat (Levine, 1998). Dieses erstarrte Aktivierungspotenzial, der Schock, bleibt bei Menschen oft im Körper stecken und führt zu Stressfolgeerkrankungen. 80% der Nervenfasern des alten Vagus finden sich in allen Bereichen im Inneren des Körpers. Kommt der Körper nach traumatischen Kindheitserlebnissen nicht mehr aus einer Erstarrungsreaktion heraus, führt dies deshalb auch zu zahlreichen unterschiedlichen Symptomen, weil innere Organe über längere Zeit nur ungenügend mit Sauerstoff versorgt werden. Auf mentaler und emotionaler Ebene entstehen beispielsweise Dissoziation, Ohnmacht, Depression oder Taubheit.

Der Sympathikus wird durch das Stammhirn, den Hypothalamus und die Formatio reticularis gesteuert (Ehrmann, 2016). Er aktiviert zu Bewegung/Mobilisierung, Kampf und Flucht. Über dieses System werden, wie in Kapitel 2.6.2 beschrieben, die Stresshormone Adrenalin und Kortisol ausgeschüttet. Welche der Verteidigungsstrategien zum Zug kommt, hängt davon ab, was wir in unserer Kindheit erlebt haben und wie eine bedrohliche Situation eingeschätzt wird.

Der neue Vagus ist ebenfalls Teil des Parasympathikus und hat mit Entspannung und Regeneration zu tun. Den neuen Vagus teilen wir mit den Säugetieren. Weil Neugeborene von Säugetieren und Menschen völlig hilflos sind und alleine nicht überleben könnten, braucht es ein System des sozialen Engagements, welches der neue Vagus begünstigt. Dieses System hat den grossen Vorteil, dass die Entwicklung, nicht wie bei Reptilien, bereits vollständig determiniert ist, sondern sich im Hinblick auf die Umwelt anpassen und lernen kann. Dadurch entwickelte sich unser Grosshirn (Porges, 2017).

Neben diesem grossen Vorteil hat es aber den Nachteil, dass wir nicht mit der Fähigkeit geboren werden, unser Überleben bereits kurz nach der Geburt selbst meistern zu können. Dazu brauchen wir einfühlsame Eltern, welche sich auf uns einschwingen können. Dies ist nur möglich, wenn der neue Vagus bei ihnen aktiviert ist. Der neue Vagus wird jedoch durch Stressreaktionen und Traumatisierungen ausgeschaltet oder erst gar nicht richtig entwickelt. Dies führt durch traumatisierte Eltern ungewollt zu traumatisierten Kindern, da wir nicht mit der Fähigkeit geboren werden, unsere Affekt- und Stressreaktionen selbst regulieren zu können (LaPierre & Heller, 2013). Wird das Nervensystem eines Kleinkindes nicht durch fürsorgliche Bezugspersonen beruhigt, beginnt es zu eskalieren, wobei zuerst der Sympathikus aktiviert wird. Hilft diese Mobilisierung nicht, schaltet sich der alte Vagus ein, was nach Erstarrung zu Erschlaffung und Kollabieren führt, um die auf Dauer schädliche Übererregung auszuschalten. Erst durch das einfühlsame Eingehen auf unser Nervensystem in frühster Kindheit lernen wir mit der Zeit, uns selbst zu regulieren. Deshalb ist die Basis von Stressregulation immer auch Co-Regulation durch eine einfühlsame Beziehung sowie die Heilung der Abspaltung/Dissoziation durch Kontakt, Verbundenheit und Vertrauen (Klein, 2022).

Der neue Vagus (Porges, 2017) reguliert ausserdem über Gesichts- und Kopfmuskeln das Hören menschlicher Stimmen (Mittelohrmuskeln)

- die Sprache (Kehlkopfmuskeln)
- die Mimik

Bei einem Entwicklungs- oder Bindungstrauma bleiben die älteren Verteidigungssysteme dauerhaft aktiviert. Die obere Gesichtshälfte zeigt deshalb oft wenig Ausdruck und die Stimme tönt monoton (wenig Melodie/Rhythmus), weil der neue Vagus nicht aktiv ist. Hingegen kann der Ausdruck der unteren Gesichtshälfte verstärkt sein (entspricht dem Beissen) und in einigen Fällen wird sehr viel gesprochen (sogenannte Logorrhoe oder Mythomanie).
Oft ist eine auditorische Hypersensibilität im Bereich der niedrigen Frequenzen die Folge, welche früher vor Raubtieren warnte. Der Vorteil ist, dass tiefe Töne eine Vibration verursachen, welche direkt über den Körper wahrgenommen wird. Dadurch wird das Stammhirn viel schneller erreicht als über das Gehör. Im Gegensatz dazu aktivieren hohe, schrille Töne den Sympathikus (z.B. Schreien von Kindern).
Ist der neue Vagus aktiviert, wird die Wahrnehmung von Geräuschen im niedrigen Frequenzbereich eingeschränkt. Dies bewirkt, dass Stimmen besser herausgefiltert werden können. Das heisst, wenn der neue Vagus bei Kindern

ungenügend entwickelt ist, haben sie Schwierigkeiten, menschliche Stimmen aus Hintergrundgeräuschen herauszufiltern. Sie hören weniger gut, was zu ihnen gesagt wird, weil die Stimmlage bei Wortenden oft etwas höher ist und dies nicht gehört wird. Dadurch wird die Bedeutung des Gesagten nicht erfasst, was zu massiven Lernschwierigkeiten führen kann.

Die ständige Mobilisierung durch den Sympathikus führt ausserdem zu Unruhe. Für diese Kinder ist es deshalb schwierig, den Fokus auf eine Sache zu richten, da ihr Unterbewusstsein ständig damit beschäftigt ist, die gesamte Umgebung nach potenziellen Gefahren abzutasten. Dies wird als Hyperaktivität und Aufmerksamkeitsdefizit diagnostiziert, ohne die damit zusammenhängenden Ursachen zu erfassen und zu behandeln (Fisher 2014). Beim Spielen kommen Kinder, bei welchen der neue Vagus nicht aktiviert ist, in Mobilisierung/Kampfmodus, während andere in sozialen Kontakt treten. Sie verletzen dann andere ungewollt und werden deswegen oft ausgeschlossen (Porges, 2017).
Ist der neue Vagus aktiv, vermittelt dies einen neurophysiologisch fundierten Sicherheitszustand. Der Ressourcenverbrauch wird verringert und der Zugang zu Gesundheit, Genesung, Entwicklung, Freude, Offenheit und Kreativität gefördert.

Die verschiedenen Systeme des autonomen Nervensystems sind hierarchisch organisiert. Das heisst, bei Lebensgefahr kommt der alte Vagus zum Zug, bei Gefahr der Sympathikus und bei einer sicheren Umgebung wird der neue Vagus aktiv. Porges (2017) nennt dies *Neurozeption. Neurozeption* ist der Mechanismus, welcher die drei Schaltkreise am Bewusstsein vorbei aktiviert, bis wir durch Meditation und Selbsterkenntnis lernen, diese mit Bewusstsein zu durchdringen. Umgekehrt kann der neue Vagus die Verteidigungssysteme hemmen und beruhigen, wenn er gezielt aktiviert wird. Dies macht sich beispielsweise die Methode des *Ehrlichen Mitteilens* (Klein, 2022) zu Nutze (s. Kapitel 4.1.8).

Mit der Zeit bekommt man durch Beratungen ein Gefühl für das autonome Nervensystem und nimmt wahr, ob bei jemandem der Sympathikus, der alte oder der neue Vagus aktiviert ist. Dies ist zur Co-Regulation des Nervensystems der Klienten/innen während der Bearbeitung emotionaler Konflikte sehr hilfreich. Damit lernen sie mit der Zeit, ihr Nervensystem wahrzunehmen und zunehmend selbst zu regulieren.

Unterstützung dazu bietet das *Window of Tolerance* von Levine. Damit können Betroffene leichter erkennen, wie sich ihr Nervensystem gerade anfühlt und ob sie im Alltag eher sympathikoton oder vagoton unterwegs sind, also mehr Symptome von Übererregung oder Kollabieren zeigen. Abbildung 5 zeigt das *Window of Tolerance* in Anlehnung an Levine.

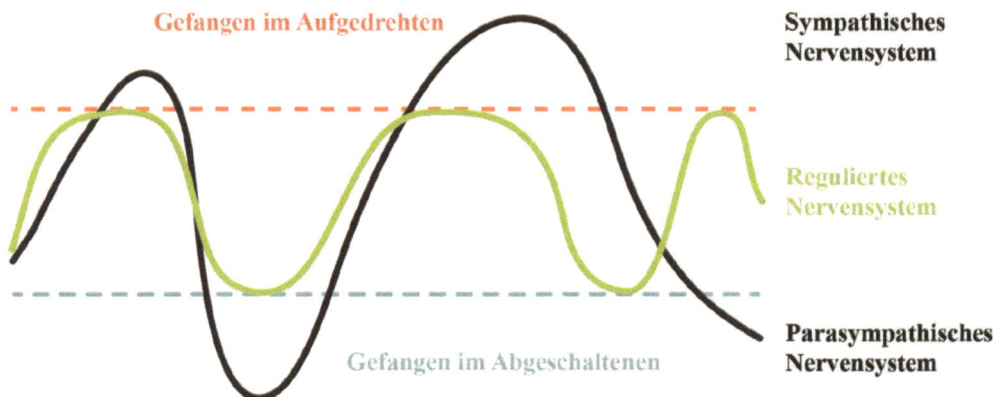

Abbildung 5: Window of Tolerance

Der nächste Teil 3 geht vertiefter auf die zusätzlichen organischen Veränderungen während und nach der Lösung eines belastenden Themas ein. Nicht jede belastende Situation führt zu einem Trauma, weshalb jeweils von belastenden Konflikten oder Traumata gesprochen wird. Wie in Kapitel 2.3 beschrieben, entsteht ein Trauma, wenn der einzige Ausweg darin besteht, die überwältigenden Gefühle abzuspalten. Dies geschieht nicht bei jedem Konflikt, trotzdem können diese ein *Biologisches Sonderprogramm (SBS)* auslösen.

Nähert man sich zum ersten Mal den *Fünf Biologischen Naturgesetzen (5BN)*, wirkt dieses System zu Beginn in der Regel etwas erschlagend, weil es viele

Details bezogen auf unterschiedliche Gewebe umfasst. Aus eigener Erfahrung braucht es mehrere Annäherungsversuche.

Grob gesagt geht es einerseits um Symptome, welche sich während aktiver und chronischer Stressreaktionen zeigen, wie in diesem Teil beschrieben, andererseits um Symptome, welche nach der Lösung eines belastenden Themas auftreten können. Zentral dabei ist, dass beide Arten von Symptomen zum gleichen Konfliktgeschehen gehören.

Man schaut gewissermassen zuerst von oben auf den gesamten Prozess, erkennt man eine *Zweiphasigkeit*. Hilfreich dabei ist eine Metaperspektive, welche durch das *Gelbe* Weltbild erleichtert wird. Verliert man sich zu schnell in Details, ist es anstrengend und eher verwirrend.

Hat man diese *Zweiphasigkeit* erfasst, lassen sich die Details mit der Zeit immer einfacher einsortieren. Vor allem unterstützen dabei eigene Beobachtungen. Diese sind sehr wichtig, weil die *5BN* aktuelle Glaubenssysteme bezüglich Krankheit radikal in Frage stellen.

3. Regenerationsphasen nach einer Konfliktlösung

Hier dreht sich das Verständnis von Symptomen um 180 Grad. Diese Drehung löst sich jedoch auf, wenn man die *Zweiphasigkeit* eines Konfliktgeschehens erkannt hat. Es geht um die Neue oder Germanische Medizin von Ryke Geerd Hamer, auch *Fünf Biologische Naturgesetze (5BN)* oder Universalbiologie genannt. In diesem Buch wird mehrheitlich der Name *5BN* verwendet. Obwohl in diesem Teil auf die *5BN* fokussiert wird, schliesst dies die Wirksamkeit anderer Systeme nicht aus, wie zum Beispiel die Homöopathie, den Ayurveda oder die Traditionelle Chinesische Medizin, um nur einige zu nennen. Rudolf Steiner entwickelte eine anthroposophische Medizin, auf welche hier ebenfalls verwiesen werden soll (Burkart, 2018/No 29). Die Erkenntnis der *Zweiphasigkeit* findet sich jedoch bisher nur im System der *5BN*. Ausserdem steht die Neue Medizin nach Hamer noch ziemlich am Anfang und wird durch Erfahrungen und Anwendungen laufend erweitert.

Dieser Teil des Buches gibt einen Einblick in die Neue Medizin und möchte dazu anregen, sich selbst damit auseinanderzusetzen. Die *5BN* werden an einzelnen Beispielen verdeutlicht, um die Abläufe sichtbar zu machen. Einen detaillierten Überblick über die unterschiedlichsten Symptome findet sich beispielsweise bei Eybl (2022). Münnich (2019) beschreibt in Band 1 detailliert die *5BN* nach Hamer. Eine komprimierte Einführung, ebenfalls von Münnich, gibt eine 4-stündige Dokumentation auf YouTube (DavidM1337, 2010).
Zur Entdeckung der *5BN* führte Hamers eigene Erkrankung an Hodenkrebs nach dem tragischen Tod seines Sohnes Dirk. Nach dessen Tod arbeitete er als Oberarzt auf einer Gynäkologischen Abteilung für Krebspatientinnen und begann damit, sie zu fragen, ob sie auch einen schweren Verlust erlitten hatten. Dies konnten alle bestätigen (Hamer, 2009).

Im Gegensatz zum allgemeinen Verständnis sind viele Symptome Ausdruck eines gelösten Konflikts und damit Regenerationssymptome. Wer die *5BN* neu entdeckt, braucht in der Regel eine Weile, um dies durchzudenken und zu überprüfen, weil es nicht dem entspricht, was allgemein vermittelt wird. Oft braucht es zwei bis drei Anläufe, um sich damit vertraut zu machen. Denn einerseits entspricht es nicht dem *Orangen* Krankheitsverständnis der Schulmedizin, andererseits fühlen wir uns bei Symptomen wie beispielsweise Fieber, Schmerzen oder Entzündungen krank und schwach. Es fühlt sich vorerst nicht wie eine Lösung an. Je nach Intensität können die Symptome beängstigend wirken, wenn man nicht weiss, was vor sich geht. Es ist deshalb schwierig zu verstehen, dass diese mit einer Konfliktlösung zu tun haben. Da braucht es eigene Beobachtungen und eigene Erfahrungen, um den Ablauf von Regenerationsphasen allmählich überprüfen und verstehen zu können.

Zudem werden diese Erkenntnisse von der Pharmaindustrie mit allen Mitteln unterdrückt, da sie zu Milliardenverlusten führen würden. Viele teure Behandlungsmethoden und Medikamente würden dadurch überflüssig. Hamer (1995) veröffentlichte bereits 1981 die Ergebnisse seiner Krebsforschung mit einer Kartographie des Gehirns und wurde deswegen zeitlebens verfolgt und diffamiert (Baumeister, 2020). Ein Geschäftsmodell, das den Gewinn mit kranken Menschen macht, kann, wie bereits beschrieben, nicht an nachhaltiger Gesundheit interessiert sein. Deshalb wird alles bekämpft, was dazu führen könnte.

In Kapitel 1.8 wurde der Begriff Krankheit bereits geklärt. Krank bedeutet gemäss Wikipedia (2023) schwach/geschwächt und ist eine Begleiterscheinung der meisten körperlichen Symptome. Im Rahmen der *5BN* wird deshalb von Symptomen gesprochen, welche Hamer durch langjährige Beobachtung einzelnen Konfliktthemen zuordnen konnte (Krötsch, 2022).

Aktuell werden Krankheiten aus den unterschiedlichsten Symptomen zusammengefasst, was für ein klares Verständnis nicht so hilfreich ist. Dies wird weiter unten an verschiedenen Beispielen aufgezeigt.

Das nächste Kapitel gibt einen Überblick über die *5BN*.

3.1 Überblick über die fünf biologischen Naturgesetze

Hamer (2009) formulierte aufgrund seiner Forschung *Fünf Biologische Naturgesetze 5BN*, wobei das fünfte kein Gesetz ist sondern eine Schlussfolgerung aufgrund der ersten vier. Diese werden nachfolgend beschrieben.

3.1.1 Auslösendes Ereignis

Beim 1. Gesetz geht es um ein auslösendes, als dramatisch empfundenes Ereignis. Wie bereits am Ende von Teil 2 beschrieben, führt nicht jede belastende Situation zu einem Trauma, weshalb hier von Konflikten und Traumata gesprochen wird. Weil Hamers Sohn Dirk angeschossen wurde und seinen Verletzungen erlag, nannte er solche Ereignisse *Dirk-Hamer-Syndrom* (*DHS*). Wenn ein Ereignis als sehr belastend oder sogar als traumatisch erlebt wird, startet im Körper ein *Sinnvolles Biologisches Sonderprogramm (SBS)*, immer begleitet durch akute Stressreaktionen, wie in Teil 2 beschrieben. Zusätzlich finden an einzelnen Organen je nach Konfliktinhalt Veränderungen statt, um uns bei der Konfliktlösung zu unterstützen. Je nachdem wie die Konflikte empfunden werden, lösen diese unterschiedliche *SBS* aus. *SBS* sind automatisierte, instinktive Programme, welche sich gleichzeitig körperlich, emotional und auf der Ebene des Gehirns auswirken.

Im Gehirn entstehen mit dem Start eines *SBS* sogenannte *Hamersche Herde (HH)*. *HH* sind ringförmige Erscheinungen im Gehirn, welche mit Hilfe einer Computertomographie (CT) sichtbar gemacht werden können (Münnich, 2019/ Band 1). Durch die Lokalisation eines *Hamerschen Herdes* wird ersichtlich, welches Organ betroffen ist (s. Kapitel 3.1.3) und um welche Konfliktthemen es sich dabei handelt.
Wird der Konflikt gelöst, ist dies im Gehirn ebenfalls sichtbar. Die scharfrandigen Ringe verschwimmen durch die Einlagerung von Wasser, werden dunkler und bekommen Dellen. Nach der Wasseraustreibung in der Heilungskrise vernarbt die entsprechende Stelle im Verlauf der weiteren Wiederherstellungsphase durch Gliazellen (Bindegewebszellen des Gehirns). Aufgrund dieser Vernarbungen im Gehirn, sind diese auch nach Jahren mit Hilfe eines CT's noch erkennbar und geben Information zu den erlittenen Konflikten.

3.1.2 Zweiphasigkeit eines Sinnvollen Biologischen Sonderprogramms (SBS)

Das 2. Gesetz bezieht sich auf die *Zweiphasigkeit* eines *SBS*. Die erste Phase ist die konfliktaktive (CA). Die zweite Phase betrifft die Konfliktlösung (PCL/Post-Conflictolyse). Beispiele dazu folgen. Die nachfolgende Abbildung 6 zeigt die *Zweiphasigkeit* eines *SBS* (Münnich, 2019/Band 1).

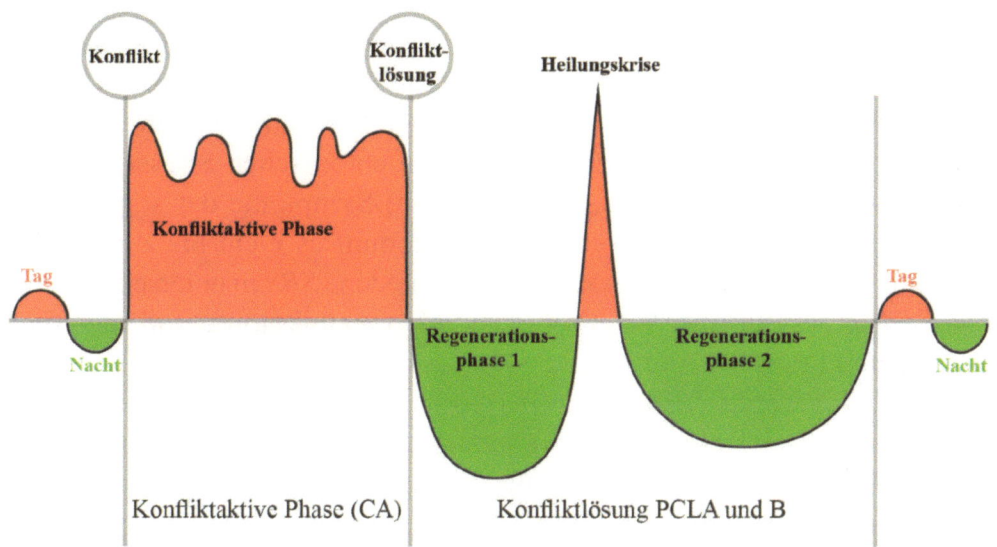

Abbildung 6: Zweiphasigkeit eines Sinnvollen Biologischen Sonderprogramms (SBS)

Die Wiederherstellung (PCL) setzt sich zusammen aus einer konfliktgelösten Phase PCLA gefolgt von einer Heilungskrise und mündet danach in die konfliktgelöste Phase PCLB (Hamer, 2009). In der ersten Phase fühlt man sich normalerweise richtig krank und geschwächt, nach der Heilungskrise ist man «über den Berg» und in der konfliktgelösten Phase B geht es langsam aufwärts bis zum Normalzustand.

In der konfliktaktiven Phase dominiert der Sympathikus (sympathikoton), in der konfliktgelösten Phase (PCLA und PCLB) der Parasympathikus (vagoton), ausser während der Heilungskrise. Diese ist ebenfalls sympathikoton. Oft wird hier der Konfliktinhalt im Schnelldurchlauf nochmals erlebt.

Früher sprach man in der Schulmedizin von kalten und heissen Krankheiten. Zu den kalten Krankheiten zählten Symptome, welche für Stress-Symptome typisch sind, wie kalte Hände und Füsse durch Verengung der Gefässe, Nervosität, Spannungskopfschmerzen, Appetitlosigkeit oder Schlafstörungen. Zu den heissen Krankheiten zählten warme Hände aufgrund von Gefässerweiterung, Schwellungen, Entzündungen, Fieber oder Müdigkeit. Es wurde und wird noch nicht erkannt, dass es sich dabei um zwei Phasen des gleichen Geschehens handelt (Hamer, 2009). Diese *Zweiphasigkeit* ist allerdings nicht so leicht zu durchschauen, denn viele Konflikte bleiben bis zum Tod ungelöst. Manche Menschen sterben an chronischen Stressreaktionen und Auszehrung des Körpers, wobei (Stress)-Symptome der sogenannten kalten Krankheiten dominieren. Dadurch kommt es nicht bis zur Wiederherstellungsphase. Ausserdem können verschiedene *SBS* in unterschiedlichen Phasen sein, was zu einer Vermischung von sympathikotonen und vagotonen Symptomen führt.
Durch die *Polyvagal-Theorie* von Porges (s. Kapitel 2.7) ist heute bekannt, dass es durch entsprechende Trigger während konfliktaktiver Phasen in Folge schwerer Traumatisierungen ebenfalls zu vagotonen Phasen kommen kann. Diese werden durch den alten Vagus ausgelöst, was plötzlich zu einer Weitstellung der Gefässe führen kann und den Körper erschlaffen lässt, wobei die Hände heiss werden. Dies sieht nach Symptomen von sogenannten heissen Krankheiten aus.
Hat man die Logik dieser *Zweiphasigkeit* sogenannter Krankheiten verstanden, wird es viel einfacher, die unterschiedlichen Symptome entsprechend einzusortieren.

3.1.3 Veränderungen an Geweben

Das 3. Gesetz beschreibt, welche Veränderungen während der konfliktaktiven Phase sowie nach der Konfliktlösung an unterschiedlichen Geweben beobachtet werden können. Die Gewebezuordnungen im Rahmen der *5BN* basiert auf der Embryologie. Die Embryologie oder pränatale Entwicklungsbiologie beschäftigt sich mit der vorgeburtlichen Entwicklung der Lebewesen.

Aus der befruchteten Eizelle entstehen durch Zellteilung drei Keimblätter: das entwicklungsgeschichtlich älteste ist das Entoderm, danach entwickelt sich das Mesoderm und zum Schluss das Ektoderm. Die Keimblätter sind Gewebecluster, aus welchen alle Organe gebildet werden. Deshalb lassen sich die einzelnen Organe den drei Keimblättern zuordnen. Bei organischen Veränderungen durch ein *SBS* verhalten sich Organe gleich, welche zu den gleichen Keimblättern gehören (s. weiter unten Kapitel 3.1.3). Vor dieser Erkenntnis konnte die Art der Veränderungen an den Organen während eines *SBS* noch nicht erklärt werden (Münnich, 2019/Band 1).

Ausnahmen bilden die Organe, welche vom unteren Teil des Mittelhirns gesteuert werden und eigentlich zum Mesoderm gehören. Da sich diese Organe bei den Veränderungen durch ein *SBS* wie entodermales Gewebe verhalten, werden sie im Rahmen der *5BN* zu den Stammhirn-gesteuerten gezählt.

Die vom Althirn gesteuerten Gewebe (Stammhirn, unterer Teil des Mittelhirns, Kleinhirn) werden während der konfliktaktiven Phase zuerst durch Zellteilung überversorgt (Zellaufbau) und nach der Konfliktlösung wieder abgebaut. Die vom Neuhirn gesteuerten Gewebe (Marklager/oberer Teil des Mittelhirns, Thalamus, Hypothalamus, Grosshirnrinde) verhalten sich gerade umgekehrt. Sie werden in der konfliktaktiven Phase unterversorgt (Zellabbau). Das heisst, Zellen werden nicht erneuert, wodurch Gewebe abgebaut wird. Nach der Konfliktlösung werden sie wieder aufgebaut (Münnich, 2019/Band 1).

Jeder Organteil lässt sich einem dieser drei Keimblätter zuordnen und damit auch einem entsprechenden Hirnteil. In den unterschiedlichen Hirnteilen gibt es spezifische *Hirnrelais*, wie Hamer sie nannte, welche jedes einzelne Organ und einzelne Funktionen steuern. Die nachfolgende Tabelle 3 stellt dar, welche Hirnteile welche Gewebe steuern.

Tabelle 3: Gehirnteile und Steuerung der unterschiedlichen Gewebe

Gehirnteile	Gewebe	
Stammhirn (unterer Teil des Mittelhirns)	Entoderm	Althirn
Kleinhirn	Alt-Mesoderm	
Marklager (oberer Teil des Mittelhirns)	Neu-Mesoderm	Neuhirn
Grosshirn mit Zwischenhirn	Ektoderm	

Das Stammhirn mit dem unteren Teil des Mittelhirns steuert entodermales Gewebe, das Kleinhirn alt-mesodermales, das Marklager neu-mesodermales und das Grosshirn ektodermales. Das Zwischenhirn steuert ebenfalls Organe, welche sich wie ektodermales Gewebe verhalten (Lüssi, 2022).

In Kapitel 3.2 werden die Veränderungen in den einzelnen Phasen genauer dargestellt.

3.1.4   Rolle der Mikroorganismen

Das 4. Gesetz geht auf die Rolle der Mikroorganismen in den unterschiedlichen Phasen eines *SBS* ein. Wenn ein Konflikt gelöst wurde, machen Mikroorganismen die körperlichen Veränderungen der konfliktaktiven Phase weitgehend rückgängig. Es bleiben aber immer gewisse Vernarbungen zurück (s. Kapitel 3.2). Die Mikroorganismen machen sich erst nach einer Konfliktlösung an die Arbeit. Zusammen mit dem Einlaufen von Wasser, welches die Schwellungen verursacht, entstehen Symptome wie Müdigkeit, Rötungen, Vereiterungen, Fieber, Schwitzen und Schmerzen (Hamer, 1995). Für detailliertere Ausführungen (s. Kapitel 3.2.2).

Weil Mikroorganismen im Rahmen der *5BN* nichts mit Ansteckung zu tun haben, wird im nächsten Abschnitt auf dieses Konzept näher eingegangen.

Das Konzept einer Ansteckung mit Mikroorganismen durch Tröpfchen oder Körperkontakt konnte bisher durch keine Studie belegt werden, obwohl immer wieder versucht wurde, Ansteckungen zu belegen. Viele dieser Studien finden sich auf dem Telegram-Kanal von NextLevel, welcher von einem Team betrieben wird, die diese genau unter die Lupe genommen haben.

Der Ansteckungsmythos geht weit zurück (Sugak, 2023/1). Im alten Griechenland wurden Krankheiten, resp. Symptome als Miasma (Verunreinigungen) bezeichnet. Man glaubte, dass Kranke befleckt wären, weil die Götter verärgert oder sie von einem Dämon besetzt wären. Befleckte durften keinen Kontakt zu Gesunden haben, weil sie durch diese ebenfalls befleckt werden könnten. In der Traditionellen Chinesischen Medizin (TCM) oder dem Ayurveda gibt es kein Ansteckungskonzept. Es ist ein westlicher Glaube, welcher sich bis heute gehalten hat. Bereits lange vor der sogenannten Covid-19 Pandemie wurde dieses Konzept dazu benutzt, wirtschaftliche und politische Ziele durchzusetzen. Im frühen Mittelalter war der populäre Begriff für die Strafe Gottes Lepra, auf Deutsch Aussatz. Was als Lepra definiert wurde, änderte sich laufend. Es war keine eigenständige Krankheit. Nach Gutdünken konnte man unliebsame Menschen zu Leprakranken erklären, ob es sich dabei um Haarausfall, Husten oder einen Hautausschlag handelte, spielte keine Rolle. Selbst wenn behauptet wurde, jemand hätte Albträume, blühte ihm oder ihr das gleiche Schicksal. Es reichte eine Gänsehaut oder der Verdacht irgendwelcher Symptome, um von einem Tribunal, welches aus Priestern und Stadträten bestand, zu Leprakranken, zu Aussätzigen, deklariert zu werden. Diese Menschen verloren alle Rechte, mussten alle sozialen Kontakte abbrechen und wurden vor den Stadtmauern ausgesetzt. Deshalb der Name Aussätzige. Spätestens im Winter bedeutete dies den sicheren Tod.

Im 13. Jahrhundert wurde Lepra durch den Begriff der Pest ersetzt. Wenn es zu Aufständen kam, ermöglichte die sogenannte Pest der Kirche, ganze Stadtteile unter Quarantäne zu stellen. Die Leute wurden von der Versorgung abgeschnitten, ausgehungert und mit Quecksilberverbindungen zwangs- und zu Tode «behandelt». Andere wurden in Pestbaracken und Krankenhäusern weggesperrt.

Mit der Zeit wurde der Begriff der Seuche in Pocken übergeführt. Zu Pocken gehörte ein Symptomenkomplex mit allen möglichen Hautausschlägen, Atemwegserkrankungen oder Tumoren. Als die Macht der Kirche und der Inquisition schwächer wurden und der Aufklärung, dem *Orangen* Glaubenssystem wich (s. Kapitel 1.1.5), wurde der Krankheitsdämon als Aberglaube entlarvt. Dämon wurde jedoch lediglich durch Gift ersetzt. Man glaubte jetzt an ein Krankheitsgift, auf Lateinisch Virus, welches durch ein Gegengift bekämpft werden könnte. Dieser Glaube wurde durch die Beobachtung gestärkt, dass Leute, welche viel Alkohol tranken, mehr davon vertrugen. Der Mechanismus dahinter wurde nicht erkannt. Die Idee der Impfung war geboren, mit Gegengift sogenannte Antikörper zu produzieren, welche zu einer Immunität führen sollten (Sugak, 2023/2).

Andere Ansätze wie diejenigen des frühen Virchow (verbesserte Lebensbedingungen) oder die von Béchamps («das Milieu ist alles, die Mikrobe ist nichts») wurden von den Herrschenden ignoriert, da sie weder Geld noch Macht brachten.

Wenn die Ansteckungs-Hypothese bisher nicht nachgewiesen werden konnte, stellt sich die Frage, wie gleichzeitig mehrere Menschen am Gleichen erkranken können.

Geschichtliche Recherchen belegen (Sugak, 2023/3), dass sogenannte Krankheiten wie Lepra, Pest, Pocken oder auch Syphilis nie genau definiert wurden, sondern wahllos irgendwelche Symptome darunter subsumiert wurden. Deshalb sollte zuerst festgestellt werden, ob Menschen, welche gleichzeitig erkranken, die gleichen Symptome aufwiesen. Dies ist oft nicht der Fall, da beispielsweise die Grippe oder Covid-19 aus den unterschiedlichsten Symptomen zusammengewürfelt wurden, welche mehr oder weniger deckungsgleich sind. Unter Grippe fallen so unterschiedliche Symptome wie Fieber, Schüttelfrost, Husten, Hals- und Schluckweh, Schmerzen in Muskeln und Gelenken, Schnupfen oder Schwindelgefühl. Sinnvoller ist es, die einzelnen Symptome auseinanderzunehmen, damit sie den unterschiedlichen Geweben und Phasen eines *SBS* zugeordnet werden können. Dadurch lassen sich Rückschlüsse auf einzelne Konfliktinhalte ziehen (s. Kapitel 3.2.3).

Bei den sogenannten Kinderkrankheiten wie den Masern handelt es sich gemäss den *5BN* um einen Trennungskonflikt in Heilung (Eybl, 2022), welcher die Oberhaut betrifft. Da alle Kinder ungefähr mit sechs Jahren in den Kindergarten kommen, heute oft bereits früher, erleiden viele, nicht alle, einen Trennungskonflikt, weil sie für einen halben oder ganzen Tag von den Eltern getrennt werden. Wenn sich die Kinder nach einer Weile mit den anderen und der Kindergärtnerin wohlfühlen, kommen sie mit- oder kurz nacheinander in die

Wiederherstellungsphase (PCL) mit einem roten gepunkteten Hautausschlag und Fieber. Die Veränderungen der Oberhaut, welche während der konfliktaktiven Phase entstanden sind, werden rückgängig gemacht. Was dabei mit der Haut passiert, s. weiter unten Kapitel 3.2.3.

Masern lassen sich geschichtlich übrigens nicht von Pocken unterscheiden, auch wenn einige dies versucht haben, ebenso wenig wie von Windpocken oder Röteln (Sugak, 2023/3).

Auch in Familien erkranken Mitglieder oft gleichzeitig, was nach einer Ansteckung aussehen könnte. Im Rahmen der *5BN* können die Symptome durch ähnliche Konflikte erklärt werden. Bei einigen können diese ein *SBS* auslösen, bei anderen nicht.

Wenn die Mutter und die beiden Kinder unbedingt in die Ferien fahren wollen, dies aber wegen eines Unwetters nicht möglich ist, könnte bei ihnen ein *SBS* starten, welches die Nase betrifft, ein sogenannter Witterungskonflikt das Wetter betreffend. Die Nasenschleimhaut wird in der konfliktaktiven Phase taub, damit sich beispielsweise der Wolf nicht von Fremdkörpern in der Nase ablenken lässt, wenn er auf der Jagd die Witterung aufnimmt, zusätzlich wird Gewebe abgebaut. Die Mutter ärgert sich vielleicht zusätzlich über ihren Mann, welcher sich einen Dreck um die Ferien kümmert, was ein *SBS* des Darms starten könnte, um den Ärgerbrocken besser zu verdauen. Ist der Ärger intensiv genug, kann es zu einer Funktionssteigerung und einem Aufbau von Zellen sekretorischer Qualität (mehr Verdauungssäfte) kommen. Weil dem Darm dadurch mehr Flüssigkeit entzogen wird, können Verstopfungen die Folge sein. Können sie nach einer Woche doch in die Ferien fahren, hat der Vater keine Symptome, weil er sich heimlich darüber freute, dass er in Ruhe sein Buch zu Ende lesen konnte. Die Mutter und die Kinder haben einen Schnupfen, bei welchem die Nase zuschwillt, juckt, allenfalls mit etwas Nasenbluten, weil ektodermales Gewebe betroffen ist. Dieses wird nach der Konfliktlösung wieder aufgebaut und ist in der Wiederherstellungsphase überempfindlich. Löst sich bei der Mutter der Ärgerbrocken drei Tage später ebenfalls, weil sie die Ferien geniesst und ihr Mann sich jetzt auch um die Gestaltung der Ferien kümmert, bekommt sie evtl. Durchfall. Weil es im Darm beim Eintritt in die Wiederherstellungsphase zu einer Unterfunktion kommt, nimmt er weniger Wasser auf. Dies kann zu leichtem Durchfall führen, bei längeren Konfliktphasen zu einem entsprechend heftigeren (für weitere Details s. Kapitel 3.2.2).

Tabelle 4 zeigt die Zuordnung der Mikroorganismen zu den Gewebearten. Das heisst, man findet nie Mikroorganismen, welche im entodermalen oder alt-mesodermalen Gewebe tätig werden, im neu-mesodermalen oder ekto-dermalen. Ausser natürlich bei grossen, offenen Wunden, weil Mikroorganismen von der Oberfläche ins Innere des Körpers gelangen und dadurch Probleme verursachen könnten. Deshalb braucht es bei Operationen sterile Instrumente und anschliessend eine entsprechende Wundheilung (Barro, 2024).

Während die Anwesenheit von Mikroorganismen in den Althirn-gesteuerten Organen zum Zellabbau zwingend notwendig sind, besteht in den Neuhirn-ge-steuerten bezüglich derer Notwendigkeit noch Unklarheit. Es ist ebenfalls noch unklar, um welche es sich dabei handeln könnte. Hier bräuchte es vermehrt Forschung. Pilze, Mykobakterien inkl. Tuberkelbakterien (TBC) führen beim Abbau von Geweben/Tumoren zu Verkäsung. Dieser Prozess wird Verkäsung genannt, weil der Abbau zu Eiter führt und wie Käse stinkt (Münnich, 2019, Band 1).

Tabelle 4: Gewebe und Mikroorganismen

Gewebe	Mikroorganismen
Entoderm	Pilze, Mykobakterien, inkl. TBC
Alt-Mesoderm	Pilze, Mykobakterien, inkl. TBC
Neu-Mesoderm	Bakterien
Ektoderm	Noch unklar, bräuchte Forschung dazu

Bei Konflikten, welche entodermales und alt-mesodermales Gewebe betreffen, vermehren sich die Mykobakterien bereits in der konfliktaktiven Phase. Die Mikroorganismen müssen im Körper bereits vorhanden sein, damit sie sich vermehren können. Ist dies nicht der Fall, wird das überschüssige Gewebe nach der Konfliktlösung nicht abgebaut und verkapselt (s. Kapitel 3.2). Beim neu-mesodermalen Gewebe vermehren sich die Bakterien erst, wenn der Konflikt gelöst ist. Ihre Rolle ist jedoch nicht geklärt, da sich das Gewebe auch ohne deren Anwesenheit regeneriert.

Mikroorganismen fehlen beispielsweise, wenn sie durch Antibiotika abgetötet werden. Deshalb wird im nächsten Abschnitt kurz darauf eingegangen, wie diese Substanzen ca. um 1900 entwickelt wurden.

In der 2. Hälfte des 19. Jahrhunderts erfolgte ein Paradigmenwechsel von Pflanzenextrakten zu synthetischen Substanzen, welche aus der Teerfarbenchemie stammten, und die Möglichkeit für Patente schafften. Paul Ehrlich entdeckte u.a., dass Substanzen zur Gewebe- und Bakterienfärbung aus der Teerfarbenchemie (toxische Rückstände aus Braun- und Schwarzkohle) Mikroorganismen abtöten, was mit dem Mikroskop beobachtet werden konnte. Deshalb begann man, diese Substanzen bei sogenannten Infektionskrankheiten zu verabreichen und nannte sie Antibiotika. Bis weit ins 20. Jahrhundert stammten alle schmerzunterdrückenden, fiebersenkenden und antibiotischen Medikamente aus Derivaten der Kohle- und Erdölindustrie. Durch die Möglichkeit der industriellen Produktion wurde dies ein sehr lukratives Geschäft (Reuther, 2022). Heute werden neben Erdölderivaten auch andere Substanzen verwendet (z.B. Lipidnanopartikel).

Anfänglich wurden Bakterien vor allem dazu identifiziert, um Impfstoffe zu entwickeln. Da Viren nie nachgewiesen werden konnten (Lanka, 2021/2 und Kapitel 1.1.5), Bakterien und Pilze nachweislich eine sinnvolle Rolle bei der Wiederherstellung der körperlichen Veränderungen nach einer Konfliktlösung haben, machen Impfungen keinen Sinn. Sie haben nicht nur keine Wirkung, wie Buchwald (2020) mit einer statistischen Analyse zu sogenannten Seuchen aufzeigte, sondern enthalten hochtoxische Substanzen, wie Aluminium, Quecksilber, in neueren Impfungen, wie der Covid19-Impfung, zusätzlich Nanopartikel. Diese Nanopartikel können im Körper zu hochentzündlichen Prozessen führen, weil sie eine ständig hohe abbauende (zerstörende) Aktivität an ihrem Aufenthaltsort entfalten (Lanka, 2021/3). Gelangen Nanopartikel vom Muskel in die Blutbahn, kann dies zu Thrombosen führen, die Ausfälle, Lähmungen und Tod verursachen können, insbesondere, wenn sie ins Gehirn gelangen. Die Mehrheit der Impfschäden durch giftige Nanopartikel geschieht sofort bis ca. innerhalb von drei Wochen. Danach haben sich die Nanopartikel gemäss Lanka wahrscheinlich im ganzen Körper verteilt, wurden verdünnt und teilweise ausgeschieden, wodurch sie ihr tödliches Potenzial verlieren könnten.

Entzündliche Prozesse beim Auf- oder Abbau von Gewebe werden fälschlicherweise als Immunreaktionen fehlgedeutet. Bei den sogenannten Antikörpern handelt es sich um kugelförmige Eiweisskörper, welche als Globuline bezeichnet werden. Diese treten immer dann in erhöhter Konzentration auf, wenn im Körper vorhandene Eiweissstrukturen, insbesondere Gefässe und Nerven von Giften bedroht werden. Deshalb sind in Impfungen immer sehr giftige Substanzen, sonst käme es nicht zu sogenannten Antikörpern. Diese Substanzen werden jedoch «nur» als Adjuvanzien (Hilfsstoffe) bezeichnet, weshalb diese nicht dem strengeren Arzneimittelgesetz unterliegen. In neueren Impfungen wie der Covid19-Impfung finden sich unter den Adjuvanzien auch Nanopartikel (Lanka, 2021/3).

Bei Verkündung von Seuchen wie Ebola, AIDS (Aquired Immunodeficiency Syndrom) oder SARS (Severe Acute Respiratory Syndrome) gab es nie vermehrte oder unerwartete Symptome. Zusätzliche schwere Symptome wurden durch Angstpropaganda, Fehlbehandlungen, Medikamente und Isolation erzeugt.

Während der sogenannten Covid19-Pandemie wurden die Fallzahlen durch einen *PCR-Test* (Polymerase Chain Reaction) mit Gesunden generiert. Ein PCR-Test ist nicht in der Lage, ein spezifisches Krankheitsbild herauszufiltern, er ist unspezifisch und zu sensitiv. Dies würde höchstens im Zusammenhang mit der Diagnose spezifischer Symptome Sinn machen (Esfeld, 2023). Ausserdem kann je nach Anzahl der Vervielfältigungs-Zyklen alles ein positives Testergebnis erzeugen (Lanka 2023/2). Gesunde Menschen wurden dadurch wie im Mittelalter zu Kranken gemacht.

3.1.5   Sinn der Veränderungen

Das 5. Gesetz erklärt den Sinn eines *SBS*. Eigentlich ist es kein Gesetz, sondern eine Schlussfolgerung aus den vorangehenden Gesetzen. *SBS* dienen dem Überleben und der Arterhaltung. Neben den Stressreaktionen des Nervensystems umfassen sie in der konfliktaktiven Phase die körperlichen Veränderungen an Geweben und Organen, sowie die Symptome nach einer Konfliktlösung. Stressreaktionen und dem Konfliktinhalt entsprechende Veränderungen an den

Organen sollen dabei unterstützen, den Konflikt möglichst schnell zu lösen. Es sind Reaktionen wie Kampf, Flucht, Erstarrung, welche am Bewusstsein vorbei ausgelöst werden. Porges (2017) nennt dies im Hinblick auf die Reaktionen des Nervensystems *Neurozeption*.

Beschäftigt man sich vertiefter mit den Reaktionen innerhalb der unterschiedlichen Phasen eines *SBS*, stellt man fest, dass der Körper nie gegen uns arbeitet. Deshalb nannte sie Hamer *Sinnvolle Biologische Sonderprogramme*. Der Körper ist nicht unser Feind. Hat man jedoch ein Trauma erlitten, bei welchen man nicht in der Lage war, sich zu wehren, wie beispielsweise bei sexuellem Missbrauch in der Kindheit, wird der Körper mit seinen Empfindungen abgespalten. Dadurch entsteht die Illusion, was geschah, passierte nicht mir, sondern dem Körper, welcher nicht mehr zu mir gehört. Er wird sozusagen zum Tatort, welcher mit unerträglichen Gefühlen wie Ohnmacht, Scham und Ekel verbunden ist. Ekel kann die Folge sein, wenn das Bedürfnis nach Distanz und Abgrenzung gewaltsam ignoriert wird. Bei sexuellem Missbrauch kommt es oft zu Ekel im Zusammenhang mit Körperflüssigkeiten. Deshalb kann es schwierig werden, Regenerationssymptome wie Schwitzen, Eiter oder Auswurf als notwendige und natürliche Reaktionen des Körpers zu akzeptieren, weil man sich davor ekelt.

Diese automatisierten Überlebensprogramme teilen wir mit den Tieren. Deshalb erschliesst sich der Sinn eines spezifischen *SBS* oft erst, wenn man versteht, wie sich gewisse Verhaltensweisen in der Tierwelt zeigen.
Im Unterschied zu freilebenden Tieren können sich Konflikte bei Menschen jedoch über Monate und sogar Jahre hinziehen, ohne dass es zu einer Lösung kommt. Bei freilebenden Tieren werden Konflikte wie Wasser- und Nahrungsnotstand, Revierkämpfe oder Bedrohung durch Raubtiere entweder innerhalb kurzer Zeit gelöst oder die Tiere sterben. Veränderungsprozesse an den Geweben sind damit nie so weitreichend wie bei Menschen. Sind Zellaufbau (Tumoren/Geschwulste) oder Zellabbau (Ulcera/Löcher) zu gross, kann es sein, dass die Mikroorganismen die Veränderungen nicht mehr rückgängig machen können oder nur mit Komplikationen. Dasselbe Phänomen kann auch bei Haustieren beobachtet werden.

Stressreaktionen und körperliche Veränderungen in der konfliktaktiven Phase sind Notfallprogramme und machen nur unter diesen Umständen Sinn. Sie sind für eine Daueraktivierung nicht gedacht. Sinnvoll sind sie nur bei einer kürzeren konfliktaktiven Phase. Die Symptome nach einer Konfliktlösung sind die Folge der Wiederherstellung und haben mit dem Sinn nichts mehr zu tun. Je länger der Konflikt läuft, desto intensiver sind die Symptome nach einer Konfliktlösung.

Ob das eigene Weltbild ein geistiges oder materialistisches ist, spielt bei der Beobachtung automatisierter Überlebensprogramme sowie der daraus abgeleiteten Gesetze noch keine Rolle, ist aber für die Bearbeitung und Auflösung von Konflikten von zentraler Bedeutung. Denn im Gegensatz zu Tieren haben Menschen die Möglichkeit, ihren Verstand zu nutzen und Bewusstsein zu entwickeln, welches Selbstreflexion ermöglicht. In einem geistigen Weltbild, im Gegensatz zu einem materialistischen, darwinistischen, sind Menschen nicht höhere Tiere. Menschen teilen zwar mit den Tieren körperliche Überlebensprogramme und auch einen Teil der Seele, die Empfindungsseele, aber Tiere sind sich ihrer nicht bewusst. Sie verfügen nicht über ein Ich. Dies eröffnet für uns Menschen ganz andere Möglichkeiten zur Konfliktlösung, welche in Teil 4 ausführlich beschrieben werden.

Ausserdem müsste im Namen *Sinnvolle Biologische Sonderprogramme* das Wort biologisch genauer hinterfragt werden. Biologisch, Biologie bedeutet die Lehre vom Leben. Präziser wäre deshalb überlebenslogisch. Leben geht weit über ein deterministisches Überlebensprogramm hinaus. Überleben ist traumato-logisch. Was ist Leben? Diese Frage kann nicht ohne Klärung des eigenen Weltbildes vorgenommen werden und möchte anregen, dies für sich zu klären.

In der Geisteswissenschaft nach Steiner gibt es vier unterschiedliche Körper (Burkart, 2023/No 30). Steiner beobachtete dies mit seiner bewussten Hellsichtigkeit:

- Physischer Körper: zuständig für das Transportsystem, den Stütz- und Bewegungsapparat sowie die Sinnesorgane

- Ätherischer Körper: zuständig für Drüsen der Verdauung, Fortpflanzung, Ausscheidung
- Astraler (seelische) Körper: zuständig für das Nervensystem
- Ich-Körper zuständig für das Blutsystem

Das Ich ergreift im astralischen Körper mit der Entwicklung der Bewusstseinsseele die Empfindung- und Verstandesseele (Steiner, 2020, s. auch Kapitel 1.8) und kann diese mit Hilfe von Selbsterkenntnis und meditativen Methoden zunehmend mit Bewusstsein durchdringen. Dies versetzt uns in die Lage, reaktive Muster des Nervensystems bewusst zu beobachten und durch Innehalten zu stoppen. Dadurch wird der automatisierte Ablauf unterbrochen. Hier ist der Hebel für eine bewusste Konfliktlösung und einer ursächlichen Bearbeitung spezifischer Themen, damit das *SBS* nicht bei der nächsten Gelegenheit gleich wieder getriggert wird und zu einem Rezidiv (Wiederholung des Programms) führt. Bei traumatischen Reaktionen wie Panikattacken, depressiven Zuständen und Hyperaktivität ist dies verständlicherweise ein längerer Weg als bei alltäglichen Mustern, aber möglich.

Bei zunehmender Läuterung reaktiver, emotionaler Muster entwickelt sich nach und nach das Geistselbst (Manas, s. Kapitel 1.9), welches das Nervensystem immer müheloser regulieren kann. Das heisst nicht, dass Überlebensprogramme nicht mehr funktionieren würden. Wir sind ihnen jedoch nicht mehr hilflos ausgeliefert, wobei Achtsamkeit und Präsenz stetig zunehmen. Dadurch geschehen weniger Unfälle durch Ablenkung und Unachtsamkeit.

Gemäss der Geisteswissenschaft nach Steiner verfügt die Seele über die Fähigkeiten des Denkens, Fühlens und Wollens. In einem materialistischen Weltbild entstehen diese Fähigkeiten durch chemische und elektrische Prozesse im Gehirn. Das Gehirn ist aber nur der Empfänger, ähnlich wie ein Fernseher, welcher die Programme nicht selbst erzeugt, sondern empfängt. Es braucht daher eine andere Instanz, welche eine Situation als so bedrohlich einschätzt, dass ein *SBS* ausgelöst wird.

Im Rahmen der *5BN* werden Auswirkungen eines *SBS* beschrieben, welche sich immer gleichzeitig auf körperlicher, emotionaler Ebene und im Gehirn zeigen. Dies sagt jedoch noch nichts über die Instanz aus, welche diese steuert.

Wird daraus geschlossen, dass das Gehirn diese Prozesse steuert, deutet dies auf ein materialistisches Weltbild, welches durch Logik widerlegt werden kann (s. Kapitel 1.6).

In einem geistigen Weltbild ist der Auslöser für ein *SBS* die Seele. Durch die Verstrickung der Seele mit der Materie bringt sie Themen aus früheren Leben in das aktuelle, welche die Empfängnis, die Zeit im Bauch der Mutter, die Geburt und die Kindheit prägen. Während dieser Zeit entstehen die meisten *SBS*, welche auch im Erwachsenenalter durch ähnliche Situationen immer wieder getriggert werden, solange, bis man beginnt, diese Themen mit Bewusstsein und Selbsterkenntnis zu durchdringen. Viele Praktizierende der *5BN* beziehen mittlerweile das Geistige zur Konfliktlösung auch mit ein.

3.2   Konfliktaktive Phase eines SBS

Die akuten und chronischen Stressreaktionen wurden bereits in Kapitel 2.6 ausführlich beschrieben.

Können belastende Konflikte, welche zu einem *SBS* geführt haben, innerhalb von Tagen gelöst werden, werden diese meistens nicht wahrgenommen. Auch wenn ein Konflikt länger aktiv ist, bleiben die organischen Veränderungen oft symptomlos. Da in dieser Phase gleichzeitig Stresshormone ausgeschüttet werden, fühlt man sich sehr energiegeladen, zumindest in den ersten Wochen. Der Sympathikus ist aktiv. Dauert diese Phase zu lange, kann es zu chronischen Stressreaktionen führen, im Extremfall bis zu einem Burnout.

Manchmal jedoch kommt es bereits in der konfliktaktiven Phase zu Symptomen, welche auffallen. Ein Beispiel dafür ist Brustkrebs. Wenn der entsprechende Konflikt über Wochen läuft, können sich die Milchdrüsen vergrössern (Tumor/Zellaufbau). Da das *Orange* Weltbild der aktuellen Medizin noch nicht offen ist für alternative Möglichkeiten, wird durch Bestrahlung und Chemovergiftung weiterhin grosses Leid verursacht.

Beim Brustkrebs handelt es sich um einen sogenannten Sorgekonflikt, um ein *SBS*, welches vom Kleinhirn gesteuert wird und alt-mesodermales Gewebe betrifft (Hamer, 1995). Ein Beispiel wäre eine Mutter, welche sich um ihr drogenabhängiges Kind Sorgen macht. Das *SBS* der vergrösserten Milchdrüsen möchte dabei unterstützen, das Kind mit Milch zu versorgen.

Wenn der Konflikt gelöst ist, wird der Tumor, die überschüssigen Zellen, von Mikroorganismen abgebaut, falls er nicht zu gross ist und die notwendigen Mikroorganismen vorhanden sind. Wenn keine Mikroorganismen vorhanden sind, um den Tumor abzubauen, wird das überschüssige Gewebe als Zyste eingekapselt. Ist der Tumor sehr gross, kann er beim Abbau aufbrechen und führt neben Schmerzen zu einer offenen Brust mit übelriechendem Vereiterungsprozess. Heilt der Prozess normal aus, bleibt an der Stelle ein Hohlraum zurück, wo die Brust entsprechend einsackt. Führt dies dazu, dass man sich entstellt fühlt, sind weitere *SBS* die Folge (s. weiter unten). In solchen Fällen könnte das Herausoperieren des Tumors Sinn machen (Münnich, 2019/Band 1).

Viele Knoten in der Brust würden jedoch gar nicht bemerkt, wenn nicht durch stark beworbene Vorsorgeuntersuchungen bereits kleinste Tumore identifiziert würden. Auf Grund dessen startet die oft todbringende «Behandlung» (Baumeister, 2020).

Der Einsatz von Senfgas (einem Nervengift) im 1. Weltkrieg zeigte, dass damit bereits mit kleinen Mengen Leben vernichtet werden konnte. Da kam die Idee auf, dieses zur Zerstörung von Gewebe bei Zellvermehrung/Tumoren einzusetzen. Zu den Nebenwirkungen gehören alle Symptome der Vergiftung wie Erbrechen, Durchfall, Schwäche, dauerhafte Schädigung der Nieren, Schädigung der Blutzellen, Herzschwäche und Schädigung anderer Zellen, welche sich schnell teilen, was u.a. zu Haarausfall führt.

Zusätzlich wird oft direkt oberhalb der Brust ein Port (Zugang) gelegt, weil die giftigen Substanzen die Gefässe sonst verätzen würden. Dazu braucht es ca. eine einstündige Operation (Baumeister, 2020)

Trotz der tödlichen Nebenwirkungen ist Chemo«therapie» immer noch eine der drei grossen Säulen der Krebsbekämpfung neben Bestrahlung und Operationen (Reuther, 2022). Ein Bestandteil dieser Chemo«therapie», AZT (Azidothymidin), wurde später nicht mehr verabreicht, da diese Substanz so giftig ist, dass sie sehr schnell zum Tod führte. Später wurde AZT aber als erstes Medikament für Aids eingesetzt und konnte damit weiter zu Geld gemacht werden (Hamer, 2009). Daher die «Aids»-Todesfälle, neben den Wirkungen, welche die Schockdiagnose verursachte (s. weiter unten).

Auch die Beeinträchtigung der Blutzellen durch die Chemovergiftung wurde mit der Zeit für eine neue Anwendung genutzt. Man beabsichtigte damit, Reaktionen des Körpers der sogenannten immunologischen Abwehr zu dämpfen, damit transplantierte Organe nicht mehr abgestossen würden. In Kombination mit Cortison wurde damit eine Überlebensrate von 70% erreicht, mit erheblichen Nebenwirkungen. Vorher war diese bei weniger als 10% für drei Monate.

Dies brachte jedoch nicht den erhofften Umsatz. Denn selbst wenn allen Menschen mit einem transplantierten Organ diese Chemomittel verabreicht würden, konnte damit kein Massenmarkt generiert werden. Anders sähe dies aus, wenn andere Symptome damit unterdrückt werden könnten. Dazu bräuchte es nur noch eine geeignete Begründung. Diese wurde mit einem sogenannt überschiessenden Immunsystem kreiert, welches zur Ursache verschiedenster Symptome gemacht wurde: Autoimmunkrankheiten wie Lupus oder Morbus Crohn waren geboren (Reuther, 2022).

Weil die Infektionstheorie nie belegt wurde, konnte ein Immunsystem ebenfalls nicht nachgewiesen werden. Folglich kann es ausgehend davon auch keine Autoimmunkrankheiten geben. Anstelle eines Immunsystems gibt es ein Lymphsystem, welches den Müll abtransportiert, Ausscheidungsorgane (Leber, Niere, Darm und Haut) sowie Entgiftungsreaktionen wie Erbrechen und Durchfall (Baumeister, 2020).

Wie in Kapitel 2.6.3 beschrieben, zeigen Studien auf, dass eine verflachte Stressatmung mit der Zeit den Körper übersäuert und zu brüchigen Knochen führen kann. Nach den *5BN* macht diese Erklärung jedoch nur Sinn, wenn davon alle Knochen betroffen wären, sonst handelt es sich eher um ein *SBS*, welches die Knochen betrifft. Dieses *SBS* wird im Zusammenhang mit schweren Selbstwerteinbrüchen gestartet, wenn man das Gefühl hat, für die Eltern, den/die Partner/in nicht gut genug zu sein oder etwas mit grösster Anstrengung nicht zu schaffen, versagt zu haben, nichts wert zu sein.

Knochen gehören zum neu-mesodermalen Gewebe. Wenn der Konflikt über mehrere Wochen läuft, wird zuerst Gewebe abgebaut. Es wird löchrig und mit der Zeit brüchig, wobei dies schneller zu Brüchen führen kann. Die Diagnose lautet oft Osteoporose, eine Diagnose, welche sicherlich für den Selbstwert nicht gerade förderlich ist.

Nach der Konfliktlösung werden die Knochen wieder aufgebaut. Dies ist in der Regel sehr schmerzhaft, weil durch die Schwellung die Knochenhaut (Periost) gedehnt wird, welche sehr empfindlich ist (Lüssi, 2022). Der Wiederherstellungsvorgang ist genau der gleiche, wie bei einem durch einen Unfall verursachten Knochenbruch.

Selbstwertkonflikte können den gesamten Stützapparat, inkl. Gewebe betreffen, wobei die intensivsten an den Knochen sichtbar werden und bis ins Mark erschüttern. Welche Knochen betroffen sind, steht in engem Zusammenhang mit dem Konfliktinhalt und muss individuell herausgearbeitet werden. Eine Besonderheit dieses *SBS* zeigt sich, wenn Knochen mit rotem Mark betroffen sind. Diese produzieren rote Blutkörperchen. Bei Erwachsenen sind dies nicht mehr viele Knochen (Rippen, Brustbein, Wirbelkörper, Darmbeinkamm und gewisse Schädelknochen) im Gegensatz zu den Knochen bei Kindern (Münnich, 2019/Band 1).

Nach langer und intensiver Konfliktdauer wird deren Produktion durch den Abbau des Knochengewebes beeinträchtigt und es kann zu Blutarmut kommen. Nach der Konfliktlösung vermehren sich die weissen Blutkörperchen schneller als die roten. Weil der Wiederaufbau der Knochen sehr schmerzhaft ist (durch die Schwellung wird die Knochenhaut gedehnt) und die roten Blutkörperchen noch nicht in genügend grosser Zahl vorhanden sind, fühlt man sich zusätzlich sehr geschwächt. Zu diesem Zeitpunkt sucht man meistens ein/e Arzt/Ärztin auf, wobei die Diagnose normalerweise Leukämie lautet. Leukämie bedeutet lediglich ein vermehrtes Auftreten weisser Blutkörperchen im Blut. Obwohl der Konflikt eigentlich gelöst wäre und nur der Begleitung (im Falle einer starken Anämie) und Linderung bedürfte, beginnt jetzt der Teufelskreis mit Diagnoseschock und der bevorstehenden Chemo«therapie». Da Kinder mehr Knochen mit rotem Knochenmark haben, sind sie bezüglich dieser Diagnose besonders gefährdet (Lüssi, 2022).

3.2.1 Diagnoseschocks

Für die meisten wirken Krebsdiagnosen wie ein Todesurteil. Ein Tod auf Raten. Die Diagnose wirkt wie eine Hypnose und führt nicht selten zu einer selbsterfüllenden Prophezeiung, in Folge massiver Stressreaktionen mit Todesangst.

Bei Todesangst startet ein *SBS* der Lungen. Es werden nicht nur in grossen Mengen Stresshormone ausgeschüttet, sondern die Lungen erfahren zusätzlich eine Funktionssteigerung, damit man besser wegrennen und flüchten kann. Weil man vor einer Diagnose nicht davonlaufen kann und sie sich ohne alternative Kenntnisse nicht einfach auflöst, werden in der Lunge nach einiger Zeit zusätzliche Lungenbläschen (Alveolen) gebildet. Dies steigert die Sauerstoffaufnahme nochmals, wobei diese Gewebeveränderungen als Metastasen gedeutet werden und zu einer weiteren Diagnose führen: Lungenkrebs (Eybl. 2022). Spätestens ab diesem Zeitpunkt verlieren fast alle ihren Lebensmut. Auch Metastasen sind nur eine Theorie, weil noch nie sogenannte Krebszellen im arteriellen Blut gesehen wurden. Hier müssten sie zu finden sein, weil das arterielle Blut die Organe versorgt (Hamer, 1995).

Nach der Lösung eines Todesangstkonfliktes werden die zusätzlichen Lungenbläschen tuberkulös von entsprechenden Mykobakterien abgebaut. Nach dem 2. Weltkrieg löste sich bei vielen Menschen der Todesangstkonflikt, wodurch sie gleichzeitig in die Wiederherstellungsphase kamen. Deshalb war die Lungentuberkulose weit verbreitet (Hamer, 1995).
Auch die Diagnose Multiple Sklerose (MS) ist eine typische Schockdiagnose. Bei einem Verdacht auf MS wird man aufgrund unterschiedlicher Symptome zu einer MRT (Magnetresonanztomographie) geschickt. Werden weisse Flecken im Gehirn gefunden, lautet die Diagnose MS. Diese weissen Flecken sind jedoch nichts anderes als vernarbtes Hirngewebe nach unterschiedlichen *SBS*. Sie sind vollkommen harmlos (Lüssi, 2021). Allfällige (vorübergehende) Lähmungen entstehen durch motorische Konflikte, s. weiter unten.

Ein sehr wichtiges *SBS*, welches ebenfalls in der konfliktaktiven Phase zu Symptomen führt, ist das der Nierensammelrohre. Wenn es aktiv ist, verschlimmert es alle Symptome der anderen *SBS*, welche sich in der Wiederherstellungsphase befinden, weil es zu zusätzlicher Wassereinlagerung führt. Die Nieren filtern das Blut und die Nierensammelrohre scheiden mit dem Urin das aus, was nicht mehr gebraucht wird (Lüssi, 2021). Ein aktives Nierensammelrohr-*SBS* jedoch resorbiert den Urin und vergrössert durch Wassereinlagerung Schwellungen und Schmerzen. Dies wird *Syndrom* genannt. Man merkt es auch daran, dass sich die Hände aufgedunsen anfühlen oder an Ringen unter den Augen.

Das Nierensammelrohr-*SBS* wird aktiv, wenn man sich von allen verlassen, einsam, allein fühlt und wurde von Hamer Flüchtlingskonflikt oder Mutter-seelenallein-Konflikt genannt. Es handelt sich um ein sehr altes Stammhirn-gesteuertes Programm, welches zu einer verminderten Urinausscheidung und zu einer erhöhten Resorption führt. Das Wasser wird im Fettgewebe eingelagert. Dies ist der Grund, weshalb jemand innert kurzer Zeit massiv an Gewicht zunehmen kann. Der Sinn liegt darin, dass man mit dem zusätz-lichen Wasser länger überlebt, wie beispielsweise in der Wüste oder ein Wal, welcher gestrandet ist. Dies wird heute noch als Niereninsuffizienz miss-verstanden, wobei das Gegenteil der Fall wäre. Die Nieren erbringen eine zusätzliche Leistung. Hier drohen Dialyse und das Schreckgespenst einer Nierentransplantation.

Löst sich ein anderer Konflikt, ist es deshalb sehr wichtig, den Konflikt der Nie-rensammelrohre zu lindern oder zu lösen, damit die Schwellungen, verursacht durch den gelösten Konflikt, nicht grösser werden (Eybl, 2022). Ein aktives Nierensammelrohr-*SBS* kann gelindert werden, indem man den Betroffenen ein Gefühl der Geborgenheit vermittelt und den neuen Vagus (s. Kapitel 4.1.8) durch Beziehung aktiviert. Dies führt zu Wasserausscheidung und damit zu kleineren Schwellungen (Hamer, 1995).

Barro (2024/Webinar) unterscheidet drei Arten, krank zu sein und nutzt diese in der Beratung. Betroffene kommen mit

- individuellen Symptomen (z.B. Schmerzen in Gelenken, Muskelschwäche, etc.) und/oder
- Messwerten (z.B. Blutzucker, Blutdruck, etc.) und/oder
- Diagnosen (z.B. Osteoporose, Niereninsuffizienz, Brustkrebs, etc.)

Individuelle Symptome können den drei unterschiedlichen Geweben zugeordnet werden. Dies ermöglicht festzustellen, in welcher Phase sich ein spezifisches *SBS* befindet. Daraus lassen sich Rückschlüsse auf den Konfliktinhalt und allfällige Lösungen ziehen, falls dies im Gespräch nicht bereits offenkundig wurde (Beispiele s. Kapitel 3.4).

Kommt jemand mit Messwerten, müssen die individuellen Symptome zuerst erfragt werden. Messwerte sind ausserdem Situations- und Tagesform-abhängig und beliebig definierbar.
Beispielsweise galten Ende der 1980er Jahre Blutdruckwerte ab 160/100 mmHg als behandlungsbedürftig. Durch Richtlinien der Schweizerischen Hypertonie-Gesellschaft, deren Sekretariat von der Pharmafirma Roche betrieben wurde, wurde der systolische (obere) Blutdruck-Normwert seit den 1990er Jahren gesenkt und bereits ab einem Wert ab 130 mmHg medikamentös behandelt. Dadurch gab es auf einen Schlag mehr als doppelt so viele Betroffene, wobei die Pharmaindustrie zusätzliche Milliardenumsätze mit Blutdrucksenkern erzielte. Auf Druck der Cochrane-Collaboration, einer Vereinigung unabhängiger Forscher/innen, welche keine Interessenskonflikte mit der Pharmaindustrie hat, wurde die Schwelle für hohen Blutdruck im Jahr 2013 wieder etwas erhöht, auf einen Richtwert von 140/90 mmHg. Dies entspricht jedoch bei weitem nicht wieder dem Stand der 1980er Jahre (160/100 mmHg), welcher von den Cochrane-Forschenden empfohlen wurde (Infosperber, 2013).

Kommt jemand mit einer Diagnose, welche zu Todesängsten geführt hat, müssen diese Ängste zuerst gelindert und das Nervensystem beruhigt werden, bevor ein anderes Verständnis der Symptome vermittelt werden kann. Dazu zeigt Teil 4 dieses Buches viele Möglichkeiten auf.

3.2.2 Konstellationen

Eine Besonderheit in der konfliktaktiven Phase bilden die *Konstellationen*. Eine *Konstellation* bedeutet, dass jeweils ein *SBS* eines spezifischen Gewebes sowohl in der linken als auch in der rechten Hirnhälfte aktiv ist. Es gibt vier unterschiedliche Arten von *Konstellationen*:

Stammhirn-Konstellationen (entodermales Gewebe)
Kleinhirn-Konstellationen (alt-mesodermales Gewebe)
Grosshirn-Marklager-Konstellationen (neu-mesodermales Gewebe)
Grosshirn-Rinden-Konstellationen (ektodermales Gewebe)

Mit den *Konstellationen* konnte Hamer (2009) erklären, wann und auf Grund welcher Konflikte jemand manische, depressive, psychotische (kompletter Verlust des Realitätsbezugs) Symptome oder suizidale Anzeichen zeigt. Er erklärte damit auch, weshalb jemand megalomanisch (grössenwahnsinnig) oder mythomanisch (Redefluss oder auch Logorrhoe) wird.

Grössenwahnsinnig wird jemand, wenn er oder sie gleichzeitig auf der linken und rechten Hirnhälfte einen aktiven Selbstwertkonflikt (Marklager/neu-mesoderm) hat. Worauf sich der Grössenwahn bezieht und welche Teile des Gehirns im Marklager betroffen sind, ist abhängig vom Thema. Erleidet ein Kind einen zweifachen Selbstwerteinbruch einerseits durch die Mutter, andererseits durch den Vater, entwickelt es einen Grössenwahn als Überlebensstrategie (s. Kapitel 2.5). Dieser ist sehr nützlich, denn dadurch kann es allen anderen und auch sich selbst das Gegenteil beweisen. Andernfalls würde es wahrscheinlich in Ohnmacht versinken. Mythomanisch wird jemand, der/die gleichzeitig einen Identitätskonflikt (Rektumschleimhaut/linke Grosshirnrinde) und einen Revierkonflikt (Bronchialschleimhaut/rechte Grosshirnrinde) erlitten hat. Weitere Erklärungen zu Revierkonflikten s. Kapitel 3.4.4.

Versteht man, welche Konflikte und Traumata sich hinter diesen *Konstellationen* verstecken, fördert dies das Verständnis und das Mitgefühl mit den betroffenen Menschen.

Da die *Polyvagal-Theorie* von Porges ebenfalls einen tiefen Einblick in die massiven Stressreaktionen, Symptome und Mechanismen nach traumatischen Ereignissen ermöglicht (s. Kapitel 2.3 und 2.7), wird hier nicht näher auf das Thema *Konstellationen* eingegangen und auf die Bücher von Hamer oder Band 2 von Münnich (2018) verwiesen.

Auch Michael Loidl beschäftigt sich bereits seit einiger Zeit mit der Verbindung der *5BN* und der *Polyvagal-Theorie*, wobei er die Hirnnerven-Tabelle einbezieht, welche von Hamer entwickelt wurde.

Wie in Kapitel 2.3 beschrieben, führt ein traumatisches Erlebnis zu vielen intensiven Verknüpfungen von Körperempfindungen und Gefühlen mit Sinneswahrnehmungen von Gegenständen, Bildern, Tönen oder Gerüchen, welche mit dem Trauma an und für sich nichts zu tun haben, aber im gleichen Moment präsent sind. Das kann beispielsweise das Läuten von Glocken, der Geruch von Heu oder das Blühen von Bäumen sein. Dadurch entsteht eine Furchtstruktur mit unterschiedlichsten Triggern, die später unbewusst die traumatischen Gefühle wieder auslösen können. Im Rahmen der *5BN* wird dieses Phänomen *Konflikt-Schienen* genannt (Hamer, 1995). Ass man beispielweise im Moment eines Autounfalls gerade einen Apfel, kann es sein, dass dieser mit der traumatischen Erfahrung gekoppelt wurde. Ist dies der Fall und man isst nach dem Unfall wieder einen Apfel, werden die spezifischen *SBS* mit den traumatischen Gefühlen getriggert. Der Apfel wurde zur Schiene für das Trauma. Dies führt dazu, dass man Äpfel ab jetzt meidet, weil diese zu unangenehmen Gefühlen und Empfindungen führen. Dasselbe kann mit allem geschehen, was während eines Traumas gerade präsent ist (Schauer et al., 2011).

3.3   Wiederherstellungsphasen eines SBS

Dieses Kapitel gibt einen Überblick über die Veränderungen und Symptome während den Wiederherstellungsphasen und wie diese gelindert werden können.

3.3.1   Dauer der Wiederherstellungsphasen

Die Dauer der Wiederherstellungsphasen hängt von der *Konfliktmasse* ab. Diese setzt sich zusammen aus der Konfliktdauer und der empfundenen Intensität. Da die Intensität sehr subjektiv ist, ist es schwierig, die *Konfliktmasse* zu ermitteln. Ausserdem ist man nicht die ganze Zeit konfliktaktiv. Obwohl der Sympathikus in der konfliktaktiven Phase dominiert, hat man trotzdem auch vagotone

Phasen, zum Beispiel in der Nacht. Normalerweise ist der Sympathikus ab vier Uhr morgens bis am Nachmittag um vier dominant, danach dominiert die Vagotonie und die Sympathikotonie nimmt ab.

Oft verliert ein Konflikt mit der Zeit an Wichtigkeit und man denkt nicht mehr so oft daran, was die *Konfliktmasse* nur gering anwachsen lässt. Bei *Konstellationen*, sowie während der Schwangerschaft ab der 12. Woche kommt es ebenfalls zu einem verminderten Zellaufbau oder Zellabbau (Barro, 2024).

Ein Trauma führt ausserdem zu einer Abspaltung/Dissoziation der traumatischen Gefühle. Dies gewährleistet das Überleben, damit man nicht an den massiven Stressreaktionen oder unerträglichen Schmerzen stirbt. Der alte Vagus wird aktiv, lässt den Körper erstarren und danach kollabieren. Da die Gefühle abgespalten werden, wächst die *Konfliktmasse* ebenfalls nicht oder nur sehr langsam an. Ob das Phänomen der Dissoziation einer Stammhirn-*Konstellation* entspricht, müsste genauer erforscht werden. Sind beispielsweise beide *Hirnrelais* der Nierensammelrohre betroffen, führt dies nicht nur zu einem Zurückhalten des Urins, sondern auch zu einer mehr oder weniger vollständigen Orientierungslosigkeit (Hamer, 2009). Dissoziation kann zwar zu Orientierungslosigkeit führen, in vielen Fällen bleibt man aber gerade durch dieses Phänomen handlungsfähig. Die meisten Stammhirn-*Konstellationen* sind ebenfalls noch nicht erforscht.

Zusätzlich kommt es oft zu Rezidiven, wenn der ursprüngliche Konfliktinhalt oder das Trauma durch ähnliche Themen getriggert wird.

Läuft ein *SBS* idealtypisch ab, dauern die Wiederherstellungsphasen solange wie die Konfliktphase. In der Mitte der Wiederherstellungsphasen kommt es jeweils zu einer Heilungskrise.

3.3.2 Gewebeveränderungen und Symptome im Detail

Tabelle 5 gibt einen Überblick über die Symptome und Gewebeveränderungen während der konfliktaktiven und den konfliktgelösten Phasen (Münnich, 2019/ Band 1). CA steht für konfliktaktive Phase, PCLA und PCLB für die zwei Wiederherstellungsphasen.

Tabelle 5: SBS und Veränderungen in den einzelnen Phasen

Gelb:Stammhirn; Orange:Kleinhirn; Hellrot:Marklager; Rot:Grosshirnrinde

CA	PCLA	Heilungskrise	PCLB
Sofortige Funktionssteigerung, Zellaufbau	Funktionsminderung, leichte Schwellung, Zellabbau oder Verkapselung	Wie in CA nur stärker	Funktionsnormalisierung, verkäsender Abbau des Gewebes oder Einkapselung
Sofortige Funktionssteigerung, Zellaufbau	Funktionsminderung, leichte Schwellung, Zellabbau oder Verkapselung	Wie in CA nur stärker	Funktionsnormalisierung, verkäsender Abbau des Gewebes oder Einkapselung
Fortschreitende Funktionsminderung, Zellabbau, Kalzium wird aus den Knochen gelöst	Funktionsminderung, starke Schwellung, Wiederaufbau des Gewebes	Wie in CA nur stärker	Wiederherstellung der Funktionen, Sensibilitätsänderung, Überschiessender Wiederaufbau des Gewebes (Rekalzifizierung)
Fortschreitende Funktionsminderung und Sensibilitätsänderung, Zellabbau	Funktionsminderung und Sensibilitätsänderung, Schwellung, Wiederaufbau des Gewebes	Wie in CA nur stärker	Wiederherstellung der Funktionen, Sensibilitätsänderung, Wiederaufbau des Gewebes

Am Schluss eines *SBS* bleiben immer kleinere oder grössere Vernarbungen in Form von Zysten, Kavernen (Hohlräume) oder Kalkeinlagerungen zurück.

Nach einem Knochen-*SBS* (hellrot/Marklager) ist das Gewebe stärker und verdickt (Münnich, 2019/Band 1).

Nach der Lösung eines Konflikts beginnt der Körper in der Wiederherstellungsphase PCLA, sowohl im Gehirn als auch im betroffenen Organ, Wasser einzulagern. Mit Beginn von PCLA dominiert der Parasympathikus und der Körper wird warm. Die Wassereinlagerung beim entsprechenden *Hirnrelais* sorgt beim Organ, welches es steuert, für eine Funktionsverminderung, resp. eine Ruhigstellung, damit das Organ regeneriert werden kann. Auch beim entsprechenden Organ kommt es zu einer Schwellung durch Wassereinlagerung. Zur gleichen Zeit werden dort die spezifischen Mikroorganismen tätig, um Gewebe auf- oder abzubauen. Beim entodermalen und alt-mesodermalen Gewebe führt dies zu Rötungen, Wärme, Eiter und leichten Schwellungen. Beim neu-mesodermalen und ektodermalen Gewebe sind die Schwellungen um einiges grösser. In der Wiederherstellungsphase des entodermalen und alt-mesodermalen Gewebes geht das Fieber nicht über 38.5 Grad, beim neu-mesodermalen nicht über 39.5 Grad, beim ektodermalen kann es noch höher steigen (Lüssi, 2022).

Durch die Wassereinlagerungen bei den *Hirnrelais* kommt es im Gehirn ebenfalls zu leichten oder grösseren Schwellungen. Diese führen je nach betroffenem Gewebe zu Kopfschmerzen, abhängig von der *Konfliktmasse* und einem zusätzlich konfliktaktiven Nierensammelrohr-*SBS*. Grössere Schwellung im Gehirn werden als Tumore diagnostiziert, was nicht der Realität entspricht, weil es sich um eine Wassereinlagerung handelt.

Schmerzen sorgen dafür, dass das Organ ruhiggestellt wird. In dieser Phase ist man müde und fühlt sich je nach der Grösse der gelösten *Konfliktmasse* sehr krank. Der Schlaf würde sich jetzt nach der konfliktaktiven Phase wieder verbessern, wird jedoch oft durch Symptome wie Schmerzen, zugeschwollene Nase oder Husten gestört. Nach der Lösung eines grossen Konflikts schläft man wegen der Intensität der Symptome erst gegen vier Uhr morgens besser, wenn die Vagotonie abnimmt und der Organismus normalerweise langsam wieder sympathikotoner wird. Das schwächt die vagotone Wiederherstellungsphase und die damit verbundenen Symptome etwas ab.

In der Mitte der Wiederherstellungsphase kommt es zu einer Heilungskrise. Hamer (1995) nannte sie die epileptische oder epileptoide (Epilepsie-ähnliche) Krise, weil die Symptome in dieser Phase oft zusammenziehend und krampfartig sind. Zu den heftigsten Heilungskrisen gehören der epileptische Anfall oder der Herzinfarkt (s. Kapitel 3.4.4).

Während dieser Phase wechselt der Organismus nochmals in eine starke Sympathikotonie. Man beginnt wieder zu frieren, die Hände werden kälter und man fühlt sich plötzlich nicht mehr schlapp, sondern getrieben. Oft erlebt man die Konfliktinhalte nochmals im Schnelldurchlauf (Hamer, 2009). Dies lässt sich vor allem bei grösseren Konfliktlösungen beobachten, bei kleineren ist es weniger deutlich.

Durch die Heilungskrise wird das Wasser aus dem betroffenen Organ sowie aus dem Gehirn wieder ausgetrieben. Dies führt anschliessend zu vermehrtem Urinieren, wodurch Schwellungen und Schmerzen deutlich abnehmen. Zur zweiten Urinierphase kommt es am Ende der zweiten Wiederherstellungsphase PCLB. Die Heilungskrise dauert beim entodermalen Gewebe ca. vier Stunden, beim alt-mesodermalen Gewebe bis zu 45 Minuten, beim neu-mesodermalen bis zu 60 Sekunden und beim ektodermalen dauert sie nur ca. 20 Sekunden. Dauern die Phasen länger, hat man es wahrscheinlich mit Rezidiven zu tun, welche manchmal durch die Symptome der Heilungskrise selbst neu ausgelöst werden (Münnich, 2019/Band 1), s. Kapitel 3.4.4.

In der Wiederherstellungsphase PCLB nehmen die Schmerzen und Symptome kontinuierlich ab. Man fühlt sich zwar noch schwach und müde, hat aber wieder Appetit und der Schlaf wird jetzt erholsam. Diese Phase dauert gleich lang wie die PCLA, wobei sich die Symptome langsam ausschleichen, bis der Normalzustand hergestellt ist.

3.3.3 Linderung der Symptome

Versteht man, weshalb gewisse Symptome zu Schmerzen führen, reduzieren sich Ängste. Dadurch werden die Schmerzen und Symptome der Wiederherstellungsphase erträglicher. In den meisten Fällen sind die Symptome zwar unangenehm, aber komplikationslos. Sehr hilfreich ist die Unterstützung von jemandem, welche/r die Abläufe der *SBS* versteht und aufkommende Ängste beruhigen kann.

Werden die Schmerzen nach einem langandauernden und intensiven Konflikt für jemanden zu gross, können sie durch entsprechende Massnahmen sowie anregende oder beruhigende Substanzen (s. weiter unten) in Abstimmung mit den unterschiedlichen Phasen gelindert werden. Durch anregende Substanzen können die vagotonen Phasen PCLA und B abgeschwächt werden, durch beruhigende die sympathikotone Heilungskrise (Stoll, 2023). Zur Beeinflussung der konfliktaktiven Phase s. Teil 4.

Mit dem Verständnis der *5BN* wird klar, dass Symptome durch Medikamente zwar gelindert, aber nie ursächlich gelöst werden können, weil die Ursache auf ein konfliktauslösendes Ereignis zurückgeht. Beim Auftreten vieler Symptome ist der Konflikt bereits gelöst. Ist er ursächlich gelöst, kann er nicht mehr getriggert werden und es kommt zu keinen Rezidiven.

Eine der wichtigsten Massnahmen zur Linderung von Symptomen in der Wiederherstellungsphase ist die Auflösung oder Abschwächung des *Syndroms*, wobei ein aktiver Nierensammelrohr-Konflikt, das Mutterseelenallein-Gefühl, durch sozialen Kontakt und Aktivierung des neuen Vagus gelindert werden kann (s. Kapitel 4.1.8).

Zusätzlich schlägt Hamer (2009) ein warmes Salzbad vor. Darin fühlen sich die meisten wohl und geborgen. Dies führt nach seiner Erfahrung dazu, dass 1-2 Liter Urin ausgeschieden werden, wobei die Linderung der Symptome ca. einen Tag anhält. Dazu sollten möglichst naturbelassene Salze wie Meer- oder Himalyasalz verwendet werden.

Schmerzhafter Hirndruck in Folge der Schwellung beim entsprechenden *Hirnrelais* (Hirnteil) lässt sich durch Kaffee, Traubenzucker, Vitamin C (z.B. rosa Pfefferkörner s. Moritz, 1997), kalte Umschläge auf der Stirn und Hochlagerung des Kopfes lindern. Kaffee wirkt einerseits sympathikoton, was zu Gefässverengung führt und damit eine grosse Wassereinlagerung verlangsamt, andererseits zu vermehrter Wasserausscheidung. Zu vermehrter Wasserausscheidung eignen sich beispielsweise auch Spargeln oder Brennesseln (Stoll, 2023).

Bei einer sehr grossen Hirnschwellung wird in der Schulmedizin Cortison verabreicht. Dies ist jedoch nur hilfreich ohne aktives Nierensammelrohr-*SBS*. Da Cortison in hohem Masse sympathikoton wirkt, verstärkt es die Sympathikotonie dieses *SBS* zusätzlich. Das heisst, es wird noch mehr Wasser eingelagert und verschlimmert damit die Symptomatik. Ohne aktives Nierensammelrohr-*SBS* bremst die sympathikotone Wirkung die vagotonen Symptome der Wiederherstellungsphase stark ab (Hamer, 2009). Stoll (2023) beschreibt, dass ein aktives Nierensammelrohr-*SBS* durch niedrig dosiertes Cortison jedoch nicht beeinflusst wird und in dieser Art und Weise trotzdem eingesetzt werden könnte. Viele Grippemittel wie Wick MediNait enthalten Ephedrin, welches auf den Sympathikus eine anregende Wirkung hat. Deshalb mindern oder unterdrücken sie die Symptome in der vagotonen Wiederherstellungsphase. Sobald die Wirkung nachlässt, kommen sie wieder, solange die Regeneration andauert. Die Wiederherstellungsphase wird dadurch lediglich verzögert (Stoll, 2023). Sind keine Mikroorganismen mehr vorhanden, kommt es beim entodermalen und alt-mesodermalen Gewebe zu Verkapselungen, weil die Gewebe nicht mehr auf- oder abgebaut werden können.

3.4 Themen der unterschiedlichen Gewebearten

Jedes *SBS* kann unterschiedlichen Themen-Kategorien zugeordnet werden. Diese arbeitete Hamer mit der Zeit heraus, indem er seine Klienten/innen bei Veränderungen/Symptomen an unterschiedlichen Geweben sowie im entsprechenden Gehirnteil nach belastenden Ereignissen fragte (Hamer, 1995). Dies erleichtert die Suche nach der Ursache für ein *SBS*, weil es auf bestimmte Themen hindeutet. Der konkrete Auslöser muss natürlich mit geeigneten Methoden noch konkret herausgearbeitet werden (s. Teil 4).

3.4.1 Stammhirn/Entoderm: Brockenkonflikte

In Tabelle 5 die gelbe Zeile
Bei Konflikten, die das entodermale Gewebe, resp. die dazu gehörenden Organe betreffen, geht es um Überlebensfunktionen sowie Arterhaltung, also um

Atmung, Nahrung, Verdauung, Ausscheidung oder Fortpflanzung. Es sind die ältesten Programme.

Im Konfliktfall kommt es in den entsprechenden Organen zu einer sofortigen Funktionssteigerung und nach längerer Dauer zu einem Zellaufbau. Ist der Konflikt gelöst, werden die überschüssigen Zellen tuberkulös durch Mykobakterien abgebaut, etwas mehr als vor dem Ausgangszustand. Dies kann bei vielen Rezidiven zu Problemen führen, weil der kontinuierliche Abbau und die Vernarbung durch Bindegewebe die Funktion der Organe beeinträchtigen kann (Lüssi, 2022).

Man spricht von «Brocken wollen» oder «Brocken vermeiden», also beispielsweise einen Nahrungsbrocken wollen, einen Nahrungsbrocken vermeiden oder möglichst schnell wieder loswerden, wenn man ihn bereits geschluckt hat.

Bei den betreffenden Organen auf der rechten Seite des Körpers geht es um Aufnahme von Nährstoffen und auf der linken um Abgabe von Stoffwechselprodukten. Die wahrscheinlichste Erklärung für diese Rechts-Links-Aufteilung geht davon aus, dass der gesamte Schlund und Magen-Darmtrakt ursprünglich ein Ring waren, wobei die Aufnahme rechts erfolgte und die Ausscheidung links. Dieser Ring spiegelt sich genauso im Stammhirn in der Anordnung der einzelnen Stammhirn-Relais, welche die entsprechenden Organe steuern. Auf der rechten Seite geht es somit allgemein darum, einen Brocken zu bekommen und auf der linken darum, einen Brocken auszuscheiden oder zu vermeiden.

Bei den Sinnesorganen handelt es nicht um den Brocken selbst, sondern um Informationen, mit derer Hilfe der Brocken einverleibt werden kann (rechtes Auge, rechtes Ohr, rechtes Nasenloch) oder um eine Information zur Vermeidung eines Brockens (linke Seite). Bei Brocken geht es immer um etwas Konkretes, eine bestimmte Sache, nicht um Menschen, höchstens um Körperteile wie die Brust, welche für das Kleinkind die Bedeutung eines Milchbrockens hat (Münnich, 2019/Band 1).

Wenn in der Natur begehrte Nahrungsbrocken nicht verfügbar sind, startet beispielsweise ein *SBS* der Leber, ein sogenannter Verhungerungskonflikt. In der konfliktaktiven Phase kommt es zu entsprechender Funktionssteigerung und, wenn der Konflikt länger läuft, zu einem Zellaufbau in der Leber. Die gespeicherten Nährstoffe werden dadurch besonders sorgsam verwertet.

Zu den *SBS*, welche vom Stammhirn gesteuert werden, gehört auch der weiter oben beschriebene Nierensammelrohr-Konflikt.

Weil wir nicht wie Tiere in der Natur um das Überleben kämpfen müssen, sind Brocken vor allem im übertragenen Sinn zu verstehen. Bei den begehrenswerten Brocken kann es sich um Geld, eine Stelle oder ein Haus handeln. Hat man eine schöne Wohnung ergattert und merkt danach, dass vieles nicht funktioniert, möchte man sie so schnell wie möglich wieder loswerden. Der Brocken, welcher einverleibt wurde, wird sozusagen unverdaulich. Bleibt man auf der Wohnung sitzen und ärgert sich deswegen grün und blau, könnte ein *SBS* des Dickdarms starten, um die Verdauung und Ausscheidung des Brockens zu beschleunigen.

Welche Verdauungssäfte und Verdauungsorgane betroffen sind, hängt von den unterschiedlichen Konfliktinhalten ab, sowie welche Bedeutung sie für uns haben. Bei einem anderen Thema könnten die Mandeln betroffen sein, um den begehrten Brocken (z.B. ein lang ersehntes positives Feedback) zusätzlich einzuspeicheln, damit er besser und schneller runtergeschluckt werden kann oder ausgespuckt, wenn er doch ungeniessbar wird (das Feedback zur Kritik geworden ist). Nach der Lösung eines (intensiveren) Konflikts sind die Mandeln durch die Schwellung entzündet.

Bei einem unverdaulichen Ärger-Brocken könnte es sich auch um sinnlose Regeln eines autoritären Vaters oder Nörgeleien einer dominanten Mutter handeln, denen man als Kind ausgesetzt war. Startet ein *SBS* des Dickdarms, vermehren sich mit der Zeit die flachwachsenden Schleimhautzellen resorptiver Qualität (Eybl, 2022). Verstopfungen sind die Folge, weil der Darm mehr Wasser aufnimmt. Der Brocken wird dadurch eingedickt und für die Ausscheidung bereit gemacht. Eine anschliessende Konfliktlösung führt zu Durchfall, weil es in der Wiederherstellungsphase PCLA zu einer Unterfunktion des Darms kommt und mehr Wasser im Darm verbleibt.

Wechseln sich konfliktaktive und Lösungsphasen häufig ab, weil das Thema sinnlose Regeln oder Nörgeleien bei der Arbeitsstelle durch eine entsprechende Chefin immer wieder getriggert wird, kommt es zu einem schnellen Wechsel von Verstopfungen und Durchfall. Während der Arbeit ist man konfliktaktiv

und am Wochenende löst sich der Konflikt vorübergehend. In der Heilungskrise kommen schmerzhafte Koliken hinzu, wodurch die abgebaute Darm-
schleimhaut ausgeschieden wird. Dadurch kann sich Blut im Kot finden, weil zu
den zusätzlichen Zellen ebenfalls Blutgefässe gelegt wurden. Bei Unkenntnis
der *5BN* könnte das beängstigend wirken. Wiederholt sich der gleiche Prozess immer wieder durch Rezidive, wird dies Morbus Crohn genannt, eine
sogenannte Autoimmunkrankheit. Wird der betreffende Konflikt ursächlich
gelöst, erholt sich der Darm meistens auch nach vielen Rezidiven (Eybl, 2022).

Bereits ab den 1880er Jahren war das Herausoperieren des Blinddarms Routine.
Bei unklaren Bauchschmerzen wurde dieser entfernt. Bis ins 21. Jahrhundert
verlor mindestens jedes siebte Kind seinen Blinddarm (Reuther, 2022). Dass
dieser auch eine wichtige Aufgabe haben könnte, interessiert im materialistischen Maschinen-Modell nicht. Nach Eybl (2022) haben die Mikroorganismen
im Blinddarm bei Durchfall einen Zufluchtsort, wie in einem Nebenarm eines
Flusses, damit nicht alle ausgespült und der Darm danach wieder besiedelt
werden kann. Ausserdem dient der Blinddarm als Reservoir für Mikroorganismen. Startet ein *SBS* des Blinddarms, geht es in Analogie dazu häufig um einen
plötzlichen Verlust des Vorrates, beispielsweise fällt die gesamte Ernte aus,
fallen alle Aufträge weg oder man verliert viel Geld an der Börse. Kinder sind
dadurch mitbetroffen und können ebenfalls mit diesem *SBS* reagieren. Nach
einer Konfliktlösung kommt es während der Wiederherstellungsphase zu einer
Blinddarm-Entzündung, weil das überschüssige Gewebe wieder abgebaut wird.

3.4.2 Kleinhirn/Alt-Mesoderm: Schutz- und Sorgekonflikte

In Tabelle 5 die orange Zeile
Bei einem *SBS*, welches alt-mesodermales Gewebe betrifft, geht es um Schutz-
funktionen vor Angriffen, Besudelung (Beschämung, Beschmutzung) und
Entstellung sowie um Sorgen. Es betrifft alle Säcke/Beutel und Häute, welche die Organe schützen, beispielsweise das Lungenfell, den Herzbeutel oder
die Lederhaut. Auch Schweiss- und Talgdrüsen werden vom Kleinhirn gesteuert. Im Falle eines Konflikts kommt es sofort zu einer Funktionssteigerung,
bei längerer Dauer zu einem Zellaufbau. Bei einer Konfliktlösung wird das

überschüssige Gewebe von Pilzen und Mykobakterien abgebaut, etwas weniger als zu Beginn (Lüssi, 2022). In der Heilungskrise fühlt man ein inneres Zittern. Akne beispielsweise entsteht durch kleinere Besudelungskonflikte, vor allem bei Pubertierenden, weil man beginnt, sich für das andere Geschlecht zu interessieren und schneller verunsichert und beschämt werden kann. Akne (Knoten der Talgdrüsen) bildet sich durch die tuberkulös verkäsenden Knötchen, wenn sich die Konflikte vorübergehend lösen.

Beim Kleinhirn sowie allen entwicklungsgeschichtlich jüngeren Geweben spielt die Rechts- oder Linkshändigkeit eine Rolle, weil die Dominanz der Hirnhälften entscheidend ist. Welche Hirnseite die dominante ist, kann mit einem Klatschtest herausgefunden werden. Die Hand, welche führt, resp. oben ist, deutet auf Rechts- oder Linkshändigkeit.

Bei Rechtshändigen haben *SBS* auf der linken Seite des Körpers mit Mutter/Kind-Themen zu tun, *SBS* auf der rechten Seite mit Themen, welche den Vater, Partner/innen, Geschwister, Freunde/innen, Kollegen/innen, etc. betreffen. Bei den Linkshändigen ist es im Falle eines *SBS* gerade umgekehrt.

Zu dieser Kategorie von Konflikten gehört auch das Milchdrüsen-*SBS*, wie in Kapitel 3.2 bereits beschrieben. Ist die linke Brust betroffen, geht es um einen Konflikt mit den Kindern, der Mutter oder Menschen, welche als Mutterersatz betrachtet werden. Manchmal werden auch eigene Tiere als Kinder angesehen. Dann kann dieses *SBS* auch starten, wenn es dem Tier schlecht geht.

Fühlt man sich angegriffen oder durch Beschimpfungen besudelt, kommt es zu einem Zellaufbau in der Lederhaut, zu einer dickeren Haut, welche vor weiteren Angriffen schützen soll. In einem konkreten Fall wurde eine Betroffene beim Verlassen eines öffentlichen Verkehrsmittels von jemandem gezielt in die Brust gekniffen wurde, wobei sich danach genau an der Stelle, wo die Attacke am heftigsten war, ein Melanom entwickelte. Ein Melanom entsteht durch eine lokale Zellteilung (Zellaufbau) in der Lederhaut und soll vor weiteren Angriffen schützen. Man bekommt eine dickere Haut. Ist der Konflikt verarbeitet, wird das überschüssige Gewebe durch Mykobakterien wieder abgebaut.

Auch Symptome der sogenannten Pest und Lepra haben mit Melanomen zu tun. Es wird davon ausgegangen, dass es drei grosse Pestepidemien gegeben hat, eine um 650 und eine zwischen 1347-1351 in Europa sowie um 1860 eine in China (Hamer, 2009). Die Bevölkerung von Europa verringerte sich dabei um ein Viertel. Wie in Kapitel 3.1.4 beschrieben, hatte dies jedoch nichts mit einer sogenannten Krankheit zu tun, sondern mit Ausgrenzung (Aussatz), Aushungern, Falschbehandlungen und massiven Ängsten.

Der sogenannte «Pesterreger» ist nach Hamer ein gewöhnliches Mykobakterium, welches nach einer Konfliktlösung aktiv wird. Das Gleiche gilt für Lungentuberkulose oder Lepra. Tuberkulöser Abbau heisst lediglich Verkäsung und führt zu gelblichem, stinkendem Eiter (Hamer, 2009). Symptome, welche der sogenannten Pest oder Lepra zugeordnet werden, könnten die Folge heftiger Attacken- und Besudelungskonflikte sein, beispielsweise verursacht durch unhygienische Lebensbedingungen, falsche Anschuldigungen als Aussätzige etc. (Sugak, 2023/2). Durch solche Belastungen können mit der Zeit grosse Melanome entstehen. Lösen sich diese Konflikte, weil sich beispielsweise die Lebensbedingungen verbessern, werden sie durch Mykobakterien wieder abgebaut. Dadurch entstand eine Hauttuberkulose, welche unsichtbar blieb, solange sie nicht aufgestochen oder aufgeritzt wurde. Werden solche grossen Melanome in der Regenerationsphase geöffnet oder platzen auf, stinkt der Abbau des Gewebes (der Vereiterungsprozess) durch die Mykobakterien fürchterlich (wie die «Beulenpest», nach faulem Fleisch). Erst dadurch entstanden breite offene tuberkulöse Wunden, die nicht mehr zuheilten, was weitere Ängste sowie Besudelungs- und Entstellungskonflikte zur Folge hatte.

Der Unterschied zwischen Pest und Lepra ist nach Hamer (2009) der, dass es sich bei Lepra um grosse flächenhaft wachsende Tumore der Lederhaut handelte und bei der Pest um blumenkohlartige Beulen-Tumore.

Seit den Ausrottungs-Versuchen der Tuberkelbakterien durch Antibiotika haben viele Menschen keine Mykobakterien mehr. Wenn sich ein Besudelungskonflikt löst, kann deswegen das überschüssige Gewebe nicht mehr abgebaut werden. Die Verdickung der Lederhaut bleibt dann bestehen.

Eine Gürtelrose (Herpes Zoster) unterscheidet sich im Prinzip nicht von einem Melanom. Bei einer Gürtelrose fühlt man sich grossflächig besudelt, beispielsweise durch eine Umarmung (oder eine ungerechtfertigte Entlassung). Will man diese nicht und wehrt sich dagegen, startet zusätzlich ein *SBS* der Oberhaut, s. Kapitel 3.4.4. Die gleichzeitige Lösung der beiden *SBS* führt dazu, dass die nun sehr empfindliche Oberhaut, welche juckt und aufgekratzt wird, in Kombination mit dem verkäsenden Abbau der Unterhaut sehr schmerzhaft ist (Hamer, 2009).

Wie oben erwähnt, werden auch die Schweissdrüsen vom Kleinhirn gesteuert. Sie können den Körper in einer Stress-Situation glitschig machen, wie das folgende Beispiel illustriert:

Nicole kam in die Beratung, weil sie unter ihren schwitzigen Händen sehr litt. Als Projektleiterin organisierte sie die unterschiedlichsten Meetings, wobei man sich zur Begrüssung die Hände schüttelte. Dies war für sie jeweils eine Tortur, da ihre Hände in solchen Situationen besonders nass und kalt wurden. Wann immer möglich, versuchte sie, sich davor zu drücken, indem sie erst später in den Raum kam.
Ausgehend vom Symptom der glitschigen Hände führte sie die Methode der Affektbrücke (s. Kapitel 4.1.4) in eine Situation als sie etwa vierzehn Jahre alt war. Sie hatte sich für ein Schulabschlussfest zum ersten Mal richtig zurechtgemacht und freute sich sehr darauf.
Bevor sie ging, wollte sie sich von ihrem Stiefvater verabschieden. Die Mutter war unterwegs, wie so oft. Als sie sich umdrehen wollte, packte er sie plötzlich an den Händen und hielt sie fest. Sie fühlte sich dabei sehr unwohl und versuchte, sich aus seinem Griff herauszuwinden. Doch er zog sie mit festem Griff noch näher zu sich. Schliesslich gelang es ihr doch, sich zu befreien und rannte aus dem Haus. Mit ihrer Mutter sprach sie nie darüber und auch sonst erzählte sie niemandem davon. Sie tat, als wäre es nie geschehen und vermied es ab jetzt peinlichst, mit ihrem Stiefvater alleine in einem Raum zu sein oder ihm zu nahe zu kommen.

Durch die Arbeit mit diesem 14-jährigen Anteil (s. auch Kapitel 4.2.4) konnte

Nicole die damit verbundenen traumatischen Gefühle verarbeiten. Dies führte dazu, dass ihre Hände bei Begrüssungen immer weniger feucht wurden, bis sie feststellte, dass sie gar nicht mehr daran dachte. Wenn sie vor einem Meeting sehr aufgeregt war, wurden ihre Hände zwar manchmal noch feucht, aber das waren nur noch Ausnahmen.

3.4.3 Marklager/Neu-Mesoderm: Selbstwertkonflikte

In Tabelle 5 die hellrote Zeile
Bei der neu-mesodermalen Gruppe geht es um den gesamten Stütz- und Bewegungsapparat (Knochen, Knorpel, Muskeln, Bänder, Sehnen, Fettgewebe bis zum Bindegewebe (Faszien), quergestreifte Muskulatur, im Gegensatz zur glatten). Weiter dazu gehören das Dentin der Zähne (der Zahnschmelz ist ektodermal), die Blut- und Lymphgefässe, Lymphknoten, die Milz und die Nebennierenrinde. Zusätzlich kommen noch ein paar Organe hinzu, welche vom oberen Mittelhirn gesteuert werden, sich aber gleich wie neu-mesodermales Gewebe verhalten.

Hier dreht sich das Thema vor allem um den Selbstwert: sich vergleichen, nicht zu genügen oder darum, etwas nicht zu schaffen. Je intensiver der Konflikt, desto härter das Gewebe. Bei den Knochen handelt es sich um die schwerwiegendsten Konflikte (Münnich, 2019/Band 1).

Bei einem entsprechenden Konflikt kommt es zu einer zunehmenden Funktionseinschränkung und bei längerer Konfliktdauer zum Zellabbau, was schneller zu Knochenbrüchen, Bänder- und Sehnenrissen führen kann.

Eine Erklärung für den Abbau des Gewebes könnte sein, dass der Körper «ich kann nicht» als «wird nicht gebraucht» versteht und durch den Abbau wertvolle Ressourcen spart (Barro, 2024).

In der ersten Wiederherstellungsphase dauert die Funktionseinschränkung wegen der Wassereinlagerung weiter an mit gleichzeitigem Zellaufbau. Am Schluss ist das Gewebe dicker als am Anfang. Sind Knochen betroffen, welche rotes Mark produzieren, kann es in der ersten Wiederherstellungsphase, wie in Kapitel 3.2 beschrieben, zur Diagnose einer Leukämie kommen.

Auch hier ist die Rechts- oder Linkshändigkeit entscheidend. Es betrifft Gewebe auf der linken Köperseite, wenn man das Gefühl hat, beispielsweise bei den eigenen Kindern versagt zu haben oder Gewebe auf der rechten Seite, wenn man als Kind vom Vater klein gemacht wurde und sich deswegen minderwertig fühlt. Bei Linkshändigen ist es umgekehrt.

Bei dieser Gruppe kommt es oft vor, dass sich ein SBS nur auf einzelne Körperteile bezieht und mit den Themen der Rechts- und Linkshändigkeit nichts zu tun hat. Beispielsweise: «mit diesem Knie schaffe ich den Abstieg von diesem Berg nie», «meine Hände sind für eine Frau viel zu gross» oder «ich habe einfach zu wenig Kraft in den Armen, um mein krankes Kind zu tragen».

Wird ein SBS in den Fingergelenken immer wieder gestartet mit zwischenzeitlicher Lösung, führt dies mit der Zeit zur Verformung und Entzündung der Glieder (Arthrose als Endzustand und Arthritis, wenn die Rezidive nicht aufhören). Sind mehrere Gelenke betroffen, wird dies Rheuma genannt.

Wenn eine Konzertpianistin vor jedem Auftritt tagelang daran zweifelt, ob ihre Fingerfertigkeit für den Auftritt ausreichend ist, wird Gewebe in den Gelenken abgebaut. Ist der Auftritt erfolgreich, baut sich das Gewebe wieder auf, wobei es zu Entzündungen und Schmerzen kommt. Mit zunehmenden Rezidiven (Wiederholung des gleichen SBS) wird es immer unwahrscheinlicher, dass die Fingerfertigkeit unter diesen Umständen erhalten bleibt, weil nach jeder Lösung jeweils etwas mehr Gewebe aufgebaut wird als vor dem SBS vorhanden war. Dies kann mit der Zeit zu Verformungen der Finger führen und dadurch zu noch grösseren Zweifeln und Selbstwerteinbrüchen. Solange, bis sie ihr Selbstwert-Problem ursächlich bearbeiten kann. In der Regel findet man den Ursprung dafür in der Zeit als Fötus, als Säugling oder der Kindheit.

Bei Gicht handelt es sich um ein Knochen-SBS in der Wiederherstellungsphase zusammen mit einem aktiven Nierensammelrohrkonflikt.

Ein spezielles SBS dieser Gruppe ist das der Nebennierenrinde. Im Konfliktfall kommt es in der konfliktaktiven Phase zu einer verminderten Produktion des Stresshormons Kortisol. Bei kleiner Konfliktaktivität kann man beobachten, wie man plötzlich sehr müde wird, wenn man Sachen erledigen sollte, die einem gegen den Strich laufen, wie zum Beispiel die Buchhaltung zu machen oder Prämien in dieses «gefrässige Krankheitswesen» einzuzahlen. Es fühlt sich an wie eine bleierne Müdigkeit. Macht man etwas anderes, ist man wieder topfit (Stoll, 2023).

Dieses *SBS* bremst einen sozusagen aus, wenn man sich auf einem falschen Weg befindet. Im Zusammenhang mit eintönigen, sinnentleerten Arbeitstätigkeiten sowie Unterforderung am Arbeitsplatz wurde der Begriff *Boreout* von Werder und Rothlin geschaffen (Wikipedia, 2023). Kommt man am Morgen an die Arbeitsstelle, um die anstehenden Tätigkeiten zu erledigen, wird man augenblicklich von einer schweren Müdigkeit überfallen. Selbst wenn man sich mit Willensanstrengung dazu zwingt, kommt man kaum vorwärts. Das *SBS* der Nebennierenrinde könnte dieses Phänomen erklären. Im Gegensatz zu einem Burnout, welches mit der Zeit zur Erschöpfung der Stresshormone und des Körpers führt. Wird der betreffende Konflikt gelöst, indem man sich einer sinnvolleren Tätigkeit zuwendet, wird in der Wiederherstellungsphase zusätzliches Kortisol produziert, was zu einem Energieschub führt. Im Gegensatz zu den anderen *SBS* ist man in der vagotonen Phase äusserst leistungsfähig.

Es gibt Fälle, bei welchen es bei Schlaf- und Beruhigungsmitteln zu einer paradoxen Wirkung kommt. Normalerweise wirken diese vagoton. Es kommt aber vor, dass Menschen aktiviert werden. Das *SBS* der Nebennierenrinde könnte diesen Effekt erklären, weil es in der vagotonen Wiederherstellungsphase zu einem gesteigerten Antrieb kommt und dadurch die Wirkung von Schlaf- und Beruhigungsmittel umgedreht wird (Stoll, 2023).

3.4.4 Grosshirnrinde/Ektoderm: Trennungs-, Identitäts- und Revierkonflikte

In Tabelle 5 die rote Zeile
Bei dieser Gruppe drehen sich die Themen um soziale Interaktionen, Kontakt und Trennung, Revierbereiche und die Identität. Hier finden sich die komplexesten *SBS*, welche die Haare, Haut, Zähne (Zahnschmelz) oder sensorische, motorische und hormonelle Funktionen betreffen. Die Auskleidung der Gänge gehört ebenfalls zum ektodermalen Gewebe (Tränengänge, Milchgänge, Gallengänge, etc.). Auch hier spielt die Händigkeit eine Rolle.

Beim ektodermalen Gewebe führt ein entsprechendes *SBS* in der konflikt-aktiven Phase zu einer Funktionsveränderung sowie zu Zellabbau. Wie bei allen Geweben besteht in der ersten Wiederherstellungsphase zuerst eine Funktions-reduktion, bei grosser Konfliktmasse ein Funktionsstillstand mit gleichzeitigem Zellaufbau. Die äussere Haut wird während der konfliktaktiven Phase rau und rissig, bei der Wiederherstellung schuppt und juckt sie.

Wird ein Kind in seinem Empfinden zu abrupt von seinen Eltern getrennt, wie beim Eintritt in den Kindergarten oder in die Schule, wird die Haut abgebaut und unempfindlicher, damit man den Körperkontakt weniger vermisst. Löst sich dieser Konflikt, baut sich die Haut wieder auf, was zum Hautbild von Masern führt: viele rote Punkte an den Stellen, wo es zu einem Zellabbau ge-kommen ist. Während dieser Phase ist die Haut bei Berührung überempfindlich. Es handelt sich dabei um einen Trennungskonflikt in Heilung.

Die Witterungskonflikte, welche die Nasenschleimhaut betreffen, gehören ebenfalls zu diesem Gewebe (s. Beispiel in Kapitel 3.1.4).

Eine spezielle Art von Konflikten dieser Gruppe betreffen die Revierbereiche. Bei den Revierbereichen geht es im Extremfall um die Bedrohung des eigenen Körpers, des eigenen Raums. Was als Revier betrachtet wird, ist sehr subjektiv. Die meisten erleiden jedoch massive Angst und Wut, wenn der Körper bedroht wird, man die eigene Familie oder die soziale Gruppe verliert. Zu Revier-konflikten können weiter der Verlust des Arbeitsplatzes oder der Verlust von Sexualpartnern/innen führen.

In der Tierwelt drehen sich viele Revierkonflikte darum, wer, wie und wann begatten kann oder begattet wird. Reviere werden gern und oft mit Urin oder Kot markiert, weshalb es auch bei uns Menschen bei Revierkonflikten öfters zu Blasenentzündungen kommt. In der konfliktaktiven Phase baut sich die Blasenschleimhaut ab. Sie wird taub, damit man den Drang zum Urinieren nicht spürt. Man weiss in diesem Fall nicht mehr, wo man hingehört und wo man markieren soll. Der Urin wird zurückbehalten.

Weiss man wieder, wo man hingehört, baut sich die Blasenschleimhaut wieder auf. Weil sie in der Wiederherstellungsphase überempfindlich wird, hat man das Gefühl ständig urinieren zu müssen. Ist die Harnröhre ebenfalls betroffen, brennt es schmerzhaft beim Wasserlösen (Münnich, 2019/Band 1).

Sylvie, eine Frau mit chronischer Blasenentzündung, leuchteten diese Zusammenhänge noch nicht ganz ein. Sie betrachtete ihren Körper weiterhin als Feind, der sie schikaniert und quält.
Blasenprobleme hatte sie seit der Geburt ihrer behinderten Schwester. Nach ihrer Geburt fokussierte sich die gesamte Aufmerksamkeit der Eltern auf die Schwester. Zusätzlich verlangten sie von Sylvie, die verständige, ältere Schwester zu sein. Mit zwei Jahren war damit ihr Revier massiv bedroht. Mit dem SBS der Blasenschleimhaut versuchte sie verzweifelt, ihr Revier wiederzuerlangen, um es markieren zu können. Zwischendurch kam es zu kleineren Lösungen, weil sie ab und zu bei ihrer Tante war, bei welcher sie im Zentrum stand. Bis sie sieben Jahre alt war, brauchte sie Windeln. Gleichzeitig entwickelten sich bis zum Erwachsenenalter etliche Schienen/Trigger, welche mit dem eigentlichen Geschehen nichts zu tun haben. Sylvie hatte beispielsweise massive Ängste, dass der kleinste Luftstoss wieder zu Problemen führen könnte. Sie ging deswegen zeitweise nicht mehr aus dem Haus. Wir begannen, mit diesem kleinen, wütenden und verzweifelten Mädchen zu arbeiten.
Bevor es jedoch zu einer Lösung der Blasen-Symptomatik kommen konnte, zog sie vorübergehend für ein Jahr ins Ausland, da ihr Mann dort eine lukrative Stelle erhalten hatte. Danach wollte sie mit dem Prozess der Verarbeitung weiterfahren.

Das *SBS* der Bronchialschleimhaut gehört ebenfalls zu den Revierbereichs-Konflikten. Hier geht es um Revier-Angst, die Bronchialschleimhaut baut sich ab. Ist der Konflikt gelöst, wird sie wieder aufgebaut. Da die Haut in der Wiederherstellungsphase juckt, führt dies in diesem Fall zu Husten. Durch die Schwellung kann die Atmung erschwert sein.

Rita erlitt einen Revierangst-Konflikt, als sie nach einem heftigen Streit von ihrem Vater vor einem Heim für Jugendliche ausgesetzt wurde. Nach der Bearbeitung dieses traumatischen Ereignisses hatte sie eine Bronchitis (s. Kapitel 4.1.4).

In der ektodermalen Gruppe werden drei Unterkategorien unterschieden, wobei dies eine Erweiterung der Neuen Medizin ist (Münnich, 2019/Band 1):

- Gewebe des Äusseren-Haut-Schemas (ÄHS)
- Gewebe des Schlund-Schleimhaut-Schemas (SSS)
- Funktionen (sensorisch, motorisch, hormonell)

Zum Äusseren-Haut-Schema (ÄHS) gehören alle Häute, welche von aussen sichtbar sind sowie alle, welche während der Entwicklung des Menschen in die Körperöffnungen eingestülpt wurden, zum Beispiel Rektum- oder Nasen-, Kehlkopf- und Bronchialschleimhaut (ausser der Mundschleimhaut).
In der konfliktaktiven Phase verursacht das entsprechende *SBS* eine Funktionsminderung, die Gewebe werden unempfindlich. Im Verlauf der Konfliktlösung wird die Funktion neben Zellaufbau zuerst überempfindlich, danach normalisiert sie sich wieder.

Zum Schlund-Schleimhaut-Schema (SSS) gehören alle Häute, die sich im Innern des Körpers befinden, ausser die oben genannten. Sie werden im Gegensatz zu dem Äusseren-Haut-Schema in der konfliktaktiven Phase zuerst überempfindlich und nach der Konfliktlösung taub. Beispielsweise wie beim *SBS* der kleinen Kurvatur des Magens, welche in der konfliktaktiven Phase beim Essen Schmerzen und Übelkeit verursachen kann, weil sie überempfindlich wird. In der Heilungskrise kann es bei diesem *SBS* bei grösserer *Konfliktmasse* zum Erbrechen wie aus dem Nichts kommen, weil die Heilungskrisen jeweils die Symptome der konfliktaktiven Phase (Übelkeit) verstärkt.

Die Koronargefässe (Herzkranzgefässe) gehören zum SSS, weshalb es in der konfliktaktiven Phase zu stechenden Schmerzen kommen kann, vermehrt beim *SBS* der Koronararterien als beim *SBS* der Koronarvenen, weil hier der Blutdruck stärker ist.
Die Koronarvenen werden vom entsprechenden *Hirnrelais* auf der linken Seite (weiblich) gesteuert, die Koronararterien vom *Hirnrelais* auf der rechten (männlich). Weil beide *SBS* auch zu den Revierkonflikten gehören, geht es um schwere Revierverluste, bei der weiblichen Variante nach Hamer um einen

sogenannten sexuellen Frustrationskonflikt (z.B. haut der Ehemann mit einer Jüngeren ab), bei der männlichen Variante um den Verlust des Reviers (z.B. Konkurs des eigenen Geschäfts). Das *SBS* der Koronarvenen beeinflusst zusätzlich u.a. die weiblichen Hormone (weniger Östrogenproduktion), das *SBS* der Koronararterien die männlichen (verminderte Testosteronproduktion). Dieser Konflikt bezieht sich in der Tierwelt auf die Begattungshierarchie.

Sind die Koronarvenen betroffen, wird der Herzrhythmus in der konfliktaktiven Phase beschleunigt, bei den Koronararterien wird er verlangsamt. Da die Symptomatik der konfliktaktiven Phase jeweils verstärkt in der Heilungskrise auftritt, kann dies in beiden Fällen (nur bei sehr grosser Konfliktmasse) problematisch werden.

Im Fall der Koronarvenen kann sich der Herzrhythmus bis zu einem Kammerflimmern beschleunigen (Pseudoherzinfarkt), im Fall der Koronararterien bis zu einem Herzstillstand verlangsamen (Herzinfarkt). Dieser könnte zum Tod führen, wenn ein intensiver Konflikt länger als neun Monate dauern und plötzlich gelöst würde (Hamer, 2009). Dies geschieht jedoch sehr selten, weil es ziemlich unwahrscheinlich ist, dass Revierkonflikte auf einen Schlag gelöst werden und man normalerweise kaum während neun Monaten ständig konfliktaktiv ist. Dies könnte unter Umständen der Fall sein, wenn ein Mann, welcher sich über Jahre zurückversetzt fühlt, plötzlich den lange ersehnten Chefposten doch noch bekommt. Arbeitet man in einer Therapie an solchen Konflikten, führen diese in der Regel in die Kindheit und werden Schritt für Schritt verarbeitet (Barro, Webinar vom 12.6.2024). Ausserdem können ab dem Zeitpunkt der Wiederherstellungsphase geeignete Massnahmen ergriffen werden, um die Intensität der Heilungskrise zu reduzieren (Stoll, 2023).

Rezidive des Koronar-*SBS* verursachen mit der Zeit Cholesterinablagerungen (Plaques) in den Gefässen. Aktuell wird davon ausgegangen, dass diese zu einem Herzinfarkt führen können, weil dadurch die Sauerstoffversorgung zum Herzen nicht mehr gewährleistet würde. Das Cholesterin wird dabei auf ungeeignete Ernährung zurückgeführt.

Im Verständnis der *5BN* wird das zusätzliche Cholesterin jedoch zusammen mit dem Bindegewebe dazu gebraucht, um die innere Schicht in den Koronargefässen wieder aufzubauen (Lüssi, 2022).

Bei den Funktionen (sensorisch, motorisch, hormonell), welche vom Gross-hirn gesteuert werden, kommt es bei einem entsprechenden *SBS* nur zu einer Funktionsveränderung.

Zwei von diesen *SBS* betreffen den Zuckerhaushalt. Die *Hirnrelais* befinden sich im Zwischenhirn, verhalten sich aber wie die Gewebe der Grosshirnrinde (Lüssi, 2022). Sind diese Zuckerrelais betroffen, beeinflusst dies die Aus-schüttung der Hormone Glukagon (veranlasst, dass Zucker aus der Leber in das Blut gelangt) sowie Insulin (veranlasst, dass Zucker aus dem Blut in die Muskeln gelangt). Je nach Konflikt wird mehr oder weniger Zucker im Blut zur Verfügung gestellt (Münnich, 2019/ Band 1).

Bei einem sogenannten Sträube- oder Angst-Ekel-Konflikt, oft in Zusammen-hang mit sexuellem Missbrauch, sorgt weniger Glukagon dafür, dass der Zucker nicht ins Blut gelangt. Dadurch kommt es zu einer Hypoglykämie. Ist weder Kampf noch Flucht möglich, sorgt der alte Vagus für Erstarrung und Ohnmacht (s. Kapitel 2.7). Dieses *SBS* könnte diesen Effekt verstärken.

Wird weniger Insulin produziert, bleibt der Zucker länger im Blut. Dies macht beispielsweise im Hinblick auf einen bevorstehenden Kampf Sinn. Sobald er beginnt, öffnet das Insulin die Schleusen, damit der Zucker in die Muskeln gelangt. Verbleibt der Zucker länger im Blut, weil es nicht zu einer direkten Auseinandersetzung kommt, kann der erhöhte Zuckerspielgel zu einer Diabe-tes-Diagnose führen (Lüssi, 2022).

Zu weiteren Funktionen gehört die Motorik der quergestreiften Muskulatur, welche mehrheitlich willentlich beeinflussbar ist. Die Ernährung der Zellen, welche für eine Zellerneuerung/einen Zellaufbau der Muskulatur sorgt, wird vom Marklager/neu-mesodermal gesteuert.

Bei motorischen Konflikten geht es um Bewegungen, welche während eines Traumas verhindert oder nicht zu Ende geführt werden konnten.

Die konfliktaktive Phase ist durch einen zunehmenden Verlust der Beweglichkeit geprägt. Es wird mit der Zeit immer schwieriger, den Muskel zu gebrauchen.

In der ersten Phase nach der Konfliktlösung kann es durch die Wasserein-lagerung im zuständigen *Hirnrelais* zu Lähmungen der entsprechenden Funk-tionen kommen.

Wenn es beim Symptomenkomplex Multiple Sklerose (MS) zu Lähmungen kommt, kann es sich um motorische Konflikte handeln. Während sich die Motorik im Verlauf der Konfliktlösung wieder normalisiert, kommt es zwischendurch zu Fehlfunktionen: die Muskeln zittern, weil sie noch nicht wieder richtig kontrolliert werden können.

In der Heilungskrise läuft die Bewegung, welche durch das Konfliktereignis verhindert wurde, unwillkürlich ab. An den Bewegungen kann man erkennen, welche der Körper in dieser Situation machen wollte, beispielsweise während eines Unfalls.

Schmerzhaft sind die Bewegungen nur, wenn gleichzeitig ein Wiederaufbau der betroffenen Muskeln läuft, welcher vom Marklager gesteuert wird. Ein Beispiel ist der Wadenkrampf. In der Regel dauert dieser ca. 20 Sekunden, wenn man die Nerven behält und sich nicht zusätzlich verkrampft. Verkrampft man sich zusätzlich, kann sich der schmerzhafte Prozess entsprechend verlängern (Münnich, 2019/Band 1). Ausserdem kann es sein, dass benachbarte Muskelgruppen nacheinander krampfen. Es handelt sich dabei um mehrere Krämpfe, welche sich wie einer anfühlt, der länger andauert.

Beispielsweise kam es bei einem Bekannten fast zu einem Unfall, weil der Rechtsvortritt übersehen wurde und ein Auto beinahe die Seite gerammt hätte, wo er als Beifahrer sass. Der Schreck fuhr ihm in alle Glieder, aber vor allem in den rechten Fuss. Nach der Verarbeitung dieses Ereignisses hatte er in der Nacht darauf einen Krampf, welcher sich von der grossen rechten Zehe hinauf ins Schienbein zog, wobei sich die Zehe gegen links drehte. Dies war genau die Bewegung, welche sein Körper machen wollte, als er sah, wie das Auto auf ihn zuraste – aufspringen und wegrennen.

Wird eine Epilepsie diagnostiziert, handelt es sich um ein Ereignis, bei welchem viele Muskelpartien an der Bewegung gehindert worden sind: wie beispielsweise bei einem kleinen Kind, welches sexuell missbraucht und vom Erwachsenen auf das Bett gedrückt wurde. Fühlt es sich zwischenzeitlich in Sicherheit, kommt es während der Heilungskrise zur zuckenden Ausführung der verhinderten Bewegungen.

Levine (1998) entdeckte dieses Phänomen bei der Beobachtung von Antilopen.

Wenn der Löwe die Antilope während ihrer Flucht packt, kollabiert ihr Körper nach der Erstarrung (alter Vagus). Manche Tiere lassen deshalb von ihrer Beute ab, weil sie es für einen toten Körper halten. Manchmal werden sie auch von anderen Tieren verjagt. Nach einiger Zeit beginnen sich einzelne Muskelpartien der Antilope zu bewegen, bis der gesamte Körper in den entsprechenden Bewegungen der Flucht zuckt. Danach kann sie wieder aufstehen und sich in Sicherheit bringen (s. Video auf Free-New-Medicine, 2016, welches diesen Ablauf eindrücklich zeigt.) Levine (1998) entwickelte daraus seine Traumatherapie *Somatic Experience* (SE), in welcher er seinen Klienten/innen dazu verhilft, die Bewegungen, welche in den traumatischen Situationen nicht ausgeführt werden konnten, zu Ende zu bringen. Dadurch wird der Schock gelöst, welcher zu Erstarrung und Dissoziation geführt hat. Anschliessend werden die traumatischen Gefühle wieder zugänglich und können verarbeitet werden.

Eine Epilepsie wird ebenfalls diagnostiziert, wenn es zu plötzlichen Veränderungen in der Intensität der Hirnwellen kommt. Dies ist beispielsweise bei Flashbacks traumatischer Erlebnisse der Fall, bei welchen die Intensität der Hirnwellen im Bereich von 3-5 Hertz plötzlich sprunghaft zunehmen kann (van der Kolk, 2016). Hier braucht es die Stärkung der Affektregulation, welche durch Neurofeedback sehr wirksam gefördert werden kann (s. Kapitel 4.1.9).

3.5   Erhöhung der Schwelle für ein SBS

Die meisten *SBS* gehen auf die Zeit im Bauch, die Geburt und die Kindheit zurück. Das Nervensystem eines kleinen Kindes eskaliert viel schneller als das von Erwachsenen. Ausserdem sind Kinder von ihrer Umwelt komplett abhängig. Sie können weder flüchten noch kämpfen, wodurch es schneller zu einem Trauma kommen kann als bei Erwachsenen.
Je länger eine Traumatisierung andauert oder je mehr traumatische Konflikte aktiv sind, desto wahrscheinlicher wird es, dass die Amygdala (Angstzentrum) getriggert wird (s. Kapitel 2.3), was die Schwelle für ein *SBS* heruntersetzt. Das heisst, Situationen, welche an das Trauma erinnern, lösen mit der Zeit immer schneller ein *SBS* aus. Deshalb ist es am besten, den Konflikt ursächlich

zu lösen, worauf im nächsten Teil 4 ausführlich eingegangen wird. Wird ein emotionaler Konflikt nicht ursächlich gelöst, kann es sein, dass nach einer zufälligen Lösung mit entsprechenden Wiederherstellungs-Symptomen, der gleiche Konflikt immer wieder neu getriggert wird.

Beim Beispiel mit dem Ärgerbrocken, welcher durch eine dominante Chefin am Arbeitsplatz getriggert wird, mit zwischenzeitlichen Lösungen am Wochenende und in den Ferien, bräuchte es die ursächliche Verarbeitung des Konflikts. In diesem Falle könnte es zu den sinnlosen Regeln eines autoritären Vaters führen, bei welchen das Kind seine Gefühle jeweils runterschlucken musste. Indem die Gefühle dieses verdrängten Kinderanteils wieder ins Bewusstsein geholt werden, wird es möglich, diese zu verarbeiten. Ausserdem wird dadurch bewusst, auf welche Situationen man besonders sensibel reagiert und kann sich in den entsprechenden Situationen mitfühlend dem betroffenen Kinderanteil zuwenden (s. Kapitel 4.2.4). Dadurch werden reaktive Muster unterbrochen und ein weiteres *SBS* unnötig.

Obwohl ursächliche Bearbeitung nicht immer möglich ist, weil jemand keine Energie dazu hat oder die Dissoziation so stark ist, dass man keinen Zugang zu den traumatischen Gefühlen findet, gibt es trotzdem viele Möglichkeiten, wie die Stressresistenz und damit die Schwelle für ein *SBS* erhöht werden kann. Dazu gehören Entspannungstechniken, Meditation, gesunde Ernährung, förderliches Bewegungsverhalten, Tanzen, Musik, Natur, Sonne, frische Luft und alles, was der Seele guttut. Sehr wirksam zur Förderung der Stressresistenz und Affektregulation ist Neurofeedback (s. Kapitel 4.1.9).
Wichtig ist in diesem Zusammenhang die Ausleitung von Schwer- und Leicht-metallen oder die allgemeine Entgiftung mit einer Gallen- und Leberreinigung, um den Körper zu entlasten (Moritz, 2008).

4.   Ursächliche Bearbeitung emotionaler Konflikte

Damit die *Sinnvollen Biologischen Sonderprogramme (SBS)* nicht gleich bei der nächsten schwierigen Situation wieder getriggert werden, braucht es eine ursächliche Bearbeitung auslösender Konflikte. Wie die ACE-Studie (s. Kapitel 2.2) aufzeigt, liegen die häufigsten Ursachen für Traumatisierungen mit chronischen Stressreaktionen in der Kindheit, wobei in diesem Teil aufgezeigt wird, wie diese verarbeitet werden können

Andererseits ist die Kenntnis der *5BN* nützlich, weil nach der Verarbeitung von Traumatisierungen die Wiederherstellungsphase eines *SBS* zu Ende geführt werden kann, was oft nochmals Symptome verursacht. Dies ist ein gutes Zeichen ist, kann aber zu Entmutigung führen, wenn man nicht weiss, weshalb die Symptome, welche man loswerden wollte, nochmals auftauchen können.

4.1   Bearbeitung emotionaler Konflikte

4.1.1   Grundsätzliches zur Arbeit mit Traumata

Bei einer traumatischen Situation kommt es, wie in Kapitel 2.3 beschrieben, durch den Mechanismus der Dissoziation zu einer Persönlichkeitsspaltung. Die unerträglichen Wahrnehmungen, Empfindungen und Gefühle, welche nicht verarbeitet werden können, werden als traumatisierte Anteile abgespalten. Dies ist in der Regel mit der Entstehung von Überlebensanteilen verbunden (Ruppert, 2012). Das Trauma spiegelt sich jedoch auch nach der Abspaltung in einem deregulierten Nervensystem, welches Levine in seinem *Window of Tolerance* anschaulich dargestellt hat (s. Abbildung 5) und sich auch verkörpert (s. Abbildung 2). Traumatische Inhalte sind in der rechten Hirnhälfte gespeichert, genauer in der rechten Amygdala, welche sich, wie bereits beschrieben, durch die Wirkung des Stresshormons Kortisol mit der Zeit vergrössert, bei gleichzeitiger Verkleinerung des Hippocampus, dem Sitz des biografischen Gedächtnisses (Fisher, 2014). Ausserdem gibt es mittlerweile viele Hinweise darauf, dass sich traumatisches Material in sehr langsamen Hirnwellen spiegelt und auf den alten Vagus (Porges, 2017) hindeutet.

Bei der Verarbeitung eines Traumas führt der Weg von der Ohnmacht zurück zur Erstarrung und zum Schock, wobei dieser zuerst gelöst werden muss, bevor die weiteren Traumagefühle verarbeitet werden können. Dies zeigt sich oft in einem feinen Zittern (von aussen nicht immer wahrnehmbar, aber für die Betroffenen deutlich spürbar). Bei Entwicklungstraumata kann es zu mehreren solcher körperlichen Entladungen kommen. Levine (1998) entdeckte dies im Zusammenhang mit gejagten Beutetieren, welche zu zittern begannen, wenn die Gefahr vorbei war. Dies führt zu einer grossen körperlichen und psychischen Erleichterung.

Zentrale Voraussetzung für die Arbeit mit Traumatisierungen ist die laufende Selbsterfahrung von Therapeuten/innen, damit sie eigene abgespaltene Anteile integrieren und Überlebensanteile erkennen. Sonst führen diese blinden Flecken zu Projektionen und Verwirrung. Ausserdem braucht es ein reguliertes Nervensystem, sonst wird unterstützende Co-Regulation der Klienten/innen schwierig.

Neben dem Austausch mit anderen Praktizierenden ist eine Zusammenarbeit mit der geistigen Welt (höheres Selbst, Christus, Buddha oder andere) sehr entlastend, damit man als Therapeutin/Therapeut gehalten ist, zentriert und im Mitgefühl verankert bleiben kann, wenn sich das Leid zeigt, welches hinter Traumatisierungen liegt. Kommt ein therapeutischer Prozess ins Stocken, bei welchem man nicht mehr weiterweiss, erhält man durch diese Verbindung ausserdem neue Impulse aus der geistigen Welt.

Bevor ein Trauma bearbeitet werden kann, muss sichergestellt werden, dass Betroffene dazu genügend Ressourcen haben. Zeigt jemand Anzeichen eines sich entwickelnden Burnouts ist genau zu prüfen, ob sein/ihr Nervensystem die Annäherung an ein Trauma halten kann.

Bei der Verarbeitung eines Traumas sind grob vier Aspekte zu beachten:

1. Die traumatisierten Anteile erreicht man zuerst einmal nicht über Sprache (die linke Hirnhälfte). Es braucht also eine Kommunikation, welche die rechte Hirnhälfte erreicht und diese geht über den Körper, die Gefühle und über das Bildhafte. Dabei muss das bewusste Ich im Körper anwesend

sein. Wenn jemand dissoziiert, erreicht man die traumatisierten Anteile nicht, weil Dissoziation zu den Überlebensstrategien gehört (s. Kapitel 2.3 und 2.5).

2. Die Erlebnisse, welche in der rechten Hirnhälfte gespeichert wurden, müssen mit der linken Hirnhälfte verbunden werden, sonst kann der Körper nicht verstehen, dass die traumatische Situation vorbei ist. Für das Verstehen von Zeit braucht es das Grosshirn und die linke Hirnhälfte (bei Linkshändigen die rechte Hirnhälfte). Hier braucht es die Integration der wiedererlebten Gefühle und Bilder über die Sprache.

3. Arbeit und Einbezug der Überlebensanteile, weil es ihre Aufgabe war, traumatische Gefühle in Schach zu halten. Sie geraten in Alarmbereitschaft, wenn man sich den traumatisierten Anteilen direkt nähert. Werden sie nicht gebührend einbezogen, blockieren sie den Verarbeitungsprozess.

4. Zur Aktivierung des neuen Vagus (s. Kapitel 2.7) braucht es eine sichere therapeutische Beziehung, um den Kontakt zu einem vertrauenswürdigen Gegenüber und zu sich selbst aufbauen zu können.

Es gibt mittlerweile viele unterschiedliche Methoden zur Bearbeitung von Traumata. Hier werden diejenigen beschrieben, mit welchen wir arbeiten und langjährige Erfahrungen haben. Das soll nicht heissen, dass andere Methoden nicht ebenso gut funktionieren wie beispielsweise *EMDR (Eye Movement Desensitization and Reprocessing)* von Francine Shapiro oder auch Körpertherapien. Körpertherapien bleiben jedoch Symptombehandlung, wenn die dahinter liegenden Gefühle nicht verarbeitet und integriert werden können.

Geht es um ein akut traumatisches Ereignis, sind notfallpsychologische Massnahmen hilfreich (Gschwend, 2012). Direkt nach einem Überfall oder einem Unfall brauchen die Betroffenen Stabilisierung und Schutz durch einen abgeschirmten Ort mit Sitzgelegenheit, Wasser und allenfalls einer Decke. Heftige Stressreaktion verursachen oft ein Gefühl von Kälte. Wenn die Leute zittern, sollten sie dazu ermuntert werden, dies nicht zu unterbrechen, weil dadurch das Nervensystem den Schock entladen kann. Einige wollen über das Ereignis sprechen. Man kann sie durch Fragen dabei unterstützen, dieses in eine zeitliche Abfolge zu bringen, wodurch die Verarbeitung unterstützt wird (s. auch Kapitel

4.1.6). Andere wollen lieber abgelenkt werden oder gar nicht reden. Wichtig ist, den Betroffenen Informationen zu akuten Stressreaktionen zu geben, dass diese normal sind und Tage bis Wochen andauern können. Oft kann die Seele ein Trauma ohne zusätzliche Hilfe verarbeiten. Wenn die Symptome jedoch länger als vier bis sechs Wochen andauern, wird dies immer unwahrscheinlicher. In solchen Fällen braucht es zur Verarbeitung therapeutische Hilfe, sonst besteht die Gefahr einer Chronifizierung posttraumatischer Belastungssymptome.

In den nächsten Kapiteln werden Methoden beschrieben, durch welche Traumatisierungen verarbeitet werden können. Zu jeder Methode gibt es entsprechende Erfahrungsberichte aus unserer Praxis (jeweils kursiv). Alle Namen der Klienten/innen wurden geändert und die Situationen leicht verändert.
Da wir am Anfang stehen, die *5BN* in unseren Beratungsalltag zu integrieren, spielt diese erst bei einzelnen Fallbeispielen eine Rolle.

4.1.2 Systembindungstrauma: Aufstellungen

Das Familienstellen ist eine Methode, welche sich aus dem Psychodrama, der Gruppendynamik, der Gestalttherapie und der Arbeit mit Anteilen entwickelt hat (Schlippe & Schweitzer, 1998). In der von Hellinger (1998, 2003, 2005) entwickelten Form besteht sie darin, dass jemand für Mitglieder aus der eigenen Familie Stellvertretende auswählt und diese in Beziehung zueinander stellt. Dies geschieht in der Regel in einer Gruppe.
Die Aufstellungen sind nicht auf Familiensysteme beschränkt. Auf die gleiche Weise können auch Mitglieder oder Elemente anderer Systeme in Beziehung gebracht werden, um erkennen zu können, wie sie aufeinander wirken, beispielsweise Kunden, Produkte oder innere Anteile (Sparrer, 2001, Lehmann, 2006). In einer Paarbeziehung kamen Stellvertretende für die Herkunftsländer dazu oder in Arbeitsgruppen Ziele und Visionen, um deren Einfluss sichtbar zu machen.
Ruppert (2012, 2019) entwickelte das Aufstellen des Anliegens, wodurch innere Dynamiken oft noch wirksamer auf den Punkt gebracht werden können. Er fokussiert dabei insbesondere auf Systembindungs- und Entwicklungstraumata (oder Symbiosetraumata).

In der Einzelberatung wird mit BodenAnkern gearbeitet, wobei Symbole oder Blätter mit den Namen die Systemelemente und Mitglieder repräsentieren. Abwechslungsweise steht man auf die Blätter oder Symbole, um beispielsweise Konfliktdynamiken erfassen zu können.

Das Aufstellen ist eine Methode, welche somit in ganz unterschiedlichen Themenbereichen und Settings angewendet werden kann.

Hilfreich zur Vorbereitung einer Familienaufstellung ist die Erarbeitung eines Genogramms. Das ist eine Art Familienstammbaum (McGoldrick & Gerson, 1990), wofür wichtige Daten und Ereignisse in der eigenen Familie zusammengetragen und mit Symbolen aufgezeichnet werden. Dadurch wird die Sichtweise auf mehrere Generationen ausgeweitet, wobei es wichtig werden kann, in der Familie nach relevanten Ereignissen (s. weiter unten) als Grundlage für eine Aufstellungen zu forschen.

Informationen, die für ein Genogramm und das Familienstellen wichtig sind, beschränken sich auf einschneidende, prägende Ereignisse und auf Familienmitglieder, die ein schweres Schicksal hatten oder haben. Es ist hilfreich, sich Informationen bis zu den Urgrosseltern zu verschaffen. Wenn die Verwandten schon tot sind oder nicht Auskunft geben wollen, kann man über die Heimatgemeinden an einige Informationen gelangen (Geburtsurkunde, Totenschein). Charaktereigenschaften der einzelnen Familienmitglieder sind für diese Arbeit weniger aussagekräftig.

Hier einige Beispiele, die grossen Einfluss haben können:

- Plötzlicher Verlust der Mutter oder des Vaters
- Totgeburten, früh gestorbene Kinder, Abtreibungen, Halbgeschwister
- Plötzlicher Tod von Angehörigen
- Totgeborene Geschwister der Eltern oder Großeltern
- Tod einer (Ur)grossmutter bei der Geburt ihres Kindes
- Erste Beziehungen der Eltern und Grosseltern
- Scheidungen
- Sexueller Missbrauch
- Körperliche und psychische Gewalt
- Unterschiedliche Nationalitäten der Eltern

- Schwere Krankheiten, Behinderungen in der Familie
- Ausgestossene Familienmitglieder (z.B. wegen Sucht, Straftat oder als verrückt erklärte Mitglieder)
- Adoption/Pflegefamilien, künstliche Befruchtung, aus467eheliche, untergeschobene Kinder
- Selbstmord, Mord

Der Einfluss des Schicksals früherer Partner/innen der Eltern oder der Grosseltern wird oft unterschätzt, insbesondere wenn es hier zu einem Verlust oder einer schwierigen Trennung gekommen ist. Diese werden häufig unbewusst durch Kinder mit neuen Partner/innen vertreten. Deshalb verhalten sich Kinder manchmal seltsam, beispielsweise wenn die Tochter den Vater immer wieder wütend attackiert, weil sie die Wut einer früheren Partnerin auf ihn stellvertretend auslebt.

Aufstellungen machen einerseits Beziehungsdynamiken sichtbar, andererseits werden durch Umstellen der Stellvertretenden Lösungen zur Zufriedenheit aller Beteiligten entwickelt.
Stellvertretende in einer Aufstellung können die Wahrnehmungen und Gefühle der Menschen, welche sie vertreten, meistens ohne Schwierigkeiten wiedergeben, ohne sie zu kennen. Dies erstaunt viele, welche diese Phänomene zum ersten Mal erleben. Geht man von einem geistigen Weltbild aus, erstaunt es jedoch nicht, denn wir sind alle miteinander verbunden. Man könnte zur Erklärung auch die morphogenetischen Felder von Sheldrake (1998) heranziehen. Die Aufstellung bringt etwas bisher Verborgenes ans Licht. Dies führte zu neuen Einsichten in Verstrickungen vergangener Schicksale von Vorfahren sowie in Dynamiken traumatischer Bindungen und Abhängigkeiten.
Das entstandene Lösungsbild unterstützt und stärkt die positiven Lebenskräfte derjenigen, die ihr System aufgestellt haben. Es trägt dazu bei, sich mit dem eigenen Schicksal zu versöhnen und das Schicksal anderer zu achten.
Bereits das Miterleben der Aufstellungen von anderen und das Vertreten von anderen Familienmitgliedern ist ein spannender Lernprozess, der auch tiefe Einsichten in eigene Familiendynamiken ermöglicht. Ausserdem ist das Repräsentieren unterschiedlicher Rollen ein gutes Training für Perspektivenwechsel und Mitgefühl.

Celine wünschte sich ein besseres Verhältnis zu ihrer Mutter. Sie stellte Repräsentanten/innen für ihren Vater, ihre Mutter und sich selbst auf. Die Repräsentantin von Celine stellte sich sofort an die linke Seite (Partnerseite) des Vaters. Die Repräsentantin der Mutter stand deshalb ziemlich genervt im Raum. Diese Szene kam Celine sehr bekannt vor. Auf die Frage nach früheren Partnern/innen der Eltern nannte sie die Verlobte ihres Vaters, welche plötzlich durch einen tragischen Autounfall ums Leben kam.

Die Verstorbene wurde dazugestellt und machte der Tochter den Platz neben ihrem Vater streitig. Sie wirkte noch sehr lebendig.

Der Vater legte sofort seinen Arm um die Schultern der Verlobten und zog sie näher zu sich heran. Die Tochter sank zunehmend in sich zusammen und wollte sich auf den Boden legen. Dadurch zeigte sich die Verstrickung: die Tochter übernahm die Todessehnsucht ihres Vaters, damit er im Leben bleibt. Celine folgte der Szene sehr interessiert. Die Tochter wurde dann gebeten, wieder vom Boden aufzustehen und wurde ins Blickfeld der Verlobten geführt. Unter Anleitung sagte sie zum Vater »für dich«. Dieser erwachte etwas aus seiner Trance und sah seine Tochter zum ersten Mal an. Weiter sagte die Tochter ganz gesammelt zur Verlobten »du bist gestorben«.

Dies zog eine grosse Veränderung nach sich. Die Verstorbene sank zusammen und legte sich auf den Boden. Die Tochter wurde an die Seite ihrer Mutter gestellt. Auf diesem sicheren Platz konnte sie der Verabschiedung ihres schluchzenden Vaters von seiner Verlobten mitfühlend zusehen, bis auch seine Verlobte loslassen konnte.

Der Mutter von Celine und zweiten Frau des Vaters fiel es jetzt leicht zu seiner ersten Partnerin zu sagen: »Ich würdige und anerkenne eure grosse Liebe. Bitte schau freundlich auf mich und meine Tochter.« Dadurch wurde die erste Frau (Verlobte) des Vaters geachtet und erhielt einen angemessenen Platz.

Nach einem Monat schickte Celine eine Postkarte, Mutter und Tochter gemeinsam unterwegs, zum ersten Mal. Die Tochter musste die Verlobte bei ihrem Vater nicht mehr vertreten und die Mutter konnte ihre Tochter jetzt als Tochter sehen und nicht mehr als die verstorbene Rivalin ihres Mannes.

Hellinger entdeckte, dass plötzlich Verstorbene oft nicht wissen, dass sie gestorben sind. Diese haften sich dann an die Lebenden und können nicht loslassen.

Es konnte immer wieder beobachtet werden, dass die Stellvertretenden der Verstorbenen zur Ruhe kommen, wenn ihnen dies die Hinterbliebenen klar machen und der Verlust auch betrauert werden kann.

4.1.3   Geburtstrauma: Holotropes Atmen

Das holotrope Atmen wurde von Stanislav Grof (1985, 2006) entwickelt, welcher während vieler Jahre mit LSD arbeitete und dadurch zahlreiche Erkenntnisse aus veränderten Bewusstseinszuständen gewann. Neben transpersonalen Erfahrungen ermöglichte diese Vorgehensweise tiefe Einblicke in Geburtsprozesse. Daraus entwickelte er die vier Geburtsmatrizen, wie in Kapitel 2.4.2 beschrieben. Nachdem die Arbeit mit LSD verboten wurde, suchte er nach Methoden, welche ohne Substanzen zu veränderten Bewusstseinszuständen führten und ebenfalls den Zugang zu abgespaltenen Anteilen jenseits von Sprache ermöglichten. Schliesslich kombinierte er Atemtechniken (Hyperventilation) und schamanische Elemente wie zum Beispiel Trommeln und rhythmische Musik und nannte dies holotropes Atmen. Holotrop heisst, sich zur Ganzheit hinbewegend. Beim holotropen Atmen legt die Musik sozusagen den Teppich für den Prozess und unterstützt neben der Hyperventilation den Trancezustand. Ziel ist einerseits, durch die schnelle Atmung blockierte Energien wieder in Fluss zu bringen, welche in emotionalen und körperlichen Symptomen festgehalten werden. Dadurch werden sie in verständliche und sinnvolle Erfahrungen umgewandelt. Dies erleichtert den Zugang zu verdrängten Anteilen, welche sich durch schmerzliche Erfahrungen in der Vergangenheit gebildet haben. Der Atemprozess bietet Raum und Zeit, sich voll und ganz den auftauchenden Gefühlen und körperlichen Empfindungen hinzugeben. Anderseits unterstützt der Trancezustand, präsent zu bleiben und diesen Erfahrungen beispielsweise in Bewegungen, Tönen, Weinen, Lachen oder Schreien Ausdruck zu geben. Zusätzlich ermöglicht der Trancezustand einen Zugang zum/r inneren Beobachter/in, was den Verarbeitungsprozess unterstützt.

Wenn Klienten/innen zum ersten Mal in Berührung mit ihren Geburtserfahrungen kommen, können sie zuerst oft kaum glauben, dass dies alles im Körper gespeichert ist.

Durch das Wiedererleben traumatischer Geburten kommt man oft in Berührung mit dem Tod und der Frage nach dem Sinn der Existenz, dem Infragestellen bisheriger Werte und Lebensmuster. Zusätzlich zeigen sich manchmal frühere Leben.

Viele haben beim Atmen zuerst lichtvolle Erfahrungen, welche das Vertrauen und die Zuversicht stärken, bevor sich schwierige Gefühle und Empfindungen rund um die Geburt zeigen. Das Aufarbeiten der Geburt lässt uns in vielen Fällen unsere geistige Natur und tiefste Sehnsucht erkennen: das Sehnen nach Einheit und unserem unsterblichen göttlichen Wesen.

Die Wirkung des holotropen Atmens ist breit gefächert und somit auch die Probleme, welche damit bearbeitet werden können:

- Körperebene: zum Beispiel bei Verspannungen und Blockaden, um die Energie zu befreien
- Psychische Ebene: Aufarbeitung biografischer Erlebnisse (zum Beispiel Traumatisierungen, Vernachlässigung, Verlust von nahen Bezugspersonen, etc.)
- Geburtsprozesse: Erkennen problematischer Lebensmuster und verschiedenster Ängste, sowie deren Verarbeitung
- Spirituelle Entwicklung: zum Beispiel Erfahrungen bedingungsloser Liebe, von Urvertrauen und Verbundenheit, Sinnsuche, Licht und Schatten, Dualität und Einheit

Das holotrope Atmen ist im Einzelsetting und in Gruppen möglich. Beides hat seine Vorteile. In der Gruppe ist das Energieniveau um einiges höher, was dabei unterstützen kann, schneller in den Prozess hineinzukommen. Anderseits bieten Einzel- und Zweiersitzungen die Möglichkeit, die Prozesse als Therapeut/in enger zu begleiten und mehr Inputs zu geben, was gerade bei Ängsten unterstützend sein kann.

Nach einem Erstgespräch mit Abklärung von Kontraindikationen für Hyperventilation (wie beispielsweise Herzrhythmusstörungen, hoher Augeninnendruck, etc.) beginnt eine Sitzung nach der Ausarbeitung des Anliegens im

Liegen auf einer Matte mit einer Entspannungsübung, um im Körper anzukommen. Hilfreich ist dabei, sich nochmals auf das Anliegen auszurichten, sich jedoch nicht darauf zu fixieren, sondern sich vom Prozess führen zu lassen. Mit dem Einsetzen der Musik wird durch Hyperventilation zum Rhythmus der Musik zuerst Energie aufgebaut. Dies kann zu Beginn etwas anstrengend sein, bis der Körper seinen Rhythmus findet, wobei die Musik wertvolle Unterstützung bietet. Oft braucht es zu Beginn bei der Atmung etwas Anleitung. Durch Hyperventilation, welche zu einer erhöhten Sauerstoffaufnahme führt, kommt es zu schnellerer Abatmung von CO_2 (Wikipedia/Hyperventilation, 2023). Weil chronischer Stress die Atmung verflacht, ist bereits dieser Effekt sehr wohltuend (Vormann, 2007). Das Blut nimmt mehr Sauerstoff auf. Die Methode wirkt psychoaktiv, weil erstarrte Muster und Körperstrukturen mit zusätzlicher Energie geflutet werden.

Treten während des Atmens Blockaden auf, welche den Prozess stoppen, werden diese durch Körperarbeit gelöst, damit dieser wieder ins Fliessen kommt. Bei Traumatisierungen wird die Energie blockiert, um den Schmerz in Grenzen zu halten (s. Kapitel 2.3). Das bedeutet aber, dass im Leben nicht die volle Energie zur Verfügung steht. Oft berichten Klienten/innen nach dem Atemprozess, dass sich der Körper viel leichter und energievoller anfühlt.

Am Ende einer Sitzung kann es hilfreich sein, die Erfahrungen während des Atmens als ersten Schritt zur Integration zu zeichnen. Am Schluss ist wichtig zu prüfen, ob ein Prozess irgendwo hängen geblieben ist. Nach einer Sitzung sollte der Körper entspannt oder zumindest deutlich entspannter als vor der Sitzung sein, sonst sollten restliche Blockaden noch gelöst werden. Anschliessend werden die Erfahrungen gemeinsam reflektiert und die Integration in den Alltag vorbereitet. Häufig wirken Atemsitzungen länger nach oder machen zusätzliche Themen bewusst, weshalb Nachgespräche zur weiteren Integration und die Verbindung mit anderen Methoden wie Lifespan Integration (s. nächstes Kapitel) den Prozess sehr unterstützen.

«Als es im Bauch meiner Mutter immer enger wurde, wollte ich raus. Ich war bereit, aber da ging nichts, weil meine Mutter keine Wehen hatte. Meiner Mutter

ist über mehrere Tage Fruchtwasser ausgelaufen, aber die Ärzte wollten ihr nicht glauben, dass etwas nicht stimmte und schickten sie wieder nach Hause. Nach dem fünften Tag ging sie von sich aus wieder ins Spital und da realisierte man, dass jetzt alles sehr schnell gehen musste.

Während dieser fünf Tage wurde die Bauchdecke durch das Auslaufen des Fruchtwassers schwerer und Enge sowie Gewicht immer bedrohlicher. Beim Wiedererleben meiner Geburt versuchte ich verzweifelt, meine Mutter zu erreichen. Dies spiegelte sich vor der Aufarbeitung in vielen Träumen, in welchen ich versuchte, mit meiner Mutter telefonisch Kontakt aufzunehmen, wobei die Leitung entweder tot, unterbrochen wurde oder gestört war, so dass sie nicht verstehen konnte, was ich ihr verzweifelt mitzuteilen versuchte.
Als das Gewicht der Bauchdecke unerträglich wurde, begann sich mein Bewusstsein vom Körper zu lösen. Ich konnte nicht mehr und ich wollte auch nicht mehr. Mit tiefem Herzschmerz verabschiedete ich mich von meiner Mutter. Bis zur Aufarbeitung meiner Geburt träumte ich immer wieder von einem tonnenschweren Betonblock, welcher mich unter Todesangst langsam zermalmte. Dieser Traum kam danach nie wieder. Als ich ca. 20 Jahre alt war, hatte ich überall dort Panik, wo ich nicht sofort raus konnte, beispielsweise in Räumen mit vielen Leuten, grossen Warenhäusern, Aufzügen, Tunneln oder Zügen. Auch diese legte sich nach dem Aufarbeiten der Geburt.

Im Spital bekam meine Mutter sofort grosse Mengen an Wehenmitteln. Dadurch fühlte ich mich wie ein lächerlicher Spielball des Schicksals und empfand ohnmächtige Wut. Denn eigentlich hatte ich mich bereits vom Leben verabschiedet und wurde nun gewaltsam zurückgeschleudert. Es brauchte eine Weile, bis der Teil von mir, welcher sich von diesem Leben verabschiedet hatte, im Körper blieb und erleben konnte, wie ich mich wie eine Art Reptil durch den Geburtskanal hindurchwand. Dabei fühlten sich die durch die Medikamente provozierten Wehen wie Stromschläge an. Mit dem aktiven Hindurchwinden konnten sich die festgehaltenen Energien endlich entladen. Die Entspannung und Befreiung, welche sich danach einstellte, werde ich nie mehr vergessen.»

4.1.4 Entwicklungstrauma: Integration abgespaltener Anteile und Heilung von Bindung

Lifespan Integration

Lifespan Integration (LI) nach Peggy Pace (2007) ist eine Methode, welche es ermöglicht, das Ich zu stärken und verdrängte/verlorengegangene Anteile (*Egostates*) in das Erwachsenen-Ich zu integrieren. Dies ermöglicht Affektregulation, Mitgefühl für sich selbst und Selbstannahme.

Ausgehend von einem aktuellen Problem (zum Beispiel Erschöpfung, Beziehungsprobleme, psychosomatische Beschwerden) wird mit Hilfe der Technik der *Affektbrücke* dasjenige unverarbeitete Ereignis aufgespürt, welches die engste Verbindung zum aktuellen Problem des Klienten oder der Klientin aufweist. Diese Technik baut auf dem *Felt Sense* (gefühlte Bedeutung eines Themas) von Gendlin auf, wie auch die Methode *Somatic Experience* von Levine (1998). Dabei konzentriert man sich auf die körperlichen Empfindungen oder auf Gefühle mit der Bitte, dass man zu der Situation geführt wird, welche mit den Empfindungen und Gefühlen des aktuellen Problems in Beziehung steht. Es ist wichtig zu betonen, dass LI körperorientiert ist. Das heisst, das Ich-Bewusstsein muss im Körper präsent sein. Wenn das Ich nicht im Körper anwesend ist, können abgespaltene Gefühle nicht integriert werden und traumatisierte und Überlebensanteile glauben nicht, dass es vorbei ist.

Normalerweise taucht eine Situation aus der Kindheit auf und man lässt sie durch den/die Klienten/in möglichst genau beschreiben. Danach wird visualisiert, wie er/sie als Erwachsene/r diese Szene betritt. Wenn die Erfahrungen aus dieser Situation sehr stark abgespalten/dissoziiert sind, gelingt dies oft nicht gleich auf Anhieb, dafür gibt es unterschiedliche, sicherheitsgebende Techniken. Das Erwachsenen-Ich versucht, mit dem Kind-Ich Kontakt aufzunehmen und erklärt ihm, dass er/sie das Kind gerne in Sicherheit bringen möchte. Hier braucht es oft viel Anleitung des/der Therapeuten/in, wie dieser Kontakt aufgebaut werden kann, weil die Kinder-Anteile in den Traumagefühlen gefangen sind.

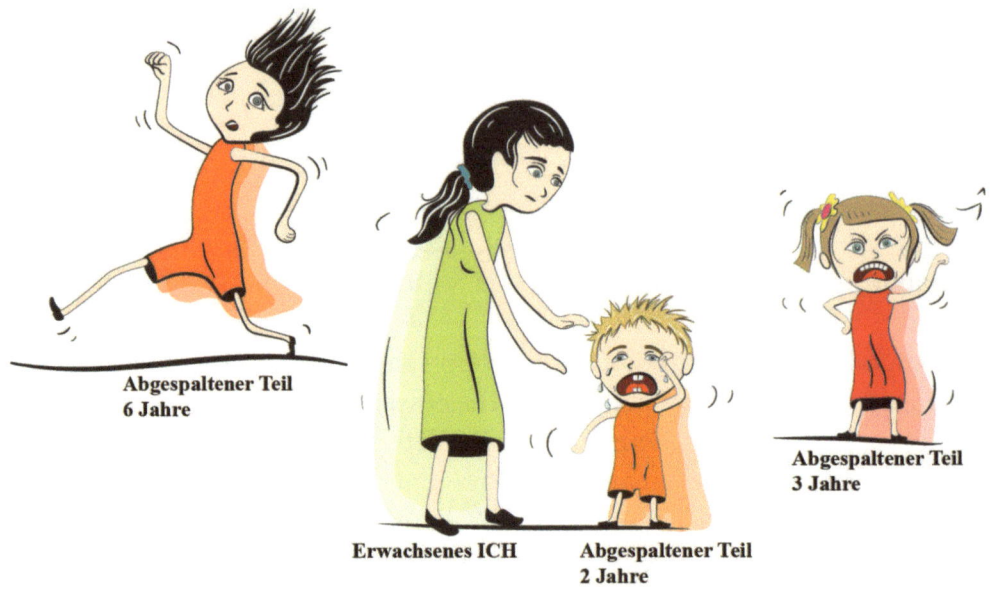

Abbildung 7: Abgespaltene Anteile

Wenn das Kind-Ich bereit ist mitzukommen, wird es vom Erwachsenen-Ich an einen sicheren Ort gebracht, wo sich beide in Ruhe miteinander unterhalten können. Bevor dies möglich ist, braucht es zuerst meistens eine Verarbeitung der Gefühle, welche in dieser traumatischen Situation gefangen sind. Mit Unterstützung der Therapeutin zeigt das Erwachsenen-Ich dem Kind-Ich viel Verständnis für seine Gefühle. Es wird herausgearbeitet, welche Bedürfnisse das Kind damals gehabt hätte und dass diese völlig normal sind (Rosenberg, 2004). Hier ist sehr wichtig, sprachlich altersgerecht auf den eigenen Kinder-Anteil einzugehen.

Danach beweist das Erwachsenen-Ich dem Kind-Ich, dass die traumatische Situation lange vorbei ist und es jetzt in Sicherheit und erwachsen geworden ist. Dies geschieht mit Hilfe einer vorbereiteten Zeitlinie, welche Erinnerungen bis ins Erwachsenen-Alter enthält. Der Therapeut liest die Erinnerungen vor und geht erst weiter, wenn der/die Klient/in die Erinnerung abgerufen hat. Oft bestehen vor allem in der frühen Kindheit Lücken. Nach mehreren Durchgängen kommen Erinnerungen jedoch oft zurück (*Erlebnisgedächtnis*). Dies ist auch ein Hinweis auf die neuronale Integration, resp. die Vernetzung der abgespaltenen Erfahrungen mit dem Hippocampus (s. Kapitel 2.3). Wiedererleben der traumatischen Situation und die Zeitlinie werden so lange durchgeführt, bis der/die Klient/in eine Verbesserung bezüglich seiner/ihrer Symptome erfährt.

Rita kam in die Beratung, weil sie in ihrer Beziehung häufig Wutausbrüche hatte und ihrem Freund immer wieder misstraute.

Als Kind wollte sie nach der Scheidung ihrer Eltern unbedingt zu ihrem Vater. Es kam öfters vor, dass sie von ihrer Mutter über Stunden im Keller eingesperrt wurde, wenn ihr etwas an Rita missfiel. Zusätzlich drückte ihre genervte Mutter sie als kleines Kind beim Baden solange unter Wasser, bis sie fast erstickte.

Beim Vater fühlte sie sich viel wohler und sicherer. Als sie aber ungefähr vierzehn Jahre alt war, kam es zu einem hässlichen Streit, weil sie nicht rechtzeitig nach Hause kam. Er packte sie am Arm, zerrte sie ins Auto und setzte sie vor einem Jugendheim aus. Obwohl ihr Vater sie nach einer halben Stunde wieder abholte, sie sass immer noch regungslos dort, war seitdem etwas in der Beziehung zu ihrem Vater zerbrochen.

Bei der Arbeit mit LI zeigte sich ihr vierzehnjähriges Ich so geschockt, angsterfüllt, hoffnungslos und misstrauisch, dass es lange dauerte, bis dieser Anteil mit viel Unterstützung und Anleitung gegenüber dem Erwachsenen-Ich überhaupt eine Reaktion zeigte.

Als Rita diesen Anteil nach mehreren Durchgängen integrieren konnte, löste sich der Konflikt kurz darauf auf körperlicher Ebene. Das SBS der Bronchialschleimhaut kam in die erste Wiederherstellungsphase. Sie bekam eine heftige Bronchitis, typisch für einen Revierangst-Konflikt in Heilung (s. Kapitel 3.4.4). Nach der Arbeit mit ihrem vierzehnjährigen Anteil konnte sie das Erlebte mit ihrem Vater und die Beziehung zu ihrem Freund besser trennen und mehr Vertrauen zu ihm aufbauen. Sie erkannte ausserdem, dass ihr vierzehnjähriges Ich die Enttäuschung und die Wut gegenüber ihrem Vater auf ihren Freund projizierte.

Durch LI gewinnt man Einsicht in lebenslange Verhaltensmuster, welche sich durch das Trauma entwickelt haben. Jede auf diese Art und Weise auftauchende Erinnerung hat eine Beziehung zum gegenwärtigen emotionalen Thema oder Problem. Sobald die im Trauma festgehaltenen Gefühle und Körperempfindungen verarbeitet worden sind und klar wird, was das Kind-Ich eigentlich gebraucht hätte, können die Schutzmechanismen und überholten Verteidigungsmuster der Überlebensanteile aufgegeben werden.

Durch das Wiedererleben und Benennen aller Wahrnehmungen und Gefühle während der traumatischen Erlebnisse werden Hippocampus und Amygdala vernetzt. Die Erlebnisse können dadurch verarbeitet und als vergangen wahrgenommen werden. Ängste reduzieren sich spürbar, verstärkt durch den Effekt der Zeitlinie. Die Amygdala (Angstzentrum) wird, wie beschrieben, normalerweise allein durch Sprache nicht erreicht. LI erreicht diesen Teil der rechten Hirnhälfte durch die Bilder, welche durch die Erinnerungen auftauchen.

Durch Wiederholungen der biografischen Zeitlinie mit Erinnerungen wird die Fähigkeit entwickelt, sich als ein zusammenhängendes Ich mit einer kontinuierlichen räumlichen und zeitlichen Existenz wahrzunehmen. Mit der Zeit entwickelt man als Therapeut/in ein Gefühl dafür, wie schnell durch die Erinnerungen durchgegangen werden kann, damit dies zur Verarbeitung und Integration führt.

LI fördert bei den Betroffenen nachträglich die Bedingungen, die sich für eine optimale neuronale Integration bei Säuglingen und Kindern als wichtig erwiesen haben. Dazu gehören

- eine gegenseitige und abgestimmte Beziehung zwischen dem/der Erwachsenen und dem Kind-Ich
- eine solide Verbindung zwischen Körper und Emotionen
- Herstellung einer gemeinsamen Realität von Erwachsenem/er und Kind-Ich durch die autobiographische Geschichte (Zeitlinie), was zur Entidentifikation mit dem Geschehenen führt (im Gegensatz zur Dissoziation).

Abbildung 8: Integrierter Kinderanteil

LI kann bei allen Problemen angewendet werden, welche aufgrund schädlicher Kindheitserlebnisse zu Deregulation des Nervensystems und ungenügender neuronaler Integration geführt haben.

Petri (1996) entwickelte bereits eine Methode des Wiedererlebens in den 90er-Jahren, bei welcher er vom ungewollten Wiedererleben traumatischer Erlebnisse ausging, welche durch Trigger ausgelöst werden oder zu Albträumen führen. Dies sah er als einen Versuch des Organismus, sich vom traumatischen Erlebnis befreien zu wollen. Durch ein bewusstes, kontrolliertes Wiedererleben wollte er den Organismus dabei unterstützen, diesen unbewussten Prozess zu Ende zu führen und die damit verbundenen Körperwahrnehmungen und Gefühle aufzulösen. Allerdings arbeitete er noch nicht mit einer biographischen Zeitlinie, welche die Integration sehr fördert.

LI eignet sich auch sehr gut zur Aufarbeitung eines Geburtstraumas und Bindungsunterbrüchen zur Mutter, wobei die Zeitlinie in den ersten zwei Jahren etwas anders durchgeführt wird, indem der/die Therapeut/in die Schritte einer normalen Entwicklung schildert. Dies kann mit dem holotropen Atmen

(s. Kapitel 4.1.3) oder der Haltetherapie (s. weiter unten) kombiniert werden, weil diese Methoden erlauben, die Emotionen vollständig auszudrücken.

Falls keine spezifischen Informationen zur Geburt vorhanden sind, schaut man einfach, welche Körperempfindungen, Gefühle und Bilder sich bei einer Rückführung bis zur Geburt oder auch bereits im Bauch der Mutter zeigen. Diese zeigen sich bei mehreren Durchgängen zunehmend, wobei sie in die Zeitlinie aufgenommen werden. Auch hier kommt es vor, dass Erinnerungen an frühere Leben auftauchen. Beim Wiedererleben der Geburt sollte die Therapeutin/der Therapeut mindestens beim ersten Durchgang eine Puppe halten, welche den Baby-Anteil des/der Klienten/in symbolisiert auch wenn er/sie bereits einen Zugang zu ihrem/seinem Anteil hat. Auf diese Weise kann er/sie sich als dieses hilflose Wesen erleben, welches er/sie damals war. Sobald die Klienten/innen fähig sind, beides wahrzunehmen, das Erwachsenen-Ich und das Kind-Ich, können sie die Puppe selbst halten oder sich den Baby-Anteil vorstellen. Wenn die Integration des Baby-Anteils gelingt, fühlen sie körperlich, dass sie geliebt und gehalten sind.

Nils suchte Hilfe wegen Schwindelgefühlen und Panikattacken, welche ihn vor allem in Menschenansammlungen überfielen. Er wusste, dass seine Geburt sehr lange dauerte und es schliesslich zu einem Not-Kaiserschnitt kam. Ausserdem wurde festgestellt, dass die Nabelschnur um seinen Hals gewickelt war, was bei einer natürlichen Geburt zu einer Würgesituation geführt hätte.

Nils klagte zusätzlich über Kreuzschmerzen, welche langes Sitzen zur Qual werden liessen und Teamsitzungen zu einer Herausforderung machten. In der Nacht plagten ihn seine unruhigen Beine (restless legs), wobei nächtliches Joggen etwas Erleichterung verschaffte.

In der zweiten Sitzung gelang ihm das Wiedererleben seiner Kaiserschnittgeburt. Zuerst voller Aufregung befand er sich plötzlich im Bauch seiner Mutter. Es war angenehm weich und warm. Er spürte jedoch, dass es Zeit zum Aufbrechen war. Er wollte raus. Wie eine Robbe bewegte er sich zum Ausgang. Die Anstrengung war gross, aber er spürte seine Kraft und den Willen herauskommen.

Plötzlich kam jedoch alles zum Stillstand – neben panischer Angst erfasste ihn eine überwältigende Schwere. Nur seine Augen blieben in Bewegung. Diese musste er jedoch plötzlich fest zukneifen, als ein blendender, kalter Lichtstrahl

in ihn eindrang. In Richtung dieses Lichtstrahls wollte er auf keinen Fall –
lieber zurück ins warme Dunkle! Ein eiserner, kalter Griff an seinem Nacken
liess ihn völlig erstarren. Als er wieder etwas zu sich fand, fühlte er Kälte am
Rücken und vorne stocherte jemand mit kalten Instrumenten an seinem Ober-
körper herum. Seine Beinchen hingen leblos und schlaff nach unten.
In dieser Szene wurde der Baby-Anteil vom erwachsenen Nils abgeholt, wobei
der Baby-Anteil, symbolisiert durch eine Puppe, bei der ersten Zeitlinie von der
Therapeutin im Arm gehalten wurde, damit er sich ganz auf die auftauchenden
Empfindungen und Gefühle konzentrieren konnte. Zwischendurch wurde er ge-
beten zu blinzeln, damit er seinen gehaltenen Baby-Anteil sehen konnte.

Obwohl es sich in diesem Fall um einen Notkaiserschnitt handelte und von
Mutter und Baby letztlich als lebensrettend erlebt wurde, führt dies in den
meisten Fällen trotzdem zu Traumatisierungen und, wenn diese nicht aufgelöst
werden, zu unterschiedlichsten Symptomen im späteren Leben.
Bei einem geplanten Kaiserschnitt fühlen sich die Kleinen noch überrumpelter.
Sie können ihre Kraft und den Tatendrang zum Aufbruch nicht spüren, weil
ihnen der Zeitpunkt ihrer Geburt von aussen aufgedrängt wird. Das Erleben
von Ohnmacht ist oft die Folge (s. auch Emerson, 2020).

Nach dem Wiedererleben fühlten sich die Beine und Füsse von Nils zum ersten Mal
warm und weich an, was ihm ein Gefühl von Ganzheit vermittelte. Langsam stand
er auf seine Füsse und machte vorsichtig ein paar Schritte. Sie trugen ihn sicher
und die Wärme blieb. Danach gelang ihm ein emotionaler Kontakt zu seinem
Baby-Anteil. Tränen lösten sich und rannen über sein Gesicht. Durch die Liebe
und das Mitgefühl für seinen Baby-Anteil, fühlte sich dieser Teil in ihm nach ein
paar weiteren Durchgängen immer sicherer, wodurch die Angst sichtlich abnahm.
Nach einem Monat berichtete Nils, dass er bei einem Grossanlas zwar kurz an
die frische Luft musste, Schwindelgefühle und Panikattacken jedoch ausblieben.
Er verstand nun, dass dieser Baby-Anteil durch Menschenansammlungen an
den Operationssaal mit fremden Menschen erinnert wurde, welche das Trauma
und die damit verbundenen Gefühle triggerten.
Durch weitere Integrationssitzungen nahm auch die Unruhe in seinen Beinen
ab, indem er dem Baby-Anteil zeigte, dass er sie jetzt bewegen und wegrennen

konnte und die Beinchen nicht mehr ohnmächtig und schlaff herunterhängen mussten.

Halten – Heilung von Bindung bis die Liebe wieder fliesst

Das Streben nach einer sicheren Bindung zu den Eltern gehört zu den stärksten Motivationen im Leben eines Kindes. Das Fürsorgeverhalten der Eltern, welches einhergeht mit einem aktivierten neuen Vagus, ist lebensnotwendig für das Neugeborene. Wir sind «Traglinge» und darauf angewiesen, dass unsere Lebensbedürfnisse durch ein einfühlsames, angemessenes Verhalten der Eltern erkannt und zuverlässig befriedigt werden. Ist dies nicht der Fall, beginnt das autonome Nervensystem zu eskalieren und reagiert mit massiven Stressreaktionen, wie in Kapitel 2.4.3 beschrieben.

Renggli (2022) recherchierte, dass das herzzerreissende Schreien der Babys nach Trennung von der Mutter seit den Sumerern dokumentiert ist. Ab dieser Zeit trug die Mutter das Kleinkind am Tag nicht mehr auf dem Körper. Dies war vor allem in den neu entstandenen Stadtstaaten der Fall. Ab dem 13./14. Jahrhundert wurde in Europa gepredigt, dass das Baby auch in der Nacht nicht mehr bei der Mutter schlafen sollte, weil sie es erdrücken könnte. Es wurde ins Kinderzimmer verbannt und als Ersatz für den Körperkontakt mit Wickelbändern eingewickelt. Diese wurden mit dem Beginn der Industrialisierung ebenfalls abgeschafft und der Zugang zum Stillen zeitlich festgelegt.
Locke und Rousseau propagierten, die Kinder schreien zu lassen, ansonsten sie verweichlicht würden. Nach dem 2. Weltkrieg brachten 95% der Frauen ihre Kinder in Spitälern zur Welt. Das Bindungstrauma wurde nochmals verschärft, indem Mutter und Kind nach der Geburt für eine Woche getrennt waren. Seit der 68er-Bewegung tragen Mütter ihre Kinder wieder vermehrt auf dem Körper, was hoffen lässt, dass diese Form der Frühtraumatisierungen bald ein Ende finden werden. Ein Kind, welches eine gesunde Bindung zu seinen Eltern aufbauen konnte, wird diese gesunde Bindung auch an seine Kinder weitergeben. Ein Spiegel für diesen Wahnsinn fand Renggli in unzähligen Marienbildern dokumentiert, welche während des Mittelalters gemalt wurden. Diese zeigen in vielen Fällen das nackte Jesuskind auf dem Boden mit einer unbeteiligten Maria daneben. Der Ausdruck in den Augen der Babys wurde panisch, tieftraurig,

erloschen und tot dargestellt. Dies hatte natürlich nichts mehr mit der Darstellung von Maria mit dem Jesuskind zu tun, sondern spiegelte die inneren, kindlichen Anteile der Künstler.

Verlässlichkeit und einfühlsames Verhalten der Eltern bilden die Basis einer sicheren Bindung. Wenn es während der Schwangerschaft oder bei der Geburt zu Schwierigkeiten kommt, das Kind direkt nach der Geburt von seiner Mutter getrennt wird oder die Mutter nicht angemessen auf die Bedürfnisse des Kindes eingehen kann, wird die Bindung empfindlich gestört oder kann sich erst gar nicht richtig entwickeln. Dies führt beim Kind zu unterschiedlichen Bindungsstilen, welche Bowlby und Ainsworth (1972) in Experimenten insbesondere bei der Wiedervereinigung von Mutter und Kind beobachten konnten. Bei diesen Experimenten wurde die Mutter gebeten, den Raum für eine gewisse Zeit zu verlassen, wo das Kind alleine blieb. Als sie wieder kam, zeigten die Kinder unterschiedliche Verhaltenswiesen, je nach Art ihrer Bindung zur Mutter, woraus sie vier Bindungsstile herauskristallisierten:

- Bindungsstil der sicheren Bindung
- Bindungsstil der unsicher-vermeidenden Bindung
- Bindungsstil der unsicher-ambivalenten Bindung
- Bindungsstil der unsicher-desorientierten Bindung

Bindungsstil: Sicher
Sicher gebundene Kinder protestieren mit Weinen und Schreien, wenn die Mutter während des Experiments den Raum verlässt. Kehrt sie zurück, reagieren sie mit Freude und Erleichterung und vertiefen sich danach schnell wieder in ihr Spiel. Kinder, die ein sicheres Bindungsverhalten zeigen, erfuhren Verlässlichkeit und entwickelten Vertrauen zu ihren Bezugspersonen. Sie wurden mit ihren Bedürfnissen gesehen. Fühlt sich das Kind sicher, kann es sich frei entfalten und seine Umwelt erkunden.

Bindungsstil: Unsicher-vermeidend
Kinder mit einem unsicher-vermeidenden Bindungsstil spielen ungerührt weiter, wenn ihre Mutter den Raum verlässt. Sie wirken auf den ersten Blick

selbstbewusst und selbstständig, auf die Rückkehr der Mutter reagieren sie fast gleichgültig. Das Verhalten dieser Kinder zeigt wenig Kontakt zu ihr. Sie haben in den ersten Lebensmonaten die Erfahrung gemacht, dass die Eltern auf ihre Bedürfnisse nicht zuverlässig eingegangen sind. Die Kinder spalten deswegen ihre Gefühle ab oder zeigen sie nicht mehr offen. Die Folge kann ein negatives Selbstbild sein: «Ich bin es nicht wert, dass Mama mich sieht».

Bindungsstil: Unsicher-ambivalent
Kinder mit diesem Bindungsstil können sich auch nach der Rückkehr der Mutter nicht entspannen und suchen ihre Nähe oder klammern sich an sie. Es wird davon ausgegangen, dass die Reaktionen der Mutter auf die Bedürfnisse des Kindes unterschiedlich ausfielen, mal liebevoll, mal gar nicht oder sogar ablehnend. Als Folge versucht das Kind, die Trennung zu verhindern, reagiert ängstlich, passiv und verunsichert.

Bindungsstil: Unsicher-desorientiert
Diese Kinder reagieren auf die Rückkehr der Mutter nach der Trennung unberechenbar, reagieren mit Stimmungsschwankungen und können gegenüber der Mutter aggressiv werden. Ein unsicher-desorientierter Bindungsstil bildet sich, wenn die Interaktionen mit den Beziehungspersonen wiederholt schreck- und angstauslösend waren.

Die Bindungserfahrungen mit nächsten Bezugspersonen sind für das ganze Leben prägend und zeigen sich später in Paarbeziehungen sowie im Umgang mit den eigenen Kindern, wenn diese Erfahrungen nicht aufgearbeitet werden konnten. Konfliktbereitschaft oder Vermeidung hängen ebenfalls eng mit dem jeweiligen Bindungsstil zusammen, wobei nicht nur das Konfliktverhalten aussagekräftig ist, sondern insbesondere die Annäherungsphase.

Misslingt eine sichere Bindung zu den Eltern, führt dies auf Seite des Kindes oft zu Abwehr, Verweigerung, Kampf und Unlust. Das Kind fühlt sich unverstanden und blockiert die Beziehungsangebote der Eltern. Es wird «auffällig» oder «schwer erziehbar».
Negative Bindungsstile können bei Kindern dazu führen, dass sie gegenüber

Bezugspersonen ein stark ambivalentes Verhältnis zeigen oder zu ihnen überhaupt keine Beziehung mehr aufnehmen. Sie haben resigniert.

Ist die (Erst)-Bindung des Babys an die Mutter nach der Geburt nicht möglich, kann es zu Überlebensbindungen kommen, welche als Ersatz dienen. Wird die Mutter beispielsweise während der Geburt narkotisiert und das Neugeborene in den Arm des Vaters gelegt, so kann es sein, dass die (Erst)-Bindung zum Vater erfolgt. Man spricht deshalb von Vatertöchtern. Es kann aber auch sein, dass sich ein Neugeborenes an Gegenstände bindet, wenn sonst niemand da ist, beispielsweise ein Frühchen an seinen warmen Inkubator. Es sucht später nicht Trost, Schutz und Sicherheit bei den Eltern, sondern beispielsweise bei seiner flauschigen Decke. Später verkriecht es sich vielleicht unter eine warme Decke in seinem Zimmer, wenn die Überlebensbindung nicht aufgelöst werden kann. Die erste Bindung direkt nach der Geburt ist sehr stark durch Überlebensbedürfnisse geprägt und hat mit Liebe nicht viel zu tun. Ohne diese Bindung könnte das Baby nicht überleben. Es tut deshalb alles, um diese Bindung aufrechtzuerhalten und sucht danach auch später zur Regulation seines Nervensystems. Auch wenn diese erste Bindung für uns negative Auswirkungen hatte, weil die Eltern nicht auf unsere Bedürfnisse eingehen konnten, halten wir später an diesen Bindungsstilen fest. Weil sie mit Überlebensbedürfnissen gekoppelt wurden, kann eine Verabschiedung von diesen Mustern lebensbedrohlich wirken.

Durch die Haltetherapie von Prekop (1988; Prekop & Hellinger, 1998) können gestörte Bindungen wieder in Fluss gebracht werden. Voraussetzung ist, dass die Mutter (der Vater) mit therapeutischer Unterstützung ganz auf die Bedürfnisse des Kindes eingehen kann.
Bei der Haltetherapie hält die Mutter oder der Vater das Kind in enger Umarmung, bis alle Gefühle ausgedrückt werden konnten, die Liebe wieder fliesst und eine Versöhnung stattfindet. Wichtig ist, dass beide Eltern mit dieser Methode einverstanden sind. Idealerweise haben sie die Haltetherapie bereits an sich selbst erfahren (s. weiter unten *Aussöhnungstherapie*).

Das Kind wird zum Halten eingeladen. Bei grösseren Kindern geschieht dies durch das Klären des Anliegens zwischen dem haltenden Elternteil und dem

Kind, wobei es nicht um eine Erziehungsmassnahme geht, sondern um die Erneuerung der Bindung und der Liebe. Kleinere Kinder werden spielerisch auf das Halten eingestimmt, wobei die Eltern entsprechend angeleitet werden. Dabei wird auf die Körpersprache des Kindes eingegangen und seine Grenzen feinfühlig respektiert, beispielsweise wenn es ängstliche Augen bekommt oder sich sein Rücken abwehrend durchzubiegen beginnt. Ist dies der Fall, gehen die Eltern empathisch darauf ein. Oft sind die Kinder dann bereit, sich halten zu lassen. Falls nicht, kann mit den Eltern herausgearbeitet werden, was sie sonst für die Bindung zu ihrem Kind tun können. Oft unterstützen dabei Aufstellungen (s. Kapitel 4.1.2).

Die innige Umarmung bietet die Chance einer direkten emotionalen Konfrontation zwischen Eltern und Kind, bis es alle Gefühle ausgedrückt hat und eine Versöhnung stattfinden kann. Der nahe Kontakt ermöglicht es dem Kind, sich tiefer wahrzunehmen und zu erfahren, dass es jetzt den verdrängten Groll und sein Leid ausdrücken darf. Die Eltern spiegeln die Gefühle und emotional stark geladenen Aussagen ihres Kindes und hören mit dem ganzen Wesen zu. Bei den Gefühlsäusserungen haben Schreien und Weinen Vorrang. Die Wut muss manchmal hinausgeschrien werden, damit das Herz die Trauer und die Sehnsucht nach der Liebe zulassen kann. Die verbalen Äusserungen sind dabei zweitrangig. Wenn Kinder in ihrer Wut Schimpfworte gebrauchen und die Eltern anschuldigen, unterstützt der/die Therapeut/in die Kinder dabei, diese in Ich-Botschaften umzuwandeln im Sinne von «ich bin so wütend» oder «ich habe dich so sehr vermisst».
Je öfter sich die Eltern in ihr Kind einfühlen können, ihnen dieser Perspektivenwechsel gelingt, desto sicherer und verbundener fühlen sie sich auch mit sich selbst. Denn dadurch aktiviert sich der neue Vagus sowohl bei den Eltern als auch bei ihrem Kind, wobei die Nervensysteme durch den Prozess zunehmend reguliert werden (s. Kapitel 4.1.8). Die Bindung wird erneuert und der direkte, tiefgehende emotionale Kontakt heilt den erlittenen Schaden.

Das Wiedererleben einer traumatischen Geburt kann ebenfalls in den Armen der Mutter durchgeführt werden. War die Geburt des Kindes für die Mutter ebenfalls traumatisch, ist es empfehlenswert, wenn sie diese zuerst für sich selbst verarbeitet, damit sie während dem Halten ganz bei den Gefühlen ihres Kindes bleiben kann.

Durch die Verarbeitung der traumatischen Gefühle wird der Bindungsunterbruch geheilt. Dabei wird die Zeit während der Schwangerschaft ebenfalls einbezogen, wenn es hier zu schwierigen Vorfällen kam. Das Kind merkt sofort, wenn es mit seinem Schrei und Schmerz das Wesen und das Herz der Mutter erreicht. Die Mutter ihrerseits braucht lediglich punktuelle Hinweise, damit sie sich dem Kind empathisch zuwenden kann.

Auch Emerson (1996) entwickelte spezifische Methoden für Säuglinge und Kinder, damit sie ihre traumatischen Geburten verarbeiten können, wie beispielsweise sehr leichte, einfühlsame Massagen, um die schwierigen Gefühle während der Schwangerschaft oder der Geburt durch leichten Druck anzuregen, damit sie verarbeitet werden können.

Als Luca mit drei Monaten in den Armen seiner Mutter zum ersten Mal in die Praxis kam, begrüsste er mit heller Begeisterung die leuchtende Lampe. Sonst existierte nichts mehr rund um ihn. Er wirkte wie ein geladenes Energiebündel, seine Fäustchen drehten sich wie kleine Propellerchen. Mit glänzenden Augen war sein ganzes Streben auf die Lampe gerichtet. Laut dem verzweifelten Bericht seiner Mutter lief das Ganze zu Hause genauso ab. Ohne Lampe schrie er wie am Spiess, sah die Mutter nicht und sie konnte ihn und sich nur noch beim Stillen beruhigen. Sie war am Ende, verzweifelt, nahe einer Depression und die Freude am Kind verflogen. Medizinisch konnte bei Luca nichts gefunden werden. Das Halten hatte sie bereits selbst kennengelernt.

Die Geburt von Luca war für beide katastrophal. Luca litt unter Sauerstoffmangel und wurde getrennt von seiner Mama in ein anderes Spital verlegt. In Spitälern gibt es bekanntlich viele Lampen und eine von diesen hatte es Luca wohl besonders angetan, sie wurde zu seiner «Überlebensbindung». Danach benötigte er seine Mama nicht mehr, höchstens noch ihre Brust, aus welcher die ihm bekannte Milch floss.

In einem bequemen Sessel nahm die Mutter Luca in ihre Arme und folgte den Anleitungen. Die Bemerkung, sie wäre eine gute, mutige Mama, sich auf einen solchen Prozess einzulassen, trieb ihr die Tränen in die Augen. Sie konnten endlich fliessen, was bis jetzt nicht möglich war. Ihr forschender Blick traf

Luca, denn dieser wurde dadurch ruhiger: ein neues unbekanntes Gefühl zwischen den beiden. Im Halteprozess wird diese Befindlichkeit «die Stille vor dem Sturm» genannt, denn Luca wollte jetzt weg von der Lampe und hin zu seiner Mutter zurückgeholt werden. Er zeigte seine ganze Verzweiflung und Angst, die er alleine, ohne seine Mama im Spital gespeichert hatte. Er stemmte sein Körperchen weg von ihr und drückte den Kopf nach hinten. Sein Blick war voller Verzweiflung, weil er von hier aus die Lampe nicht sehen konnte. Die Mutter erfasste seine Verzweiflung und übernahm die angeleiteten beruhigenden, tröstenden Worte. Erneut wurde Entspannung zwischen den beiden möglich und wie nach einem heftigen Gewitter beruhigte sich die Lage.

Durch die Zuwendung seiner Mama gewann Luca Sicherheit, worauf sich ein Wutschrei aus seiner Brust löste. Die Mutter, erneut von so intensiven Gefühlen überrumpelt, brauchte erneut Anleitung. Wut als Kraft zu sehen war ihr neu, wobei Babys nur kraftvollen Müttern diese Wut schenken.

Sie vertraute der Anleitung, sah die vor Wut blitzenden Augen, lernte, die Wut bei Luca zu lassen und sich dadurch nicht einschüchtern zulassen. Luca schrie jetzt in den sicheren Armen seiner Mama lauthals los und befreite sich dadurch von der angestauten Verzweiflung, der Angst und der Wut. Sein versteiftes, zusammengehaltenes Körperchen wurde zunehmend weicher. Die Lage entspannte sich erneut. Beide müde von den überwältigenden Gefühlen, lehnte sich die Mutter im Stuhl zurück, Luca selig in ihren Armen. An diesem Punkt wird der Augenkontakt zentral, in eigenen Worten genannt «Seelenkompass». Die Mutter wurde deshalb angeleitet, das Gesicht von Luca ihrem zuzuwenden. Denn er hing mit etwas abgewendetem Gesicht und nach innen gerichteten Augen in ihrem Arm. Unter leisem Protest, was die entschlossene Handbewegung seiner Mutter jedoch nicht stoppte, gelang ihnen die segensreiche Hinbewegung. Still lösten sich Tränen aus den Augen der Mutter, denn Luca schaute sie jetzt mit weit offenen, glänzenden Augen an. Er bestaunte seine Mama und die Liebe begann zu fliessen, das erste Mal, wie sie unter Tränen sagte. «Jetzt habe ich Luca gerade geboren». Unermessliche Freude breitete sich aus und erfüllte den Raum.

Haltetherapie ist auch mit Erwachsenen möglich, wobei diese dann *Aussöhnungstherapie* genannt wird. In diesem Fall stellen sich die Teilnehmenden ihre Mutter oder ihren Vater vor, während sie von jemandem (beispielsweise Mann/Frau/Freundin/Freund) gehalten werden.

Die Konfrontation mit dem bildhaft vorgestellten Elternteil wird von der Therapeutin oder dem Therapeuten in drei aufeinander folgenden Schritten angeleitet. Dabei werden im ersten Schritt alle auftauchenden Gefühle in enger Umarmung ausgedrückt, bevor die nächsten folgen:

- Schritt 1: Hinführung in die Kindheit der Klientin/des Klienten
- Schritt 2: Bildhaftes Erleben der Kindheit eines Elternteils
- Schritt 3: Vorstellen einer lösenden Beziehung zwischen Eltern und erwachsenem Kind, in der Eltern geben und Kinder nehmen.

Durch diesen Prozess nimmt die Empathie sowohl für sich selbst als auch den Eltern gegenüber zu, was einen liebevolleren Kontakt ermöglicht.

4.1.5 Verlusttrauma: Zeit für Trauer

Haben Kinder sehr früh einen Elternteil verloren, konnten sie dies normalerweise in der Kindheit psychisch nicht verarbeiten und die überwältigenden Gefühle mussten abgespalten werden, wie in Kapitel 2.4.4 beschrieben.

In einem Fall konnte ein Mann keine intime, emotionale Beziehung eingehen, weil er aufgrund des frühen Verlustes seiner Mutter einen Überlebensanteil entwickelt hatte, welcher sich nur auf oberflächliche Beziehungen einliess. Dies reichte ihm jedoch nach Jahren nicht mehr. Es wurde öde und langweilig. Mit Hilfe einer Aufstellung gelang es, einen Zugang zu seinem Verlust-Trauma zu schaffen, indem Stellvertretende für den Erwachsenen, , den Kinder-Anteil, den Überlebensanteil und die Mutter aufgestellt wurden. Dadurch fühlte er zum ersten Mal seinen immensen Verlustschmerz, welcher bei seinem Kindheitsanteil begraben war.
Danach wurde mit der Lifespan-Methode weitergearbeitet, bis dieser Kinderanteil alle Gefühle ausdrücken, der Verlust gewürdigt und ganz verarbeitet werden konnte. Sein Überlebensanteil verstand im Verlauf der Verarbeitung, dass diese Gefühle zwar sehr schmerzhaft sind, aber jetzt das Überleben des

Kindes nicht mehr gefährden können, weil es ja mittlerweile zum Erwachsenen geworden ist. Sein Überlebensanteil willigte deshalb ein, sich bei der nächsten Beziehung tiefer einzulassen.

In einem anderen Fall verlor eine werdende Mutter ihr Kind im neunten Monat. Sie musste es tot gebären. Nach mehreren Wochen kam sie auf den Rat eines Bekannten in die Beratung, weil sie vollkommen teilnahmslos war. Sie hatte bereits ein Kind und der Vater wusste auch nicht, wie er damit umgehen sollte.

Als sie kam, war sie noch im Schock. Sehr behutsam lösten wir diesen Schritt für Schritt, indem wir mehrmals chronologisch durch das Verlustereignis hindurch gingen. Dabei konnten sich Gefühle von Entsetzen, eiskalter Angst und Schuld langsam lösen. Erst danach zeigte sich die Trauer nach und nach in dem Masse, wie sie diese aushalten konnte:

«Ich war innerlich wie tot, funktionierte im Alltag. Ich sah, dass mein erstes Kind mich brauchte, war aber unfähig, darauf emotional zu reagieren. Durch die Verarbeitung des Schocks konnte ich wieder fühlen, obwohl das Durcheinander von Gefühlen kaum aushaltbar war, machte ich mir enorme Selbstvorwürfe, weil ich nicht oder zu wenig merkte, dass es meinem Kind in meinem Bauch so schlecht ging. Es brauchte lange, bis ich den Verlust meines zweiten Kindes überhaupt betrauern konnte, haderte mit dem Schicksal und empfand alles als sinnlos. Dadurch, dass die Gefühle da sein konnten, durch die Gespräche einen Raum hatten, wurden sie über die Monate erträglicher. Mit der Zeit realisierte ich, dass ich im Alltag nicht mehr jede Minute an mein verlorenes Kind dachte, fühlte mich deswegen aber gleich wieder schuldig. Auf die Anregung meiner Therapeutin schaffte ich mir auch zu Hause zeitliche Inseln, während derer ich mich ganz meinen Gefühlen und meinem verlorenen Kind hingeben konnte.

Als die Trauer etwas nachliess, ich etwas mehr Distanz zu diesem Verlust hatte, konnte ich die Seele meiner kleinen Tochter fühlen und die Liebe zu ihr. Trauer wandelte sich in Liebe. Durch sie lernte ich, viel tiefer zu empfinden und zu fühlen und mit der Zeit konnte ich auch ihren Weg und ihr Schicksal akzeptieren. Ich bin sehr dankbar, dass ich diesen Weg der Verarbeitung gehen konnte, fühlen kann und den Schmerz nicht in mir begraben habe.»

Die Verarbeitung eines Verlustes von nahestehenden Menschen braucht Zeit. Deshalb sprach man früher auch von einem Trauerjahr. Oft braucht es länger, was nicht heisst, dass der Schmerz nach einem Jahr immer noch so intensiv ist wie am Anfang.

Wie in Kapitel 2.4.4 beschrieben, wurden Trauerphasen in den Diagnosemanuals laufend verkürzt und pathologisiert. Im Diagnosemanual DSM-3 war Trauer ein Ausschlusskriterium für die Diagnose einer Depression, gemäss DSM-4 durfte nur noch zwei Monate nach einem Verlust von nahestehenden Menschen getrauert werden, bevor eine Depression diagnostiziert werden konnte und im DSM-5 war Trauer gar kein Ausschlusskriterium mehr. Das heisst, dass zwei Wochen nach schweren Verlusten bereits eine Depression diagnostiziert werden kann (Wagner, 2016; Falkai & Wittchen, 2015). Im Diagnosemanual ICD-11 gibt es eine Kategorie für eine anhaltende komplexe Trauerstörung. Diese darf jetzt immerhin mindestens sechs Monate andauern, bevor eine Depression diagnostiziert werden kann. Ein Wahnsinn. Trauer braucht Raum und Zeit, um verarbeitet werden zu können.

Werden Verluste nicht betrauert, erhalten früh verstorbene Kinder oft keinen Platz in der Familie. Sie fehlen und werden von Nachkommen vertreten, was durch Aufstellungen sichtbar wird. Diese können deshalb ihr eigenes Leben nicht richtig leben, was zu weiterem Leid führt. Es ist deswegen wichtig, dass Verstorbene einen Platz in der Familie und den Herzen bekommen und in der Geschwisterreihe mitgezählt werden.

Schuldgefühle spielen bei einem plötzlichen Verlust immer eine Rolle. Diese vermitteln nach dem ersten Schock einen gewissen Schutz gegen Ohnmacht und Kontrollverlust, weil sie das Gefühl erzeugen, man hätte etwas gegen das Schicksal ausrichten können.

Verliert man einen nahestehenden Menschen durch Suizid, steigern sich diese Schuldgefühle oft ins Unermessliche. Man hätte es doch verhindern und die Zeichen ernst nehmen müssen. Diese Schuldgefühle brauchen zuerst Raum und müssen anerkannt werden, bevor überhaupt getrauert werden kann. Oft gibt es eine gewisse Erleichterung, wenn man erfährt, dass man mit diesen unerträglichen Schuldgefühlen nicht alleine ist und dies anderen mit dem gleichen Schicksal ähnlich ergeht.

Zu Verlusten kann es bereits im Bauch der Mutter kommen, ohne dass sie davon etwas mitbekommt. Es kommt immer wieder mal vor, dass da noch ein Zwilling wäre, welcher nicht überlebte:

«Schwebende, angenehme Wärme, ein Rauschen wie ein lauer Wind. Ich wusste, ich war nicht allein. Da war noch jemand anderes. Aus der Dunkelheit näherte sich jemand Ähnliches wie ich in meiner Blase. Es war ein Er. Er bewegte sich in seiner Blase wie ich mich bewegte, hingegeben an das Rauschen. Ich hatte eine ganz tiefe Freude an ihm, wie er so neben mir mitrauschte, sich drehte, ein Genuss, ihm zuzuschauen.

Bei mir blieb es irgendwie heller. Dieses Helle wurde umfassender. Eine innere Unruhe erfasste mich, wo war er? Hatte ich geschlafen? Er blieb kleiner und seine Bewegungen wurden langsamer. Entsetzen – ich konnte nichts tun, bewegte mich in meiner Blase wie wild, klopfte, strampelte und versuchte, meine Blase zu durchdringen, sie zu seiner hinzubewegen, um mich ihm anzuschliessen. Was auch immer ich tat, es blieb ohne Erfolg.

Ich sah, wie seine Blase schlaffer wurde und seine Bewegungen weniger. Seine Blase sah wie ein schrumpelnder Ballon aus und behinderte ihn ganz sicher in seinen Bewegungen. Ich blähte mich auf und hoffte, dies würde ihm helfen. Voller Verzweiflung sah ich, wie er immer weniger und weniger wurde. Ich wollte aus meiner Blase raus, wollte ihm helfen!

Alles umsonst. Er wurde von einem Wirbel ergriffen, wie bei einer Badewanne, wenn sich das Wasser immer schneller um den Abfluss dreht. Ohnmacht, Verzweiflung, Schreck – er ist gegangen! Es wurde dunkel. Wo er war, ein schwarzes Loch. In mir waren Aufruhr, Angst und Tränen. Ich starrte in dieses grosse, schwarze, bodenlose Loch und misstraute plötzlich der umhüllenden Wärme…

Es war vorbei! Diese Gewissheit hinterliess einen Abgrund von tiefem Schmerz. Ich fühlte mich verurteilt, in dieser Wärme zu bleiben, der ich fortan nicht mehr traute. Es blieb tiefe Sehnsucht, Schuld und ein Gefühl von Ausgeliefertsein, ohne Abschied, ohne Hoffnung – allein.

Bis zur Aufarbeitung dieses Verlustes fühlte sich ein Abschied von nahestehenden Menschen immer an, als ginge es um Leben und Tod. Also vermied ich endgültige Abschiede, blieb allzu lange in toxischen Beziehungen und flüchtete mich in Illusionen. Dort war der Schmerz, die Sehnsucht, die Trauer

erträglicher, wobei mich französische Lieder trösteten, in denen Schmerz, Me-
lancholie mit Schwärmerei verschmolz: Dire adieu, c'est toujours mourir un
peu.»

4.1.6   Einzeltrauma: Aktives Wiedererleben

Wie bei einem Entwicklungstrauma fällt man auch durch ein einzelnes Trauma
aus dem Kontakt mit sich selbst und anderen. Nach der Verarbeitung des Traumas kommt die Beziehungsfähigkeit jedoch in der Regel schnell wieder zurück.
Dies im Unterschied zu einem Entwicklungstrauma, bei welchem sich diese
noch gar nicht richtig entwickeln konnte. Deshalb dauert die Aufarbeitung eines
Entwicklungstraumas viel länger, weil zuerst das Vertrauen zu einem Gegenüber als Basis für die Verarbeitung aufgebaut werden muss.

Wie bereits erwähnt, entwickelte Petri (1996) zur Verarbeitung traumatischer
Geburten und anderer traumatisierender Erlebnisse die Methode des aktiven Wiedererlebens, ausgehend von Flashbacks, von einem unwillkürlichen
Wiedererleben eines Traumas. Bei dieser Methode geht man Schritt für Schritt
chronologisch solange durch das traumatische Erlebnis hindurch, bis sich alle
Körperreaktionen, Gefühle und Glaubenssätze lösen können und das Ereignis
als vergangen abgespeichert werden kann. Zu Beginn sucht der/die Klient/
in eine Stelle im Körper, welche sich sicher anfühlt und zu welcher immer
zurückgekehrt werden kann, wenn die Gefühle oder Körperempfindungen nicht
aushaltbar werden.

Beim ersten Durchgang wird der Ablauf des Ereignisses zusammen mit den
Klienten/innen zeitlich chronologisch erarbeitet, wobei der/die Therapeut/
in die einzelnen Schritte schriftlich festhält. Wenn die Gefühle oder Körperempfindungen zu intensiv werden, wird die Erzählung unterbrochen und die
Orientierung im Hier und Jetzt unterstützt. Das Ziel beim ersten Durchgang
ist noch nicht das Verarbeiten der Traumareaktionen, sondern die Erarbeitung
einer Grundlage, damit das Ereignis zunehmend als vergangen abgespeichert
werden kann. Wenn die Geschichte aufgenommen worden ist, wird sie den
Klienten/innen Schritt für Schritt erzählt, welche dabei die Augen geschlossen

haben. Wenn es ihnen zu viel wird, können sie die Augen jederzeit öffnen und sich auf die Stelle im Körper konzentrieren, welche sich sicher anfühlt. Der erste Durchgang ist in der Regel nicht so emotional, weil die Erstarrung, der Schock noch nicht gelöst ist. Für die Verarbeitung des Traumas ist es zentral, den Schock lösen zu können. Mit der Zeit bekommt man ein Gefühl dafür, wo dieser im Verlauf der traumatischen Situation eingefahren ist. Löst sich die Erstarrung, resp. der Schock, zeigen sich weitere mit dem Trauma verbundene Gefühle, Körperreaktionen und Glaubenssätze. Es ist wichtig, dass sich diese alle zeigen und lösen können. Oft entstehen Glaubenssätze wie «das ist das Ende», «da komme ich nicht mehr heil raus» oder «jetzt ist alles aus». Diese werden nach dem Trauma oft unbewusst auf den Alltag übertragen, indem beispielsweise eine Prüfung oder ein Projektabschluss zum Überlebenskampf mit Erschöpfungssymptomen wird oder kurz vor dem Abschluss plötzlich aufgegeben wird, weil ohnehin alles zu Ende ist.

Bei den wiederholten Durchgängen zeigt sich, wo das Nervensystem festhängt, wobei diese Sequenzen des Ereignisses besonders viel Aufmerksamkeit erhalten.

Am Schluss einer Sitzung sollten sich die Betroffenen immer in Sicherheit fühlen, sonst müsste ein weiterer Durchgang angehängt werden. Deshalb ist es ratsam, genügend Zeit einzuplanen. Das Ereignis ist enttraumatisiert, wenn es für die Betroffenen zwar noch eine Erinnerung ist, aber damit keine traumatischen Gefühle, Körperempfindungen oder Glaubenssätze mehr verbunden sind. In der Regel braucht dies zwei bis drei Sitzungen mit ungefähr drei Durchgängen. Dabei spielt es keine Rolle, ob das Ereignis erst kürzlich geschehen ist oder bereits viele Jahre zurückliegt. Das aktive Wiedererleben kann wie bei einem Lifespan mit einer Zeitlinie bis in die Gegenwart ergänzt werden. Diese unterstützt dabei, das Ereignis als vergangen abzuspeichern.

Eine junge Frau kam mit posttraumatischen Belastungssymptomen nach einem Überfall, welchen sie während einer Reise vor ein paar Monaten erlebt hatte. Lia hatte Schlafstörungen und Ängste in der Nacht, war sehr schreckhaft, konnte sich in den Vorlesungen nicht mehr konzentrieren und fühlte sich immer öfters niedergeschlagen, erschöpft und hoffnungslos. Deshalb suchte sie Unterstützung.

Im Januar reiste Lia mit einer Gruppe für mehrere Wochen nach Südamerika. Nach etwa zwei Wochen traf sie sich an einem Abend mit einem Bekannten, welchen sie vor einem Jahr an der Uni kennengelernt hatte. Sie wollten zusammen in einer Bar etwas trinken und tanzen. Ihr Bekannter brachte ein befreundetes Paar mit und gemeinsam fuhren sie mit einem offenen, kleinen Elektrowagen in eine etwas abgelegene Bar. Auf dem Weg dorthin wurde plötzlich aus dem Hinterhalt auf sie geschossen. Die Frau des Paares fiel blutend auf Lia, welche gerade etwas vom Boden aufheben wollte. Ihr Partner stürzte getroffen vom Wagen. Panisch fuhr ihr Bekannter weiter, bis er irgendwo den Wagen abstellte und sie zu Fuss weiterflohen. Die Frau war mittlerweile tot. Nachträglich stellte sich heraus, dass das Paar in Drogengeschäfte verwickelt und dies wohl ein Racheakt war.

Es brauchte drei Sitzungen mit zwei bis drei Durchgängen, bis Lia wieder ruhig schlafen konnte und sich kein posttraumatisches Symptom mehr zeigte. Sie war sehr erleichtert, dass sie den Vorlesungen anschliessend wieder ohne Mühe folgen konnte.

4.1.7 Trauma aus Vorleben: Schamanische Reisen

Wie bereits beschrieben, können sich bei der Verarbeitung von Traumatisierungen Erfahrungen aus früheren Leben zeigen, welche mit aktuellen Problemen verbunden sind. Durch schamanische Reisen können diese Erfahrungen eingehender erforscht werden.

Nach der Klärung des Anliegens eines/r Klienten/in wird mit Hilfe einer schamanischen Reise nach Informationen für das Problem gesucht. Begleitet durch Trommeln, lässt man sich mit Hilfe der geistigen Welt sowie eigener Krafttiere zu den Wurzeln des Anliegens führen (Ingermann, 2004). Wie man Krafttiere findet, s. weiter unten (Fetzner, 2019; Meyer, 2023). Die Informationen kommen in Worten und Bildern, normalerweise kurz und prägnant. Während einer schamanischen Reise nimmt man zwischendurch Rücksprache mit dem/der Klienten/in, ob er/sie einen Bezug zu den Informationen herstellen kann. Dies ist in der Regel der Fall. Nach einer schamanischen Reise wird erzählt, was man erlebt hat und welche Informationen sich daraus ergeben. Hier braucht es viel Einfühlungsvermögen, weil das Erfahrene oft mit traumatischen Erlebnissen aus Vorleben zu tun hat. Anschliessend werden diese Informationen auf das Anliegen bezogen, wobei vieles klar wird und einen tieferen Sinn ergibt.

Normalerweise ist ein Nachgespräch hilfreich, welches Fragen klärt und Zusammenhänge mit dem Anliegen weiter verarbeitet werden können.

Da die Themen in vielen Fällen einen Bezug zu früheren Leben haben oder zu den Ahnenlinien der Eltern führen, lassen sich schamanische Reisen gut mit Aufstellungen kombinieren (s. Kapitel 4.1.2).

Da kam eine Klientin, weil sie und ihr Mann sich von Herzen ein Kind wünschten. Dieser Wunsch ging leider nicht in Erfüllung, obwohl im Hinblick auf medizinische Abklärungen bei beiden alles in Ordnung war. Kerstin versuchte schon so vieles und war total verzweifelt.

Durch eine schamanische Reise zeigte sich, dass sie als afrikanisches Mädchen in einem früheren Leben ohne Betäubung beschnitten wurde. Sie starb an Blutverlust und schlechter Wundheilung. Schon damals wünschte sie sich bereits als kleines Mädchen Kinder. Dieser Wunsch ging durch den frühzeitigen Tod jedoch nicht in Erfüllung. Der Kinderwunsch im aktuellen Leben war tief mit dieser traumatischen Erfahrung gekoppelt und blockierte dadurch den Fluss des Lebens. Nachdem die damit verbundenen Glaubenssätze bearbeitet und aufgelöst werden konnten, wurde Kerstin zwei Monate danach schwanger und gebar nach neun Monaten ein wunderschönes, gesundes Mädchen.

Nachfolgend ein weiteres Beispiel, bei welchem der Einbezug eines früheren Lebens für die Lösung ebenfalls wichtig war:

«Ich hatte seit Jahren immer wieder über längere Zeit eine sogenannte Psoriasis an den Handinnenflächen. Sie waren oft so sehr entzündet, dass ich nichts mehr anfassen konnte. Als ich die 5BN kennenlernte, gaben mir diese Hinweise auf Trennungskonflikte. Psoriasis ist schwieriger aufzulösen, da oft gleichzeitig zwei Trennungskonflikte in unterschiedlichen Phasen aktiv sind. Es gelang mir, einen schwerwiegenden Trennungskonflikt zu lösen, einen zweiten fand ich aber in meinem aktuellen Leben nicht. Durch die beginnende Heilung konnte ich in der Nacht regelrecht mitverfolgen, wie sich die Handinnenflächen zunehmend

schmerzhaft röteten und sich überall Blasen bildeten, auch grössere. Obwohl dies zwar sehr unangenehm war, hätte ich mit dem Wissen, dass es sich um Regenerationssymptome handelte, eigentlich erleichtert sein müssen. Doch ich fühlte mich zutiefst niedergeschlagen und ohnmächtig.

Deshalb unternahm ich am nächsten Tag eine schamanische Reise in ein früheres Leben und fand dort einen kleinen Jungen, der eine Mutter hatte, welche seine Hände jedes Mal auf heisse Platten presste, wenn er etwas machte, was der Mutter nicht passte. Dabei entstanden grosse Brandblasen. Der Junge versuchte verzweifelt, sich von der Brandquelle zu befreien (zu trennen).

Das Gefühl der Ohnmacht und Niedergeschlagenheit machte jetzt total Sinn, denn hier fand sich der zweite Trennungskonflikt (von etwas getrennt sein wollen, s. Kapitel 3.4.4). Kam der erste Trennungskonflikt in Heilung, waren die Bläschen, die sich bei der Heilung bildeten und ähnlich aussahen wie Brandblasen, die Schiene/der Trigger für den zweiten noch nicht gelösten Konflikt. Anschliessend wurde die Haut wieder rissig und rau, ein Zeichen für die konfliktaktive Phase, wobei es Wochen und sogar Monate dauerte, bis sich die Hände wieder erholten.

Nachdem ich diesen kleinen Jungen in mir befreit und auch betrauert hatte, heilten meine Handinnenflächen innerhalb von einigen Tagen ab.»

Schamanische Reisen können auch selbst durchgeführt werden. Wie dies gemacht werden kann, zeigt die Anleitung weiter unten, welche sich auf die Seneca-Indianer stützt (Fetzner, 2019).

Anliegen und Fragen können Krafttieren und geistigen Führern/Führerinnen direkt gestellt werden, um dadurch Einsichten und Lösungen zu erhalten. Dazu nimmt man sich ca. eine halbe Stunde Zeit und beginnt mit ein paar tiefen Atemzügen, um mehr Sauerstoff aufzunehmen. Dies erleichtert die Konzentration und macht wach.

Reise zu den Krafttieren:
- Setze dich an einem Ort, wo du dich wohlfühlst. Achte auf eine gerade Haltung der Wirbelsäule.
- Formuliere dein Anliegen.
- Atme mehrmals tief und schliesse deine Augen.

- Du siehst mit inneren Augen. Die Sicht ist unbegrenzt. Vertraue dem, was du siehst, hörst, riechst, schmeckst oder fühlst. Es ist genau richtig.
- Nimm sieben grosse Steine vor dir wahr, auf denen du stehen kannst. Mit einem Schritt kannst du jeweils den nächsten erreichen. Sie fühlen sich warm und angenehm an, auf deiner Haut nimmst du einen wohligen, leichten Wind wahr.
- Stelle dich auf jeden der sieben Steine und lausche, was sie dir mitzuteilen haben. Nimm mit all deinen Sinnen wahr und spüre die Ruhe, die sich in dir ausbreitet.
- Auf dem siebten Stein bitte die geistige Welt, dich in die Unterwelt, die Krafttierwelt (nicht zu verwechseln mit der Hölle) zu begleiten. Vielleicht siehst du Hilfsmittel wie Seile, Lianen, Leitern, etc., um in die Krafttierwelt zu gelangen.
- Wenn du dort angekommen bist, nimm dir Zeit, schau dich um. Vielleicht siehst du verschiedene Kraft- oder Fabeltiere, vielleicht nur eines. Lass die Tiere auf dich wirken und beobachte einfach in Ruhe, zu welchem du dich hingezogen fühlst. Vielleicht kommt auch eines spontan auf dich zu, winkt oder blinzelt. Wenn du dein Krafttier gefunden hast, frage es, ob es einverstanden ist, mit dir zu arbeiten. Krafttiere sind eigentlich immer einverstanden und freuen sich darüber.
- Formuliere dein Anliegen und frage dein Krafttier, wie es dich unterstützen kann.
- Bedanke dich bei deinem Krafttier (später können weitere folgen), und sag ihm, dass du wieder kommst, einfach so oder weil du eine Frage, ein Anliegen hast.
- Verabschiede dich und gehe den gleichen Weg nach oben, wie du vorher nach unten gekommen bist. Stelle dich auf den siebten Stein, bedanke dich bei der geistigen Welt und gehe zurück bis auf den ersten, dann zurück zum Ausgangspunkt, wo du dich wieder hinsetzt. Atme mindestens dreimal tief in Lunge und Bauch. Öffne deine Augen und schreibe auf, was dir dein Krafttier gesagt hat.

Beispielsweise fand Julia als Krafttier einen Grünspecht, der ihr sagte, er würde so lange an ihr Herz pochen, bis es sich wieder öffnet. Oder in einem anderen Fall zeigte sich eine violette Spinne, welche Simon bei der Vernetzung mit anderen unterstützen wollte, weil es ihm schwerfiel, auf Leute zuzugehen, um sein Projekt bekannt zu machen.

Krafttiere werden dadurch zu wertvollen, inneren Ressourcen.
Es ist empfehlenswert, sich bei der ersten schamanischen Reise durch eine Fachperson begleiten zu lassen, damit die gemachten Erfahrungen mit den aktuellen Belastungen verbunden werden können.

4.1.8 Förderung der Affektregulation durch Beziehung

Die Methode des Ehrlichen Mitteilens (EM) wurde von Gopal Norbert Klein (2022) entwickelt und basiert direkt auf der *Polyvagal Theorie* von Porges. Sie macht sich den Mechanismus der *Neurozeption* zu Nutze (s. Kapitel 2.7). Die verschiedenen Systeme des vegetativen Nervensystems sind hierarchisch organisiert. Bei Lebensgefahr kommt der alte Vagus zum Zug, bei Gefahr der Sympathikus, bei einer sicheren Umgebung wird der neue Vagus aktiv. Der neue Vagus kann gezielt durch einfühlsame Beziehungen aktiviert und dadurch die Verteidigungssysteme beruhigt werden. Ist der neue Vagus aktiviert, vermittelt dies einen neurophysiologisch fundierten Sicherheitszustand. Der Ressourcenverbrauch wird verringert und der Zugang zu Gesundheit, Genesung, Entwicklung, Freude, Offenheit und Kreativität gefördert.
Basis für EM ist der *Bodyscan*, welcher Teil der Vipassana-Meditation ist (Goenka, 2009). Vipassana heisst Erkenntnis.
Der *Bodyscan* ermöglicht Einsicht in die Vergänglichkeit unseres Daseins, indem einerseits Körperempfindungen und deren Vergänglichkeit beobachtet werden. Andererseits ermöglicht die Beobachtung von Körperempfindungen, Gefühlen und Gedanken die Einsicht, dass wir nicht unsere Empfindungen, Gefühle und Gedanken sind, sonst könnten wir diese nicht beobachten.
Durch Kabat-Zinn (1999) wurde der *Bodyscan* einer breiteren Öffentlichkeit zugänglich, weil er ein wichtiger Bestandteil in seinem Modell des *Mindfullness Based Stress Reduction (MBSR)* ist.

Im EM werden die Körperempfindungen, Gefühle und Gedanken nicht alleine auf einem Meditationskissen beobachtet, sondern einem Gegenüber oder einer Gruppe mitgeteilt. Abwechslungsweise haben die Teilnehmenden mehrmals ca. fünf Minuten Redezeit, um sich in Ruhe mitteilen zu können. Das Gegenüber oder die Gruppe hört dabei achtsam zu.

Oft bleiben wir in der Kommunikation nur sehr oberflächlich, ziehen uns zurück oder greifen das Gegenüber an, anstatt mittzuteilen, was wirklich in uns vorgeht. Im Gegensatz dazu aktiviert ein echter, authentischer Kontakt sehr schnell den neuen Vagus. Dadurch beruhigen sich die Verteidigungssysteme (alter Vagus und Sympathikus), wodurch wir uns im Kontakt entspannen können.

Abbildung 9: Neuer Vagus

Zur Unterstützung der Kommunikation der Körperempfindungen, Gefühle und Gedanken werden bestimmte Satzanfänge vorgegeben (s. Tabelle 6). Zu Beginn wirken die vorgegebenen Satzanfänge etwas seltsam, unterstützen jedoch dabei, die jeweilige Ebene zu benennen, ohne sich im Geschichtenerzählen zu verlieren und bei schwierigen Körperempfindungen, Gefühlen und Gedanken in Beziehung bleiben zu können.

Die Methode unterstützt dabei, eine innere Distanz herzustellen, damit wir mit dem Inhalt, ohne uns davon abzuspalten, nicht mehr so identifiziert sind.

EM fördert einerseits die Aktivierung des neuen Vagus, anderseits eine zunehmende Entidentifikation. Dies erleichtert die Entwicklung von Präsenz, welche ermöglicht, weniger konditioniert und reaktiv zu handeln. Dadurch wird zunehmend kreatives Handeln möglich.

Tabelle 6: Satzanfänge Ehrliches Mitteilen

Wahrnehmungs-Ebene	Satzanfänge	Beispiele
Körperempfindung	Ich spüre…	Ich spüre einen Schmerz im Herzen. Ich spüre Druck im Magen. Ich spüre Hitze im Kopf.
Gefühle	Ich fühle…	Ich fühle Wut. Ich fühle Beklemmung. Ich fühle Freude.
Gedanken	In meinem Kopf ist der Gedanke, dass…	In meinem Kopf ist der Gedanke, dass ich jetzt rausgehen möchte. Mein Kopf denkt, dass ich versagt habe. Mein Kopf denkt, dass ich Unsicherheit nicht mag.

Können wir formulieren, dass da Gedanken sind, jetzt den Raum zu verlassen oder nichts mehr dazu sagen zu wollen, führt dies zu Verbindung und nicht zum Abbruch der Beziehung. Dadurch ist man den inneren und äusseren Erscheinungsformen nicht mehr so ausgeliefert.
Am ungewohntesten ist in der Regel die Formulierung im Hinblick auf die Gedanken, weil wir mit dem Denken am meisten identifiziert sind.

Diese Formulierungen ermöglichen einerseits einen sehr direkten Kontakt mit dem Gegenüber, welcher den neuen Vagus aktiviert, andererseits entwickelt sich dadurch gleichzeitig Distanz zum Erlebten.

Eltern können ihre Kinder ermuntern, auf diese Art und Weise zu kommunizieren, indem sie sie zuerst durch aktives Zuhören dabei unterstützen (Gordon, 1988; Rosenberg, 2004). Das aktive Zuhören hilft dem Kind oder auch einem anderen Gegenüber, seine Körperempfindungen, Gefühle und Gedanken wahrzunehmen, indem die Eltern das Kind spiegeln. Beispielsweise: «jetzt bist du ganz traurig, richtig wütend, froh oder glücklich, etc.», jeweils so offen, dass das Kind mit Ja oder Nein antworten kann.

EM sollten Eltern jedoch nur mit einem erwachsenen Gegenüber praktizieren. Reguliert sich dadurch das Nervensystem der Eltern, wirken sie regulierend auf ihre Kinder: ruhigere Eltern, ruhigere Kinder.

4.1.9 Förderung der Affektregulation durch Neurofeedback

Neurofeedback ist ein computerunterstütztes Hirntraining zur Förderung von

- Affektregulation
- Stressresistenz
- Entspannung
- Aufmerksamkeit/Konzentration
- Kreativität, mentales Training und Spitzenleistung.

Neurofeedback wurde ausgehend von Biofeedback-Methoden wie der Beeinflussung des Herzschlages, der Temperatur oder der Atmung entwickelt (Evans & Abarbanel, 1999). Die Wirkung wurde zu Beginn insbesondere im Bereich der Epilepsie beobachtet, indem sich die Schwelle für Anfälle deutlich erhöhte (Robbins, 2000). Diese erhöhte Stressresistenz senkt die Wahrscheinlichkeit von Rezidiven für *SBS*, weil diese dadurch weniger schnell getriggert werden können.

Neurofeedback spricht direkt in der Sprache des Gehirns, indem es die Hirnwellen adressiert. Nach ungelösten Traumatisierungen verändern sich verschiedenste Strukturen des Gehirns, unter anderem vergrössert sich die Amygdala (Angstzentrum). Diese reagiert deshalb immer sensibler auf verschiedenste Trigger, weshalb sich die Affektregulation mit der Zeit nicht verbessert, sondern verschlechtert (s. Kapitel 2.3). Mit Neurofeedback wird die Amygdala direkt erreicht. Dies geschieht zu Beginn auf der physischen Ebene, durch die Arbeit mit dem Gehirn. Das Bewusstsein kommt jedoch ebenfalls sehr schnell ins Spiel, weil sich das Training gut anfühlt.

Der Körper wird ruhiger und Ich-Funktionen, welche Präsenz und Beobachtung ermöglichen, werden durch ein Neurofeedback-Training gefördert. Dies unterstützt die Verarbeitung und Integration abgespaltener Anteile, weil sich Stressresistenz und Aufmerksamkeitsspanne durch das Training deutlich erhöhen.

Von Neurofeedback profitieren jedoch nicht nur Gestresste und Traumatisierte. Durch das Training wird die bereits bestehende Stressresistenz, Aufmerksamkeit oder Präsenz weiter entwickelt sowie das Zusammenspiel der Hirnfunktionen verbessert, was Spitzenleistungen ermöglicht und meditative Zustände erleichtert.

Diese Methode fand ebenfalls seit den 80er-Jahren, dem Auftauchen des *Gelben* Weltbildes zunehmende Anwendung. Allerdings nicht mit der wünschenswerten Verbreitung, wie alles, was nachhaltige Heilung ermöglicht.

Weil Neurofeedback mit unterschiedlichen Hirnwellen arbeitet, werden einige nachfolgend aufgelistet (Hz=Hertz):

- Delta-Wellen (1-3 Hz): Tiefschlaf und heilerische Aktivität
- Theta-Wellen (3-7.5 Hz): Tiefe Entspannung, Trancezustände, Träume, aber auch traumatische Erinnerungen; kleine Kinder produzieren v.a. Theta-Wellen (Parasympathikus)
- Alpha-Wellen (7.5-12 Hz): Leichte Entspannung, Wohlbefinden; die Schwingung der Erde (Schumann-Frequenz) liegt bei 7.85 Hz (Parasympathikus)
- SMR/Sensory Motor Rhythm: (12-15 Hz): Affektregulation, Zentrierung, Wachsamkeit in Kombination mit motorischer Ruhe (Katze, die vor dem Mauseloch lauert), Präsenz
- Tiefe Beta-Wellen (15-18 Hz): Aufmerksamkeit, Fokussierung, Interesse
- Hohe Beta-Wellen (23-38 Hz): Stressreaktionen, Kampf, Flucht, Angst, Panik (Sympathikus)

- Gamma-Wellen (38-42 Hertz): Integration, tiefe meditative Zustände, Kreativität, Aha-Erlebnisse

Das Gehirn produziert auch noch viel schnellere Hirnwellen. Diese sind jedoch bisher wenig erforscht. In jedem Zustand, ob Tiefschlaf oder bei Stressreaktionen, werden immer alle Hirnwellen produziert, allerdings in sehr unterschiedlicher Intensität.

Neurofeedback basiert einerseits auf einfachen Lernprozessen, genannt operante Konditionierung (Evans & Abarbanel, 1999). Bei der operanten Konditionierung wird ein zufälliges Verhalten belohnt und verstärkt. Dadurch tritt es vermehrt auf. Ziel von Neurofeedback ist es, unterschiedliche Hirnwellen gezielt zu fördern, beispielsweise diejenigen welche für Aufmerksamkeit, Konzentration und Stressresistenz typisch sind.

Für ein Neurofeedback-Training werden am Kopf Hirnwellen mit Elektroden abgenommen und durch einen Computer mit Hilfe eines Elektroencephalogramms (EEG) sichtbar gemacht. Wenn das Gehirn die gewünschten Hirnwellen per Zufall vermehrt produziert, wird dies durch einen Reiz (Töne, Bilder, eine Computeranimation, etc.) verstärkt. Es bekommt also unmittelbar ein Feedback, wodurch es beginnt, mehr davon zu produzieren. Das Gehirn interpretiert das als «Belohnung», da es nach Reizen sucht. Auf die gleiche Weise kann man das Gehirn belohnen, wenn es per Zufall weniger Hirnwellen einer spezifischen Frequenz produziert. Bei Hyperaktivität beispielsweise, ein typisches Symptom bei Traumatisierungen, ist die Aktivität im rechten Schläfenlappen, bei der rechten Amygdala, stark erhöht. Zusätzlich werden zu viele langsame Theta-Wellen im Stirnbereich produziert. Dies führt dazu, dass man schnell erschöpft ist, ohne die anstehenden Tätigkeiten erledigen zu können. Durch das Training wird einerseits die erhöhte Aktivität im rechten Schläfenlappen beruhigt, andererseits durch entsprechendes Feedback die Theta-Wellen reduziert.

Als die Verarbeitungskapazität der Computer noch nicht schnell genug war, funktionierte Neurofeedback nicht. Die Reaktion auf eine bestimmte Hirnwelle muss unmittelbar sein (innerhalb von 0.5 Sekunden), sonst wird das Feedback vom Gehirn nicht mit den entsprechenden Hirnwellen gekoppelt.

Ein EEG, welches in der Medizin verwendet wird, zeigt noch umfassender, wie welche Frequenzen in den einzelnen Gehirnbereichen mit welcher Intensität produziert werden. Mittlerweile gibt es Datenbanken mit tausenden EEG's, welche einen Vergleich mit normalen und abnormalen Gehirnfunktionen ermöglichen. Davon ausgehend kann abgeleitet werden, welche Frequenzen in welchen Bereichen gefördert oder gehemmt werden sollten (Evans & Abarbanel, 1999). Zudem sieht man, wo das Gehirn eine zu hohe Kohärenz hat. Kohärenz bezogen auf das Gehirn heisst, verschiedene Gehirnregionen sind gleichzeitig aktiv und nicht leicht versetzt, was bei Traumatisierungen oft der Fall ist. Die einzelnen Bereiche sprechen sozusagen alle durcheinander und sind nicht in Kommunikation, was zu einem heillosen Durcheinander und Chaos führen kann (Fisher, 2014).

Nur operante Konditionierung zur Erklärung der Funktionsweise von Neurofeedback würde der Komplexität des Gehirns kaum gerecht. Man geht heute davon aus, dass der Haupteffekt darin besteht, dass das Gehirn durch das Training herausgefordert wird, sich selbst besser zu regulieren. Es bekommt durch das Feedback sozusagen einen Spiegel. Die verbesserte Regulation fühlt sich angenehm an und wird oft unverzüglich bewusst wahrgenommen. **Würde** sich das Training nicht gut anfühlen, würde es sehr schnell abgebrochen. Neurofeedback ist ein Lernprozess. Deshalb braucht es mehrere Sitzungen (mindestens zehn bis zwanzig), bis das Gehirn gelernt hat, sich optimal zu regulieren. Bei schwerwiegenderen Stress-Symptomen braucht es entsprechend länger.

Die Förderung der Frequenzen von 12-15 Hz optimiert insbesondere die Affekt- oder Stressregulation und bringt das autonome Nervensystem wieder ins Gleichgewicht. Dadurch wird die rechte Amygdala direkt erreicht, wobei beim Training die Lateralität wichtig ist. Bei Rechtshändigen wird die Affektregulation über die rechte Hirnhälfte angesprochen, bei Linkshändigen über die linke.

Fisher (2014), welche vor allem mit Menschen arbeitet, die Entwicklungstraumata erlitten haben, konzentriert sich zuerst auf die Affektregulation. Erst wenn die Klienten/innen stabiler, zentrierter und gelassener sind, werden Entspannungszustände trainiert. Werden langsamere Frequenzen im Bereich von 6-8 Hz zu früh gefördert, könnten sie Flashbacks auslösen, weil das Gehirn diese evtl. noch nicht von den tieferen Theta-Wellen unterscheiden kann. Traumatische Erinnerungen lösen sich insbesondere durch eine zunehmende Intensität der Frequenzen 3-5 Hz aus der Dissoziation (van der Kolk, 2016). Hingegen trainiert Fisher zur Affektregulation zusätzlich viel tiefere Frequenzen als 12-15 Hz. Sie beginnt bei 12-15 Hz und reduziert die Frequenz so lange, bis sich die Klienten/innen ruhiger fühlen. Dies kann bis in den Theta-Bereich und sogar noch tiefer führen. Paradox, aber bei der Komplexität des Gehirns nicht erstaunlich. Das Gehirn hat offenbar seine individuelle Frequenz, mit welcher es sich am besten regulieren kann.

Der kleine vierjährige Junge, welcher bereits beim *Beigen* Weltbild erwähnt wurde (s. Kapitel 1.2), der sich bei seinen Pflegeeltern das Essen schnappte und unter dem Tisch verschlang, erlitt schweren sexuellen Missbrauch, Gewalt und Verwahrlosung. Er konnte keine Nacht durchschlafen und war bereits mit vier Jahren gewalttätig. Nach nur einer Neurofeedback-Sitzung, welche eine grosse Herausforderung war, da er sich mit Händen und Füssen wehrte, schlief er danach jede Nacht durch. Nach einigen Sitzungen ass er am Tisch und nach weiteren Sitzungen bot er anderen sogar sein Essen an (Fisher, 2014).

Durch die Förderung der Frequenzen im Bereich 12-15 Hertz oder tiefer fühlt man sich zunehmend zentrierter, präsenter, wach und gleichzeitig ruhig. Wenn entsprechende Trigger auftauchen, nimmt man diese zwar wahr, aber es kommt zu keiner impulsiven Reaktion. Es fühlt sich an, als ob man in der Mitte gehalten würde. Die Hände werden angenehm warm. Dieses Training bewirkt meistens zuerst einen verbesserten Schlaf und die Reduktion von Zähneknirschen (Bruxismus). Mit jeder Trainingssequenz lernt das Gehirn, flexibler auf Herausforderungen zu reagieren und sich zu zentrieren. Mehr Gelassenheit und eine mühelosere Leistungsfähigkeit sind die Folge.

Hier einige Aussagen von Klienten/innen:

- Ich bin gelassener und viel motivierter.
- Der schummrige Zustand ist einer Klarheit gewichen.

- Ich fühle die Angst noch, aber sie eskaliert nicht mehr.
- Ich fühle mich wie nach einem Wellness-Besuch und habe mehr Abstand zur Arbeit.
- Ich fühle mich wie gefiltert und gereinigt.
- Ich schlafe besser und höre den Tinnitus weniger.
- Ich kann besser an Aufgaben dranbleiben.
- Ich betrachte die Arbeitssituation gelassener und bin selbstsicherer.
- Persönlich merke ich nichts, Rückmeldung von aussen: ich wäre offener für Neues.

Auch für Schwangere ist Neurofeedback sehr empfehlenswert, wobei es das Nervensystem des Kleinen gleich mitreguliert.

Mit einem Training, welches langsamere Hirnwellen im Bereich von Alpha- und Theta-Wellen fördert, lernt der Körper (wieder), sich vollständig zu entspannen. Dadurch lösen sich beispielsweise Spannungskopfschmerzen auf und hartnäckige Verspannungen erfahren Linderung.

Die Wirksamkeit von Neurofeedback konnte durch viele Studien (s. weiter unten) belegt werden (Budzynski et al. 2009; van der Kolk, 2016). Allerdings bewegt sich die Anzahl der Versuchspersonen in einem kleinen Rahmen, da die Förderung dieser Methode nicht im Interesse der Pharmaindustrie liegt und dafür kaum öffentliche Fördergelder zur Verfügung stehen. Denn im Gegensatz zu Medikamenten ist die Wirkung von Neurofeedback nachhaltig (ausser nach Narkosen), da das Gehirn einen Lernprozess durchläuft, was bei Medikamenten nicht der Fall ist.

Hier ein paar Resultate von Studien:

- Depression: Statistisch signifikante Reduktion (insgesamt 44 Teilnehmende an der Studie).
- Alkoholismus: Eine Überprüfung nach 3 Jahren zeigte, dass 85% der Teilnehmenden keinen Alkohol mehr tranken; gemäss der Befragung von Angehörigen hat sich die Stimmungslage nachhaltig verbessert.
- Posttraumatische Belastungsstörung bei Kriegsveteranen mit stationären

Aufenthalten: bei der Gruppe mit Medikamenten und Therapie zeigte sich nach drei Jahren keine Verbesserung der Symptome (14 Teilnehmende); bei der Gruppe mit Neurofeedback hatten nur 3 von 15 wieder posttraumatische Belastungssymptome.

- Aufmerksamkeitsdefizit/Hyperaktivität: eine Überprüfung nach zehn Jahren zeigte eine nachhaltige Verbesserung in schulischer Leistung und dem Erledigen von Aufgaben (insgesamt 52 Teilnehmende an der Studie).
- Spitzenleistung: Student/innen des britischen Royal College of Music waren nach 10 Sitzungen um 10% besser als ihre Konkurrenz, was in diesem Bereich sehr viel ist.

Im Jahr 2013 wurde Neurofeedback ausserdem in 17 Einrichtungen des amerikanischen Militärs zur Behandlung von Posttraumatischen Belastungsstörungen (PTBS) eingesetzt (van der Kolk, 2016).

Obwohl Neurofeedback sehr wirksam ist, arbeite ich aktuell nicht mehr damit, weil mir die Arbeit mit anderen Methoden mehr Freude bereitet. Hier ein Link mit Neurofeedbackadressen: https://bbns.ch.

4.2   Spirituelle Entwicklung und Selbsterkenntnis

Zur Verarbeitung von Traumata braucht es insbesondere die erste und zweite Perspektive des *4Quadranten-Modells* von Wilber (s. Kapitel 1.8), wobei die anderen Perspektiven auch wichtig sind. Beispielsweise wird es ohne eine systemische Perspektive (achte Perspektive) schwierig zu begreifen, wie ein Trauma von einer Generation zur nächsten weitergegeben wird und man würde weiterhin an eine Vererbung durch schlechte Gene glauben.
Bei der ersten Perspektive geht es unter anderem um Zustände, welche in der Meditation erfahren werden und uns die Zuversicht schenken können, dass unser wahres Sein ewig und unversehrt ist. Auf dieser Basis ist es leichter, sich schwierigen Gefühlen zu stellen, welche durch Traumatisierungen entstanden sind. Durch die zweite Perspektive erhalten wir einen Spiegel durch ein Gegenüber und können uns laufend weiterentwickeln.

Meditation ermöglicht durch die innere Beobachtung direkte Erfahrungen, beispielweise von Vergänglichkeit anhand von Körperwahrnehmungen, Gefühlen oder Gedanken. Daneben gibt es das Kontemplieren, wobei man sich in einen spirituellen Text versenkt (verbreitet in der christlichen Tradition) oder das Studieren spiritueller Texte.

4.2.1 Entwicklung von Gewahrsein und Präsenz

Jede Meditationsmethode hat zum Ziel, Stille zu fördern, über den Verstand hinauszugehen und das innere Gedanken- und Gefühlskarussel anzuhalten (Osho, 2004). Immer wieder Innehalten ist ein grundlegendes, einfaches und sehr wirksames Mittel zur Ich-Stärkung und Entidentifikation. Dadurch entsteht zwischen automatisierten Mustern und Triggern eine Lücke, der Griff von Automatismen lockert sich etwas, Durchatmen wird möglich. Mit der Zeit entwickelt sich dadurch ein innerer Freiraum, welcher ermöglicht, dass wir unseren Gefühlen und automatisierten Reaktionen nicht mehr willenlos ausgeliefert sind. Dadurch können sie uns nicht mehr überschwemmen.
Zusätzlich können wir Gewahrsein im Hier und Jetzt, Präsenz und der/die innere Beobachter/in entwickeln, indem wir beispielsweise mit Hilfe des *Bodyscans* Körperempfindungen, Gefühle und Gedanken beobachten. Nach und nach gewinnen wir dadurch Zugang zu einer Weisheit jenseits unserer täglichen Gedanken, innerer Muster und Anteile.

Einfach nichts zu tun und aufzuhören zu denken ist jedoch nicht so einfach, deshalb gibt es unterschiedlichste Meditationsformen, welche dies unterstützen. Der erste Schritt zur Meditation ist körperlich ruhiger zu werden und sich zu entspannen, was beim heutigen Stresserleben durch die gesellschaftliche Entwicklung sowie durch das Ausmass von Entwicklungstraumata für viele bereits eine grosse Herausforderung ist. Zur Beruhigung des Nervensystems eignen sich alle Methoden, welche in diesem Teil 4 bereits beschrieben wurden.
Eine einfache Entspannungstechnik ist die *Progressive Muskelrelaxation (PM)* nach Jacobsen (2003). Durch den ständigen Wechsel von Anspannung und Loslassen kann sich der Körper mit der Zeit mehr und mehr entspannen. Die Wirksamkeit von *PM* ist mittlerweile wissenschaftlich sehr gut erforscht.

Regelmässige Meditation hat nicht nur eine beruhigende Wirkung auf das Nervensystem und die Entwicklung von Präsenz, sondern viele weitere positive Auswirkungen (Ott, 2000):

- Steigerung der Konzentrationsfähigkeit
- Positive Veränderungen bezüglich Denkfähigkeit
- Positive Veränderungen bezüglich Emotionalität
- Grössere Gelassenheit
- Höhere Produktion von Alpha-Wellen (was jedoch auch für Entspannungstechniken typisch ist)

Zudem werden durch Meditation mehr Theta-Wellen produziert, welche beim Übergang vom Wach- in den Schlafzustand produziert werden und den Übergang vom Unterbewusstsein zum Bewusstsein charakterisieren. Bei der Meditation wird dieser Zustand jedoch hellwach erlebt und erleichtert dadurch den Zugang zu unbewussten Gefühlen und Glaubenssätzen (Budzynski et al. 2009). Wichtig ist es herauszufinden, welche Meditationsart am besten für einen selbst geeignet ist (Ott, 2000; Kornfield, 2008; Osho, 2004):

- Vipassana (Einsichtsmeditation, mit dem *Bodyscan* werden Körperempfindungen, Gefühle und Gedanken beobachtet)
- Konzentration auf unterschiedlichste Objekte, Bilder (Mandalas), Silben (Mantras), Körperzentren (Chakras) oder auf die Atmung, Yoga-Übungen
- Japanische Zen-Meditation (wahrnehmen, was ins Bewusstseinsfeld tritt), *Koans* (paradoxe Rätselfragen)
- Advaita-Vedanta: wer bin ich? resp. wer oder was bin ich nicht?
- Dynamische Meditationen (Bewegung/Tanz), etc.

Vipassana heisst Einsicht und kommt aus dem Theravada-Buddhismus (Kornfield, 2008). Beim *Bodyscan*, welcher ein wichtiger Teil der Vipassana-Mediation ist, geht man mit der Aufmerksamkeit immer wieder durch den Körper hindurch, von Kopf bis Fuss und von Fuss bis Kopf und beobachtet Vergänglichkeit (Anicca) anhand von Körperempfindungen (Goenka, 2009). Als Vorbereitung für die Einsichtsmeditation mithilfe des *Bodyscans* wird zuerst die Konzentration auf den Atem praktiziert, um den Geist zu beruhigen.

Für Traumatisierte, insbesondere für diejenigen mit Panikattacken, ist der Atem jedoch oft kein gutes Meditationsobjekt, weil dieser zu nah mit den Panikattacken verbunden ist und das Nervensystem durch diese Beobachtung eskalieren kann. Hier eignet sich beispielsweise ein Bild oder ein Mantra besser. Mantra heisst übrigens, den Geist stabilisieren. Als Mantra könnten die Brahmaviharas gewählt werden, die vier unermesslichen Geisteszustände (s. Kapitel 1.9). Zum Beispiel das Mantra des Mitgefühls: *Möge ich frei von Leid und dessen Ursachen sein.* Das Mediationsobjekt dient sozusagen als Anker, wenn der Geist hin und her springt. Indem der Geist immer wieder sanft zum gewählten Meditationsobjekt zurückgebracht wird, entsteht mit der Zeit Geistesruhe (*Shamatha*).

Ausgehend von Geistesruhe können neben Körperempfindungen, Gefühlen und Gedanken auch andere Phänomene wie das eigene Ich beobachtet werden, was zur Einsicht (*Vipassana*) von drei Merkmalen aller Phänomene führt:

- Sie sind vergänglich und unbeständig (*Anicca*). Selbst die schönsten Lichterfahrungen klingen mit der Zeit wieder ab, wobei die täglichen Ärgernisse immer noch da sind.
- Durch diese Vergänglichkeit entsteht Leiden (*Dukkha*). Das heisst, die Vergänglichkeit führt früher oder später zu Verlusten von Beziehungen, von Besitz, von Jugend, von Erfolg etc.
- Wenn alle Phänomene unbeständig sind, dann ist auch unser Ich (Anatta) nichts Fixes. Es kann beobachtet werden, dass es sich aus kontinuierlichen Prozessen ergibt und leer ist von einer dauerhaften Substanz. Dies führt zur Einsicht in die Leerheit (*Shunyata*) aller Phänomene.

Diese drei Daseinsmerkmale müssen nicht einfach geglaubt werden, wie bei Religionen in einem *Blauen* Weltbild üblich, sondern können durch eigenes Erforschen und Beobachten selbst erfahren werden.
Es ist eine Tatsache, dass es in der Welt Leiden gibt. Dies ist die erste der *vier edlen Wahrheiten* des Buddhas. Die zweite und dritte ist die, dass das Leid

beendet werden kann und es dafür verschiedene Mittel gibt. Die vierte zeigt auf, wie diese Mittel aussehen, resp. welche Methoden dazu aus buddhistischer Perspektive zur Verfügung stehen. Durch diese Methoden entwickelt sich zunehmend Entidentifikation von den drei *Geistesgiften* Anhaftung, Aversion und Verwirrung und ermöglicht dadurch den Weg aus dem Leiden (Kornfield, 2008).

Dissoziation ist sicherlich eine der intensivsten Stufen von Aversion, wobei Entidentifikation nicht mit Dissoziation verwechselt werden sollte. Der Unterschied von Dissoziation und Entidentifikation ist der, dass sich bei Dissoziation ein Teil der Seele von traumatischen Empfindungen und Gefühlen abspaltet. Bei Entidentifikation wendet sich das Ich, welches mit der Entwicklung der Bewusstseinsseele zunehmend präsenter wird, diesen abgespaltenen Gefühlen und Seelenanteilen mit Liebe, Mitgefühl und Gleichmut zu. Auch wenn dies im Moment der Verarbeitung schmerzhaft ist, verursacht es kein Leid mehr.

Transzendenz wurde lange als Entidentifikation definiert (Wilber, 2007). Deshalb wird durch Meditation direkt Entidentifikation praktiziert. Dies ist in vielen Fällen auch hilfreich, indem man nicht auf jeden Gedanken, jedes Gefühl oder jede Körperempfindung reagiert und beobachten kann, wie sich vieles von selbst wieder auflöst.
Sind da aber Entwicklungstraumata oder andere hartnäckige Muster, nützt es wenig zu beobachten, dass da Wut, Trauer oder Scham ist. Damit lösen sich diese Gefühle keineswegs auf, sondern Dissoziation und Verleugnung werden verstärkt. Der abgespaltene Teil wird dadurch nur noch einsamer. Wilber nennt dies *Spiritual Bypassing.*
Bevor Entidentifikation in solchen Fällen stattfinden kann, müssen abgespaltene Anteile und Gefühle wieder als die eigenen erkannt und angenommen werden. Sie gehören zu mir, sind ein Teil von mir. Erst wenn diese Gefühle verarbeitet worden sind, kann eine Entidentifikation und Transzendierung stattfinden. Diese Gefühle werden dann von «gehören nicht zu mir» über «ich bin wütend» zu «ich habe einen wütenden Teil».

4.2.2 Wer sind wir wirklich?

Um etwas tiefer zu erforschen, was die Leerheit der Natur aller Phänomene ist, eignet sich die Frage: Was ist Geist?

Dabei unterstützt ein Vers aus dem Mahamudra-Wunschgebet des dritten Karmapa (Titel des höchsten Lamas der Kagyü-Linie im tibetischen Buddhismus) (Borghardt & Erhardt, 2016):

- *Geist ist nicht existent, selbst die Siegreichen (die Buddhas) sehen ihn nicht.*
- *Er ist auch nicht nicht existent, denn er ist die Basis von ganz Samsara-Nirvana (Verstrickung in der sinnlichen Welt/Entidentifikation von allem Anhaften).*
- *Er ist weder beides zu gleich noch keines von beiden, sondern der Mittlere Weg der Einheit.*
- *Mögen wir frei von Extremen, die wahre Natur des Geistes erkennen.*

Dieser Vers bezieht sich auf das *Tetralemma*, eine gängige philosophische Methode, welche aus vier Positionen besteht: *Entweder, Oder, Sowohl als Auch* und *Weder noch*. Mit dieser Methode wurde die Frage, was ist Geist immer wieder untersucht, wobei mit dem oben genannten Vers dieses *Tetralemma* ausser Kraft gesetzt wird.

Bei der ersten Position wird davon ausgegangen, dass es einen Geist gibt. Beginnt man in der Meditation nach dem Geist zu suchen, kann er jedoch nirgends gefunden und dinghaft gemacht werden. Dies führt zur zweiten Position, es gäbe keinen Geist. Daraus kann ein Konzept von Leerheit entstehen, bei dem Leerheit mit Nicht-Existenz verwechselt wird, woraus sich ein *Shunyata*-Nihilismus mit weitreichenden Konsequenzen entwickelt, in dem es keinen Geist, keinen Gott, keine Wiedergeburt gibt, kein Gesetz von Ursachen und Wirkung und damit auch keine Konsequenzen. Gehen die Beobachtungen in der Meditation weiter, stellt man fest, dass zwar kein dinghafter Geist gefunden werden kann, aber «geisten» schon stattfindet und sehr viele Prozesse beobachtet werden können. Dies führt zur Position *Sowohl als Auch*, indem davon ausgegangen wird, dass der Geist sowohl existent als auch nicht existent ist. Versucht man diese beiden Positionen in der Meditation zu integrieren, explodiert dabei fast der Kopf.

Hier kommt man auch mit einem *Gelben* Weltbild, welches unterschiedliche Positionen integrieren möchte, nicht weiter. Es sind unvereinbare Gegensätze, was zur Position *Weder noch* führt. Hier ist der Geist weder existent, noch ist er nicht existent. Was gut tönt und alles offenlässt, wird banal wenn man es mit zwei Dingen gleichsetzt, wie der Geist ist weder eine Schachtel noch ein Tisch. Dies führt zur Einsicht, dass dies keine weiteren Erkenntnisse bringt. Die Frage ist also intellektuell nicht zu lösen. Denn *er ist weder beides zu gleich noch keines von beiden, sondern der Mittlere Weg der Einheit.* Der *Mittlere Weg* ist der Weg des Buddhas jenseits von Extremen, wobei mit Extremen das Beharren auf einer oder auch mehreren Positionen gemeint ist. Mit dem *Mittleren Weg der Einheit* erlischt jedes Bedürfnis, irgendeine Position einzunehmen.

Damit stirbt aber gleichzeitig das Ich als definierte Einheit (nicht die Ich-Funktionen) sowie die Trennung zwischen Subjekt und Objekt. Man wird zu einem Niemand, wodurch anderseits alle Positionen eingenommen werden können, je nach Erfordernis einer Situation.

In diesem Erleben wird zusätzlich die Erfahrung gemacht, dass Leerheit nicht einfach leer ist, sondern nur leer von den drei *Geistesgiften*. Gleichzeitig erstrahlen Qualitäten eines erwachten Seins, wie beispielsweise die der Brahmaviharas (s. Kapitel 1.9) (mündliche Erläuterungen von Lama Tilmann, 2024).

Hingegen kann der Einsatz eines *Tetralemmas* in Beratungen bei schwierigen Entscheidungen, welche ein Patt verursachen, zu sehr kreativen Lösungen führen. Die unterschiedlichen Positionen werden im Raum aufgestellt und durchgespielt zu Fragen wie bei meinem Mann bleiben oder zum Geliebten ziehen, die sichere Anstellung kündigen oder ein eigenes Geschäft eröffnen, etc. (Varga v. Kibéd, 2000).

Obwohl das abgetrennte Ich vom allumfassenden Sein, die Trennung von Subjekt und Objekt, zu der schmerzhaftesten Erfahrung aller Trennungen gehört und die Sehnsucht brennend sein kann, wieder in ein allumfassendes Bewusstsein heimzukehren, können grosse Widerstände auftauchen, wenn man sich diesem mit der Frage, «was ist Geist?» oder «wer bin ich wirklich?» zuwendet. Denn die All-Einheit ist die Gegenwart in all ihren Formen und normalerweise wehren wir Teile der gegenwärtigen Welle des Erlebens ab. Obwohl die Sehnsucht nach der All-Einheit brennend sein kann, leisten wir dagegen Widerstand. Wilber (2008) nennt dies den Urwiderstand. Für ihn ist das Begreifen dieses Widerstands der Schlüssel zum Erwachen.

Dieser grundlegendste Widerstand führt dazu, dass man Aspekte des eigenen Seins so sieht, als wären sie Objekte dort draussen. Bei diesem Erleben, welches allumfassend ist, gehören zu diesen Objekten die gesamte Umgebung (grob- und feinstofflich, persönlich und überpersönlich).
Die Welt mit all ihren Objekten ist genauso Teil unseres wahren Seins, wie ein abgespaltener Seelenanteil zu uns gehört. Dieser Urwiderstand ist die Art unserer Wahrnehmung, welche ausserhalb von uns Objekte wahrnimmt, als wären sie von uns getrennt. Durch die Beobachtung der prozesshaften Natur unseres Ichs können wir erfahren, wie wir gegen die All-Einheit Widerstand leisten. Es können beispielsweise Gefühle von Unlust und Langeweile auftauchen oder man wird plötzlich sehr müde. Wenn wir diese Abwehr beim Meditieren durchschauen, wird bewusst, dass wir uns von der All-Einheit wegbewegen. Wir verhindern auf einer unbewussten Ebene aktiv das Erleben der All-Einheit, des *Nondualen* und streben auf subtile Weise vom gegenwärtigen Augenblick weg in die Dualität.
Mit dem Versuch, unseren Durst nach der All-Einheit zu stillen, reiten wir von einer Welle zur nächsten und versäumen dabei das Wasser und die Nässe der gegenwärtigen. Suchen bedeutet hier ewiges Verpassen.

Leisten wir der einen Welt des gegenwärtigen Erlebens Widerstand, teilen wir sie in zwei. Dadurch spalten wir sie in ein inneres Erleben als Erlebende im Gegensatz zu einem äusseren Erleben, das wir als Gesehenes erfahren. Dadurch wird eine illusorische Grenze zwischen uns und der erlebten Welt gezogen. Der Krieg der Gegensätze nimmt dadurch seinen Lauf. Durch unser Weglaufen von der gegenwärtigen Welle kommt zusätzlich eine zeitliche Spaltung, weil wir uns in der Zukunft etwas Besseres erhoffen und dadurch die ewige Gegenwart verlassen. Vergangenheit und Tod werden somit Teil unserer Welt.
Erkennen wir unseren Widerstand durch das Sich-Entfernen, stellt sich Erleichterung ein. Allerdings zeigt sich gleich eine weitere Schwierigkeit. Falls

man den Widerstand jetzt aufgeben möchte, wehrt man den gegenwärtigen Moment des Widerstands wieder ab und man sitzt in der gleichen Falle.

Mit der Zeit erkennt man, dass alles, was das getrennte Ich tut, Widerstand ist. Es selbst ist der Widerstand. Das getrennte Ich kann nur noch aufgeben. Es kann jedoch nicht versuchen, dies zu tun. Dies geschieht spontan, wenn erkannt wird, dass nichts getan werden kann, weil das Bewusstsein der All-Einheit immer vorhanden ist, wobei das Aufgehen im Widerstand den Widerstand auflöst. Dies ist das Ende von Identifikation, gleichzeitig aber auch der Tod des getrennten Ichs. Dadurch können sich die Gefühle von Unlust, welche sich in der Meditation zeigen, wenn man sich damit beschäftigt, bis zu Todesängsten steigern. Es bedeutet aber auch das Ende vom Leiden, wenn man durch diese Ängste hindurchgeht.

Hier zeigt sich ein vermeintliches Paradox zwischen dem östlichen Auflösen des Ichs und der westlichen Ich-Stärkung. Dieses ist jedoch nur vordergründig vorhanden. Im Buddhismus steht das Ich für die irrtümliche Annahme, es hätte einen stabilen, fixen Kern. Mit der Auflösung des Ichs ist diese Annahme gemeint und nicht gesunde Ich-Funktionen. Beide Positionen beziehen sich auf Ich-Funktionen, welche zunehmend weniger durch reaktive Muster bestimmt werden (Borghart & Erhardt, 2016).

4.2.3 Projektionen

Wird die zweite Perspektive des 4Quadranten-Modells bei spiritueller Entwicklung einbezogen, beugt dies einem *Spiritual Bypassing* und weiterer Dissoziation vor.
Vollständige Erleuchtung bedeutet für Wilber (2007) deshalb nicht nur das Erwachen zur absoluten Wahrheit der Natur allen Seins, sondern auch die Verwirklichung aller Entwicklungsstufen (z.B. *Spiral Dynamics*), welche sich bisher auf der Erde gezeigt haben. Damit integriert er bei seiner Definition das Absolute und das Relative (s. Kapitel 1.8).
Wird das Relative nicht mit einbezogen, gibt es zwar Meister/innen, welche zur absoluten Wahrheit erwacht sind, aber sich unter Umständen im alltäglichen

Leben in weniger entwickelten Stufen bewegen oder ihre Schattenanteile nicht integriert haben. Dies kann dazu führen, dass Spendengelder zum eigenen Nutzen eingesetzt werden oder man sich mit Schülerinnen einlässt und die eigene Machtposition ausnutzt.

Je mehr Seelenanteile wir durch Traumatisierungen abgespalten haben, in diesem Leben oder auch in früheren, desto mehr Schattenanteile werden geschaffen. Zu Beginn der Selbsterkenntnis können viele Impulse und Trigger eine Bedrohung für das eigene Selbstbild, resp. für die Überlebensanteile sein, was abgewehrt wird. Je mehr wir jedoch unseren Widerstand aufgeben und annehmen können, was sich gerade zeigt, desto weniger entfernen wir uns von der All-Einheit. Solange wir Widerstände in uns haben, projizieren wir diese in die Welt, weil wir diese Umstände oder Anteile als getrennt von uns wahrnehmen, als wären es Objekte dort draussen.

Anteile, welche dem eigenen Selbstbild nicht entsprechen, werden nach aussen verlegt und dort bekämpft. Sie werden zu Symptomen, wie Kopfschmerzen, Angstzuständen, Unruhe oder anderen Menschen, welche mich ärgern und bedrohen. Das heisst, «es» bedrängt mich von aussen, weil ich mittlerweile vergessen habe, dass es zu mir gehört. Dies ist zu Beginn schwer zu durchschauen, da gerade der Widerstand dazu geführt hat, genau diese Anteile auszublenden (Wilber, 2008). Man nimmt keinen Widerstand mehr wahr, weshalb man in Beratungen hört, er oder sie hätte eine ganz normale Kindheit gehabt. Fragt man etwas nach, erfährt man von vielen belastenden Situationen.

Die meisten haben sicher schon die Erfahrung gemacht, dass man den ganzen Tag nur genervten Menschen begegnet, wenn man selbst gereizt ist. Fühlt man sich hingegen zufrieden und erfüllt, nimmt man diese gar nicht wahr. Wenn ich vor mir selbst nicht wahrhaben darf, dass ich frustriert und ärgerlich bin, weil ich beispielsweise einen cholerischen Vater hatte und auf gar keinen Fall so sein will wie er, müssen diese Gefühle verdrängt werden. Die jetzt unterschwellig gereizte «Ausdünstung» ist aber für andere bewusst oder unbewusst trotzdem noch wahrnehmbar, auch wenn ein nettes Lächeln darüber gelegt wird. Der/die Betreffende fällt jedoch aus allen Wolken, wenn es mit anderen immer wieder mal zu einem Feuerwerk kommt. Man ist fassungslos und ratlos, weil man überzeugt davon ist, besonders harmonieliebend, hilfsbereit und gut gelaunt zu sein. Ein Selbstbild, welches nach Jung der Ebene der *Persona* (Maskenpersönlichkeit) entspricht (Wilber, 2008). Die Gereiztheit und Frustration erscheint jetzt im Spiegel.

Projektionen gipfeln oft in einem *Drama-Dreieck*, welches aus den Positionen Opfer, Täter/in/Verfolger und Retter/in besteht, gefangen in der Dualität von Gut und Böse. Dieses Modell wurde auf der Grundlage der Transaktionsanalyse nach Eric Berne von Stephen Karpman (2007) entwickelt.

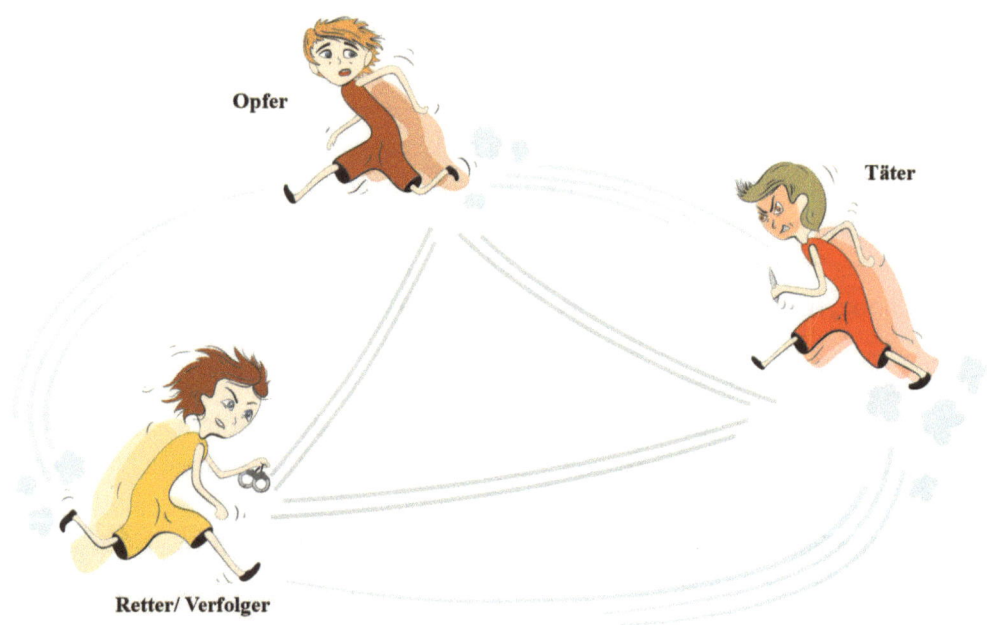

Abbildung 10: Drama-Dreieck

Man spricht von einer Reinszenierung des Traumas (Fisher, 2014). Das Trauma wird so lange wiederholt, bis es eines Tages durch die Verarbeitung der abgespaltenen Gefühle und die Integration der verdrängten Anteile wieder geheilt werden kann.

Wie in Kapitel 2.1.4 beschrieben, werden Opfer von Entwicklungstraumata später ungewollt zu Traumatätern/innen an ihren eigenen Kindern, wollen die Welt retten oder drängen anderen ihre Hilfe auf, ohne dass sie darum gebeten wurden. Wenn Michael bei der Arbeit immer wieder benachteiligt, ausgenutzt oder grundlos beschuldigt wird und genervte Kollegen hat, kann er aus dem *Drama-Dreieck* aussteigen und seine Opferrolle beenden (Orban & Zinnel, 2005), indem er sich fragt, «was kann ich an den anderen über mich erkennen? Welchen Anteil von mir könnten sie mir spiegeln?» Vielleicht entdeckt er einen vergessenen Anteil in sich, welcher früher immer zu kurz kam und die Wut darüber tief vergraben musste. Sobald dieser Teil wieder zurückgeholt wird, braucht es dazu keinen Spiegel mehr. Die Kollegen sind vielleicht immer noch ärgerlich und suchen Schuldige, aber man ist nicht mehr die Zielscheibe, weil es dafür keine Resonanz mehr gibt. Es läuft sozusagen ins Leere und löst sich im Aussen auf. Dies führt zu der unglaublich befreienden Erfahrung von Innen wie Aussen und bedeutet das Ende des *Drama-Dreiecks*, in welchem man möglicherweise über viele Inkarnationen gefangen war.

Die Beschäftigung mit Projektionen braucht ein entwickeltes Erwachsenen-Ich und ist nichts für Kinder oder Kinder-Anteile. Diese brauchen nach schwerem Leid und Traumatisierungen zuerst einmal Schutz und Heilung. Denn sonst kann die Frage auftauchen, «soll ich an dem Leid jetzt auch noch selbst Schuld sein?». Dies ist nicht hilfreich. Ähnlich verhält es sich mit dem Gesetz von Ursache und Wirkung (Karma). Es braucht ein gewisses Mass an Entidentifikation um zu erkennen, dass dies kein Bestrafungsmechanismus ist, sondern ein Feedback, dass man sich zu sehr in diese materielle Welt verstrickt hat.

Einige gehen bei Symptomen und immer wiederkehrenden Problemen in ihrem Leben von *Besetzungen* auf der Astralebene (auf der seelischen Ebene) aus. Hier müsste zuerst genau definiert werden, was die Betroffenen unter *Besetzungen* verstehen. Gilt es auch als Besetzung, wenn man sich nach einem Gespräch ganz ausgelaugt fühlt oder nach dem Betreten eines Raumes plötzlich traurig und niedergeschlagen ist? Oder gehört eine gewisse Absicht dazu?
Wenn von der Existenz geistiger Wesen ausgegangen wird und wir sind nichts anderes als geistige Wesen in einem Körper, kann es natürlich durchaus solche

mit oder ohne Körper geben, welche uns nicht freundlich gesinnt sind. Vielleicht gönnen sie uns eine Beförderung nicht, sind eifersüchtig auf den Mann/die Frau an unserer Seite oder weil wir ihnen (mit oder ohne unser Wissen) einmal Schaden zugefügt haben (in diesem oder auch in einem anderen Leben). Weiss man nichts über abgespaltene Anteile oder Projektionen, kann dies viel Angst erzeugen und man ist immer wieder auf jemanden angewiesen, die/der diese Geister auf der Astralebene vertreibt. Ausser man bekommt zusätzlich Unterstützung, die dahinter stehenden Themen zu verstehen, damit die Projektionen aufgelöst werden können.

Wurde bereits ein bewusstes Hellsehen entwickelt, was gemäss Rudolf Steiner anstehen würde, wäre das Ganze natürlich etwas einfacher, weil man selbst direkt mit diesen Wesen Kontakt aufnehmen könnte.

Möchte man vor der All-Einheit nicht mehr davonlaufen, gibt es so etwas wie eine Fremdbesetzung eigentlich nicht mehr. Denn alles gehört zu mir, ich habe es nur vergessen. Dies heisst natürlich nicht, dass man sich nicht gegen akut schädliches Verhalten schützt, insbesondere im Zusammenhang mit Kindern. Hat man das Konzept der Projektion im Alltag überprüft und verinnerlicht, spielt es letzten Endes keine Rolle mehr, ob mir grob- oder feinstoffliche Wesen ein Thema spiegeln. Die Frage bleibt dieselbe: «Was kann ich an diesen Wesen über mich erkennen? Was wollen sie mir spiegeln? Welchen Anteil von mir habe ich noch nicht im Blick?».

Aufstellungen können, wie in Kapitel 4.1.2 beschrieben, dabei unterstützen, seelische Verstrickungen mit Angehörigen und Verstorbenen sichtbar zu machen. Es wird direkt erlebbar, ob und wie man noch an einem im Bauch der Mutter verstorbenen Zwilling hängt oder er an uns oder ob man beispielsweise mit jemandem, der aus einem Familiensystem ausgestossen wurde, verstrickt ist. Bei einem plötzlichen Tod von Angehörigen wird in Aufstellungen beobachtet, dass diese Seelen durch den Schock oft noch gar nicht realisiert haben, dass sie gestorben sind und sich an dafür offene Familienmitglieder anhaften.

Zeigen Kinder Symptome, machen die Eltern die Integrationsarbeit. Kinder können bei Aufstellungen zusehen, denn sie haben sehr offene systemische Wahrnehmungsorgane für familiäre Verstrickungen und folgen den Aufstellungen mit hoher Konzentration.

Für Erwachsene gilt hier die gleiche Frage: «Was kann ich daran über mich/ uns erkennen? Welche Anteile in mir sind noch im Schatten?». Im Fall von Verstorbenen, welche sich an mich hängen, könnte mich dies zum Beispiel zu meinem Abgrenzungsproblem führen und mich den Unterschied lehren zwischen Mitgefühl und mich zur Verfügung stellen.

Durch die kontinuierliche Auflösung von Projektionen wird unsere Seele mehr und mehr geläutert und wir können uns langsam von der Bewusstseinsseele zum *Geistselbst* (Manas) entwickeln (Steiner, 2020).

Wie man mit inneren Anteilen arbeiten kann, wird im nächsten Kapitel genauer beschrieben.

4.2.4 Arbeit mit dem inneren Team

Ziel dieser Methode ist:

- das Herausarbeiten innerer Anteile, welche psychische und körperliche Beschwerden verursachen
- die Entidentifikation mit dem inneren Erleben, ohne es abzuspalten
- das Nähren der inneren Anteile mit dem, was sie brauchen, bis sie sich wandeln können.

Voraussetzung zur eigenen Arbeit mit inneren Anteilen ist die Entwicklung von Gewahrsein und einer gewissen Präsenz mit Hilfe geeigneter Meditationsmethoden, damit schwierigere Körperempfindungen und Gefühle über eine gewisse Zeit gehalten werden können, ohne dass sie uns fluten. Diese Arbeit stärkt das Erwachsenen-Ich sowie den neuen Vagus, wobei sich Mitgefühl für sich selbst und für andere entwickelt.

Hat man bereits Zugang zu Anteilen aus der Kindheit oder aus früheren Leben (z.B. durch die Methode Lifespan Integration, s. Kapitel 4.1.4), kann direkt mit diesen gearbeitet werden.
Ist dies nicht der Fall, gibt es eine Methode, um aus Symptomen Anteile zu

entwickeln. Diese erleichtert die Entidentifikation sowie die Entschlüsselung von Informationen, welche die Symptome uns mitteilen möchten. Dabei handelt es sich um eine Methode, welche im Buch «Den Dämonen Nahrung geben» von Tsültrim Allione (2009) beschrieben wurde. Die Methode *Dämonenfütterung* kommt ursprünglich aus dem tibetischen Buddhismus. Allione, eine Amerikanerin, lebte als buddhistische Nonne lange im Tibet und passte die Methode auf westliche Verhältnisse an.

Symptome wie beispielsweise Schmerzen, Schuld, Scham, Ohnmacht, Panik oder innere Stimmen, welche uns ständig kritisieren, werden mit Hilfe dieser Methode externalisiert. Diese können sich zuerst durchaus in bedrohlichen Gestalten zeigen, deshalb der Name *Dämonenfütterung*.

Im Folgenden eine Anleitung, welche neben Elementen dieser Methode auch Elemente von Virginia Satir (1989) und Gunther Schmidt enthalten:

- Wähle eine aktuelle Situation, welche am meisten Leid/Stress/Symptome verursacht.
- Nimm eine entspannte Haltung im Erwachsenen-Ich ein, eine Beobachtungsperspektive.
- Aktiviere den neuen Vagus zum Beispiel mit einem Mantra des Mitgefühls: *Möge ich frei von Leid und dessen Ursachen sein.*
- Welche Symptome verursacht die Situation? Was empfindest du im Körper und wo genau? Welche Gefühle gehören dazu, welche Gedanken?
- Lass nun diese Empfindungen und Gefühle aus dir heraus in Richtung eines Stuhls fliessen, den du vorher dort hingestellt hast.
- Was für ein Anteil taucht dort auf? Welches Alter, weiblich/ männlich? Es kann sich auch als ein Tier zeigen oder als Phantasiewesen. Brauche deine Phantasie! Falls die Figur kein Gesicht hat, lass ein Gesicht entstehen. Es wird dadurch einfacher, mit diesem Anteil zu kommunizieren.
- Beschreibe diesen inneren Anteil so genau wie möglich. Das Bild entwickelt sich in der Regel beim Machen. Wie alt ist er? Taucht dazu eine Situation von früher auf?
- Versuche mit dem Anteil in Kontakt zu kommen und finde heraus, wie er sich fühlt, was er möchte und welche Bedürfnisse er hat; wie er sich fühlen würde, wenn seine Bedürfnisse erfüllt sind.

- Nun nähre diesen Anteil mit seinen/ihren Bedürfnissen und den Gefühlen bei Erfüllung. Wie verändert er sich?
- Was nimmst du jetzt im Körper wahr? Gefühle? Gedanken? Lass deinen Anteil erst mit deinem Herzen verschmelzen, wenn er sich gut oder wesentlich besser fühlt.

Dies macht man solange, bis Symptome wie Angst, Ohnmacht, Scham oder Wut, etc. abnehmen. Verspannungen und Gefühle erfahren meistens direkt eine Linderung. Bei Rezidiven von *SBS* (s. Teil 3) kann es sein, dass es nach der ursächlichen Bearbeitung des emotionalen Themas nochmals zu Regenerationsphasen mit den entsprechenden Symptomen kommt.

Abgespaltener Anteil   **Erwachsenes ICH**

Abbildung 11: Erwachsenen-Ich und innerer Anteil

Wenn man bereits weiss, in welche Zeit der innere Anteil ungefähr gehört, lässt man sich mit Hilfe einer *Affektbrücke* (s. Kapitel 4.1.4) direkt in eine für die Symptome typische Szene führen. Dazu konzentriert man sich auf die Gefühle und Körperempfindungen und bittet darum, dass ein dazu gehörendes Bild aufsteigt.

Kommen wir zurück zur Situation, bei welcher Michael am Arbeitsplatz aufgrund seiner Aussagen gemobbt wurde, weil er immer wieder benachteiligt, ausgenutzt oder grundlos beschuldigt wurde:

Seine Symptome – Spannungskopfschmerzen und Schuldgefühle – führten ihn in eine Szene mit seinem Vater als er ein 4-jähriger Junge war. Er sah, wie der Vater ihn plötzlich wütend abwehrte und anschrie, als er ihm etwas zeigen wollte. Er war fassungslos, schockiert und fühlte sich, als hätte er etwas Falsches gemacht. Ausserdem war er auch wütend. Diese Wut hatte jedoch damals keinen Platz, da er sonst noch Schlimmeres fürchtete.

Es ist wichtig, dass der Kinderanteil gegenüber dem Erwachsenen-Ich jetzt alle damit verbundenen Gefühle ausdrücken darf.

Danach kann man herausfinden, was der Kinder-Anteil in dieser Situation gebraucht hätte, welche Bedürfnisse noch brachliegen (Rosenberg, 2004). Hier zur Unterstützung eine Auswahl an Bedürfnissen, weitere finden sich in Kapitel 4.2.6 bezogen auf *Spiral Dynamics*:

- *Physische Bedürfnisse:* Essen, Trinken, Schlafen, Wärme, Kälte, Schutz
- *Kontakt mit anderen:* Wertschätzung, Unterstützung, Verbundenheit, Gemeinschaft, Verlässlichkeit, Sicherheit, zur Bereicherung des Lebens beitragen, Rücksicht, Vertrauen, Gleichwertigkeit, Mitgefühl
- *Autonomie:* Eigene Ziele, Vision, Träume, Freiheit, Gestaltung, Handlungsspielraum
- *Spiel:* Freude, Lachen
- *Integrität:* Kreativität, Sinnhaftigkeit, eigene Werte, Authentizität
- *Spiritualität:* Friede, Harmonie, Inspiration, Liebe, Gleichmut; Einheit

Der kleine Michael brauchte in diesem Fall vom Erwachsenen-Ich Sicherheit, Verlässlichkeit und Beständigkeit bezüglich seiner Reaktionen. Oft kommt es hier zu einem Durchatmen. Dadurch weiss man, dass man das entsprechende Bedürfnis gefunden hat. Zur Unterstützung kann der Kinder-Anteil mit diesen Bedürfnissen genährt werden, indem man ihm ein Getränk oder Nahrung gibt, welche diese Bedürfnisse enthalten. Oft reicht es schon, wenn dem Kinder-Anteil bewusst wird, dass diese Situation schon lange vorbei ist und jetzt ein

Erwachsener da ist, welcher dem Kinderanteil Sicherheit geben kann und jetzt mal auch wütend werden darf, um den Kollegen Grenzen zu setzen.

Aufstellungen mit Boden-Ankern leisten zur Entidentifikation ebenfalls gute Dienste. Dazu wird ein Blatt Papier für den inneren Anteil und eines für das Erwachsenen-Ich im Raum hingelegt. Abwechslungsweise nimmt man die Perspektive des Kinderanteils und diejenige des Erwachsenen-Ichs ein, indem man auf die unterschiedlichen Blätter steht. Durch diesen Prozess können die Gefühle und Bedürfnisse des Kinderanteils nach und nach herausgearbeitet werden.

Die *Kaskadentechnik* von Huber (2023) ist zur Umwandlung von Symptomen in Anteile ebenfalls sehr hilfreich.
Wenn man in entscheidenden Situationen beispielsweise immer «klein beigibt», stellt man die Frage:

Lieber klein beigeben, sonst was? Sonst käme es zu Konflikten. Wenn es zu Konflikten käme, was dann? Dann könnte ich sehr, sehr wütend werden. Wenn du sehr wütend würdest, was dann? Dann würden mich alle verlassen und ich wäre am Schluss ganz allein. Das würde ich nicht überleben.
Anschliessend fragt man weiter, wann man sich denn so ganz allein gefühlt hat. Im Fall von Rita tauchten Situationen auf, bei welchen sie von der Mutter über Stunden im Keller eingesperrt wurde, wenn sie wütend war oder wagte, etwas zu sagen, was ihr nicht passte. Damit wird offensichtlich, weshalb man eine Überlebensstrategie wie «lieber klein beigeben» entwickelt hat und diesen Anteil würdigen. Durch die Arbeit mit dem Überlebensanteil «lieber klein beigeben» wird klar, dass diese Strategie das Überleben des Kindes gesichert hat, heute aber nicht mehr notwendig ist, weil das Kind erwachsen geworden ist und Rita sich wehren und für sich selbst sorgen kann.

In einem anderen Fall beklagte sich Sabine, dass sie für alle ein graues, unsichtbares Mäuschen wäre:
Lieber ein unsichtbares, graues Mäuschen, sonst was? Sonst würde ich auffallen. Wenn du auffallen würdest, was dann? Dann könnten sich andere für mich interessieren. Wenn sich andere für dich interessieren würden, was dann?

Dann könnte sich wieder jemand an mir vergreifen und mir würde ganz übel. Da wurde ihr der Nutzen dieses Überlebensanteils «graues Mäuschen» klar und sie konnte die Bedürfnisse nach Schutz würdigen. Anschliessend war dieser Anteil bereit, etwas zur Seite zu stehen, damit die traumatischen Gefühle verarbeitet werden konnten. Danach war es Sabine möglich, sich sichtbarer zu machen, wann und wo sie es wollte.

Durch die erlösten inneren Anteile erhalten wir Geschenke wie Lebenskraft, Tatkraft, Spontaneität, Leichtigkeit und Freude. Mit der Zeit entsteht dadurch ein inneres Team. Einige Anteile bleiben über längere Zeit bei uns und brauchen immer wieder mal unsere Aufmerksamkeit, andere lösen sich ganz auf und einige transformieren sich zu Helfern und Helferinnen.

Innere Helfer/innen kann man auch gezielt aufbauen. Vielleicht hat man bereits einen Zugang zu Christus, zu Buddha, zu Mutter Maria, zum höheren Selbst oder zu Krafttieren. Wenn man dazu keinen Zugang hat, kann man sich auch fragen, welche Eigenschaften könnten mich bei der Verarbeitung meiner Themen am meisten unterstützen? Wenn dies beispielsweise «sich frei fühlen» wäre, kann man sich fragen, welcher Mensch (im realen Leben, in einem Roman oder einem Film) diese Eigenschaft am besten repräsentiert und nimmt ihn oder sie als Helfer/in in das innere Team auf. Man kann auch ein Tier dazu nehmen, welches diese Eigenschaft am besten symbolisiert (Huber, 2023).

4.2.5 Arbeit mit Persönlichkeitstypen: Enneagramm

Innerhalb von Entwicklungsstufen wie *Spiral Dynamics* können zusätzlich unterschiedliche Persönlichkeits-Typologien zur Selbsterkenntnis unterschieden und verwendet werden wie beispielsweise:

- Enneagramm: 9 Typen
- Astrologie: 12 Archetypen
- Geschlecht: männliche oder weibliche Art
- Dramadreieck: Täter/in, Opfer und Retter/in
- Big five Persönlichkeitstypen: Offenheit, Gewissenhaftigkeit, Extroversion, Verträglichkeit, Neurotizismus, etc.

Hier soll das Enneagramm als Anregung zur Selbsterkenntnis beschrieben werden, allerdings in sehr verkürzter Form. Für diejenigen, welche sich dafür vertiefter interessieren, bietet das Buch «Erkenne dich selbst im Enneagramm» von Claudio Naranjo (2001) einen sehr guten Einstieg. Das Enneagramm wurde vor allem durch Gurdjieff, Naranjo (1999) und Helen Palmer (2000) einer breiteren Öffentlichkeit zugänglich gemacht. Es besteht aus neun Persönlichkeits- oder Charaktertypen, welche in der folgenden Tabelle 7 dargestellt werden (Palmer, 1995; 2000). Je nachdem, was wir erlebt haben, bilden wir unterschiedliche Charaktere aus, mit unterschiedlichen Überlebensstrategien. Dies bietet zusätzlich eine Möglichkeit, Überlebensanteile in einer systematischen Form kennenzulernen. Dabei ist nicht nur die eigene Nummer von Interesse, sondern auch die anderen, weil sie einen Perspektivenwechsel ermöglichen, sich in andere empathisch hineinzuversetzen. Palmer und andere veranstalten während Seminaren Panels mit Interviews zu den einzelnen Persönlichkeitstypen. Bei diesen diskutieren Menschen mit der gleichen Nummer auf einer Bühne Fragen, um den Persönlichkeitstyp zu verdeutlichen und erlebbar zu machen.

Jedem Typ ist eine Leidenschaft zugeordnet, welche es zu transformieren gilt, wobei sich hinter der entsprechenden Leidenschaft jeweils eine Tugend verbirgt. Dies unterstützt bei der weiteren Läuterung der astralischen (seelischen) Ebene.

Ausserdem werden drei Energiezentren beschrieben, die Bauch-, Herz-, und Kopfenergie, wobei jede der Nummern einem der drei Zentren zugeordnet wird. Thema des Kopfzentrums ist Sicherheit sowie das Bedürfnis nach Schutz und Orientierung. Durch Denken möchte man sich vor dem Handeln Sicherheit verschaffen und Zweifel ausräumen.

Thema des Herzzentrums ist die Suche nach Kontakt und Beziehung, um sich nicht wertlos und ungeliebt zu fühlen.

Das dominierende Thema beim Bauchzentrum ist Autonomie. Durch intuitives Handeln wird die Autonomie verteidigt, um sich nicht machtlos und unterlegen zu fühlen (Leinweber, 2001).

Tabelle 7: Persönlichkeitstypen im Enneagramm

Nr.	Typ	Zentrum	Leidenschaft Sünde	Tugend
1	*Reformer/in* Ich bin gut, wenn ich es perfekt mache und Leistung erbringe. Streben nach Vollkommenheit.	Bauch	Zorn Groll	Gelassenheit
2	*Helfer/in* Ich bin gut, wenn ich selbstlos bin. Streben nach Liebe.	Herz	Stolz Schmeichelei	Demut
3	*Macher/in* Ich bin gut, wenn ich erfolgreich bin. Streben danach, sich selbst zu sein.	Herz	Täuschung Eitelkeit	Ehrlichkeit/ Wahrhaftigkeit
4	*Individualist/in* Ich bin gut, wenn ich originell und anders bin. Streben nach der ursprünglichen Quelle.	Herz	Neid Melancholie	Gleichmut
5	*Denker/in; Forscher/in* Ich bin gut, wenn ich klug und weise bin. Streben nach Allwissenheit.	Kopf	Habgier Geiz	Weisheit
6	*Skeptiker/in* Ich bin gut, wenn ich treu und loyal bin. Streben nach Gewissheit, Verlässlichkeit, Geborgenheit.	Kopf	Angst Zweifel	Mut

7	*Enthusiast/in* Ich bin gut, wenn ich fröhlich bin. Streben nach spannenden Projekten, nach Spass und Zerstreuung.	Kopf	Völlerei Luftschlösser	Nüchternheit
8	*Kämpfer/in* Ich bin gut, wenn ich stark bin. Streben nach Gerechtigkeit und Ausgeglichenheit.	Bauch	Wollust/Exzess Rache	Wahrheit
9	*Vermittler/in* Ich bin gut, wenn ich zufrieden und harmonisch bin. Streben nach Harmonie und Toleranz.	Bauch	Trägheit Selbstvergessenheit	Bedingungslose Liebe

Im Buddhismus gelten die Leidenschaften als *Schleier des Gewahrseins,* wobei mangelndes Gewahrsein, nicht gewahr sein zu wollen, als Hauptemotion gilt. Diese verhindert, dass wir das *nonduale* Sein erkennen können (Borghart & Erhardt, 2016).

Vertieftes Enneagramm-Wissen vermitteln zudem die *Subtypen.* Zu jeder Nummer gehören jeweils drei. Insgesamt ergibt dies 27 unterschiedliche Persönlichkeitstypen. Die *Subtypen* können innerhalb der gleichen Enneagramm-Nummer markante Unterschiede aufweisen, wobei die Transformationspunkte noch spezifischer herausgearbeitet wurden (Naranjo, 2001).

Das Enneagramm wurde von Terence Dowling (Leinweber, 2001) auf der Basis der *Geburtsmatrizen* von Grof (s. Kapitel 2.4.2) weiter zum *Primär-Enneagramm* verfeinert. In Kombination mit den drei Energiezentren entstanden daraus neun *Geburtsmuster* mit unterschiedlichen Komplikationen, welche den neun Enneagramm-Typen zugeordnet wurden. Die Namen Geburtsmatrizen und *Geburtsmuster* sind allerdings etwas irreführend, da sich die jeweilige Dynamik bereits während der Schwangerschaft zeigen kann. Der Boden für die Entwicklung unterschiedlicher Persönlichkeitstypen wird meistens bereits durch das spezifische *Geburtsmuster* festgelegt, wobei diese in der Regel nicht zufällig entstehen und durch Anlagen früherer Leben bestimmt werden.

Die unterschiedlichen *Geburtsmuster* wurden von Leinweber auf Deutsch übersetzt und sind auf der Webseite von Dowling (2001) beschrieben.

Im Folgenden wird ein Erfahrungsbericht eines Klienten beschrieben, welcher durch ein alles vernichtendes Ereignis geprägt ist. In diesem Fall geschah dies bereits während der Schwangerschaft:

Paul suchte Unterstützung, weil er ein schlechtes Selbstbild von sich hatte und ausserdem sein Schlaf-Wachrhythmus völlig durcheinander war. Er nahm sich als gefühllos wahr und vermisste Tränen, weil er sich davon innere Ruhe erhoffte. Zudem litt er in gewissen Situationen unter zwanghaften Suizidgedanken. Auf die Frage nach der Schwangerschaft und seiner Geburt erzählte er von einer Fruchtwasseruntersuchung, da seine Mutter kein behindertes Kind wollte und es sonst abgetrieben hätte.

Mit Hilfe einer Affektbrücke gelangte Paul in den Bauch seiner Mutter und reiste direkt bis zu diesem Ereignis zurück. Er erlebte, wie er zunächst von bläulich-ozeanischem Licht umgeben war und dies sehr genoss. Doch plötzlich sah er sich von einem spitzigen Speer bedroht. Verzweifelt probierte er zu flüchten, doch es gelang ihm nicht. Das blaue Licht, welches ihn umhüllte, wich einer trüben Brühe und er selbst wurde ganz steif und starr. Da war keine Geborgenheit mehr, kein Pulsieren, wie er dies kurz davor noch geniessen konnte. Es war für ihn unmöglich, dieser teuflischen, invasiven Kraft Widerstand entgegenzusetzen, welche unbarmherzig und endlos seine Grenzen überschritt. Paul nahm beim Wiedererleben dieser Szene wahr, wie sein Körper innerlich zitterte und sich der Schock zu lösen begann. Regelmässiges Durchatmen half ihm, dieses Zittern ausklingen zu lassen und erklärende Worte dazu beruhigten sein autonomes Nervensystem sichtbar.

Wenn die Grenze für Schmerz und Todesangst erreicht ist, beginnt, wie in Kapitel 2.3 beschrieben, ein Prozess der Dissoziation. Auf dem höchsten

Punkt der Erregung lässt der alte Vagus den Körper erstarren, damit man an dieser Übererregung nicht stirbt, wenn der Zustand der Todesangst zu lange andauert. Dauert die Gefahr weiterhin an, führt eine weitere Überlebensmassnahme des alten Vagus dazu, dass die Muskulatur erschlafft und der Körper kollabiert. Auf emotionaler Ebene wird dies als Depression und Ohnmacht erlebt.

Wird das traumatische Erlebnis als alles vernichtend erlebt, oft beim Enneagramm-Typ 1, 4 und 7, führt der Prozess der Dissoziation dazu, dass sich das Bewusstsein/die Seele vom Leben und diesem Körper verabschiedet und sich dem Geistigen zuwendet. Dies hat eine dramatische Umorientierung zur Folge. Man will jetzt nicht mehr weiterkämpfen, möchte auch nicht mehr gerettet werden, es war einfach zu viel. Lake (Dowling, 2001) nennt diese Kehrtwendung nach einem grenzüberschreitenden, vernichtenden Leiden *transmarginaler Stress* (über die Grenze hinaus gehend). Überlebt man trotzdem, weil ein Teil der Seele doch weiterleben wollte, führt dies im Leben oft zu einer unerklärlichen Todessehnsucht, welche sich in Suizidgedanken äussern kann.

Paul gelang es nun nach diesem Wiedererleben, eine Verbindung zu seinen zwanghaften Suizidgedanken herzustellen. Er zeigte seinen tiefen Schmerz und fühlte sich zum ersten Mal in diesem gewürdigt, verstanden und wahrgenommen.
Nach einigen Integrationsberatungen veränderte sich auch sein Schlaf-Wachrhythmus aufgrund des beruhigten Nervensystems zum Positiven. Seine zwanghaften Suizidgedanken verschwanden und sein Leben bekam immer mehr Farbe, Leichtigkeit und Energie. Das ozeanische Licht ist zu ihm zurückgekehrt und strahlt ab und zu still aus seinen Augen.

4.2.6 Arbeit mit Entwicklungsstufen und Weltbildern

Das Wissen um ein Modell wie *Spiral Dynamics* (s. Teil 1) mit unterschiedlichen Weltbildern kann bei Konflikten zwischen unterschiedlichen Gruppen sehr hilfreich sein. Beck (Beck et al., 2019) verwendete dieses Modell beispielsweise in Südafrika, um zwischen den einzelnen Konfliktgruppen zu vermitteln und für alle annehmbare Lösungen zu erarbeiten.

Auf der Basis der unterschiedlichen Weltbilder bewährte es sich, mit Bedürfnissen zu arbeiten. Deshalb haben wir aus den unterschiedlichen Glaubenssystemen dazu passende Bedürfnisse herausgearbeitet. Denn es gibt immer unterschiedliche Möglichkeiten, wie Bedürfnisse erfüllt werden können, wodurch sich im Konfliktfall mehr Handlungsmöglichkeiten eröffnen. Dazu bietet auch die gewaltfreie Kommunikation von Rosenberg (2004) viele Anregungen. Werden zum Beispiel zwei Teams, Abteilungen oder Firmen zusammengeführt, welche unterschiedliche Glaubenssysteme vertreten, sind Konflikte vorprogrammiert. In einem Fall wurden Leute aus einer Abteilung aus der Sicherheitsbranche in ein Team integriert, welches sich um Sicherheitskennzahlen kümmerte, also eher administrativ tätig war. Die Führung der Leute aus der Sicherheitsabteilung war durch ein *Blaues Glaubenssystem* geprägt, mit klaren Vorgaben und wenig Handlungsspielraum, die der Mitglieder aus dem administrativen Team durch ein *Oranges*, welches mehr Selbstbestimmung erlaubte. Dies führte dazu, dass die Leute aus *Blau* begannen, den *Orangen* Freiraum auszunutzen, was den Mitgliedern des administrativen Teams sauer aufstiess. Mit dem Vorgesetzten wurde erarbeitet, wie die neuen Teammitglieder von einer *Blauen* Führung zu einer *Orangen* geführt werden können. Dies bedeutete, dass für sie vorübergehend wieder etwas straffere Regeln notwendig waren, bis sie sich an den neuen Führungsstil gewöhnt hatten. Dies gelang über das Herausarbeiten der unterschiedlichen Führungsbedürfnisse von *Blau* und *Orange*.

Hier nochmals alle Bedürfnisse der unterschiedlichen Entwicklungsstufen in der Übersicht:

Beige:
- Nahrung, Flüssigkeit, Schlaf, Erholung, Wärme, Fortpflanzung, Körperkontakt, Schutz, physische Unversehrtheit, Versorgung, Betäubung.

Purpur:
- Zugehörigkeit, Zusammenhalt, Sicherheit, Bindung, Gemeinschaft, Rituale, Harmonie, Vertrauen, Unterstützung, Fürsorge.

Rot:
- Abgrenzung, Macht, Spontaneität, Kraft, Vergnügen, Neues entdecken, Eroberungen, Triebbefriedigung, Lust, Intensität, alles oder nichts, Sieg, Rausch.

Blau:

- Orientierung, Ordnung, Struktur, Sicherheit, Kontrolle, Verlässlichkeit, Verbindlichkeit, Rücksicht, Loyalität, Anerkennung.

Orange:

- Selbstbestimmung, Selbstverantwortung, Freiheit, Erfolg, Gleichheit, Brüderlichkeit/Geschwisterlichkeit, Wettbewerb, Handlungsspielraum, Gestaltung, Wissen/Fragen, Leistung, eigenes Denken.

Grün:

- Sinnhaftigkeit, Mitgefühl, Mitfreude, gehört, gesehen und verstanden werden, Frieden, Wertschätzung, Liebe, Suche nach Spiritualität, emotionale Heilung, Akzeptanz, Toleranz, Intuition, Schönheit/Ästhetik, Vielfalt, subjektive Wahrheiten.

Gelb:

- Autonomie, Souveränität, Flexibilität, Vernetzung, Synergien, Authentizität, Überblick, subjektive und objektive Wahrheit, Klarheit, interdisziplinäre Zusammenarbeit, Kreativität, Verwirklichung von Visionen, Stille, Entidentifikation, Präsenz, Leichtigkeit, Spiel, Ebenbürtigkeit, Austausch.

Türkis:

- Verbundenheit mit allem was ist, Heilung von Trennung, Inspiration, Fülle, Einheitserfahrungen, dienen zum Wohle aller, Ganzheit, Gleichmut, Gelassenheit, das Gute, Ekstase.

Wie bereits in der Einleitung des Kapitels 1.1 beschrieben, wurde beobachtet, dass die Entwicklung immer von egozentrisch zu ethnozentrisch zu weltzentrisch verläuft. Sie verläuft auch von prärational (*Beige-Blau*) zu rational (*Orange*) zu transrational (ab spätem *Grün*) oder von präpersonal zu personal zu transpersonal, etc.

Die spirituelle Entwicklungslinie kann ebenfalls in einem *Prä-/Trans-Verlauf* abgebildet werden. In *Spiral Dynamics* sind die Entwicklungsstufen *Beige-Blau* mythologisch, geprägt durch alte magische Methoden oder durch die Kirche. Magische Rituale erlebten in der esoterischen Szene von *Grün* ein Revival, beispielsweise mit positivem Denken oder Bestellungen beim Universum. Dies soll nicht heissen, dass dies nicht auch hilfreich sein kann, aber es ist in der

Regel noch auf Habenwollen oder Nichthabenwollen ausgerichtet (Küsten-macher et al., 2022).

Orange entlarvte vieles aus den Stufen *Beige-Blau* als Aberglaube und Angst-macherei, warf jedoch gleichzeitig neben der Kirche oft das Geistige mit hinaus. *Orange* hätte jedoch die Chance, durch ein rationales Verständnis den Boden für ein mystisches spirituelles Verständnis zu bereiten. Durch Beobachtungen von Körperempfindungen, Gefühlen und Gedanken kann wissenschaftlich überprüft werden, dass wir dies nicht sind, es also noch eine andere innere Instanz geben muss. Auf diesem rationalen Boden fühlt *Grün*, dass der Tempel nicht ausserhalb von uns in irgendwelchen Institutionen gesucht werden muss. Wir können unserem Höheren Selbst, Christus, Buddha oder geistigen Wesen aus anderen Kulturen in unserem Körper, in unserem Denken begegnen und ihr überwältigendes Mitgefühl oder die ekstatische Freude direkt erleben.

Gelb könnte die Beobachtungen von *Orange* weiterführen mit Fragen wie «was ist Geist?» oder «wer sind wir wirklich?» Dadurch entwickelt sich zunehmend ein mystisches Gottesverständnis, welches nicht mehr auf Habenwollen oder Nichthabenwollen abzielt, sondern auf die Entidentifikation von den drei *Geistesgiften* Anhaftung, Aversion und Verwirrung.

Durch den weitverbreiteten Materialismus fand die Entwicklung von einem mytho-logischen zu einem mystischen Gottesverständnis mehrheitlich jedoch nicht statt.

Da die rationale Basis eines spirituellen Verständnisses in *Grün* teilweise fehlt, ist es in den Worten von Wilber (1996) anfällig für *Prä-/Trans-Verwechslungen*. Diese Verwechslung zeigt er am Beispiel der Sichtweise auf, wir sollten wieder werden wie Kinder im Hinblick auf ihre Verbundenheit mit der All-Einheit. In dieser Sichtweise leben Kinder noch im Paradies, im unbewussten Himmel, verbunden mit dem Sein. Mit der Entwicklung zu Erwachsenen fallen sie aus dem ekstatischen, unbewussten Himmel und treten in die bewusste Hölle ein (Samsara, das Rad der Wiedergeburt), in den Wahnsinn eines getrennten Ichs. Wird das Sehnen intensiver, macht man sich früher oder später wieder auf den Weg und kehrt jetzt bewusst zum Himmel, zur All-Einheit zurück.

Das Problem dieser Sichtweise ist jedoch, dass eine unbewusste Einheit mit dem Göttlichen unmöglich ist. Alle Wesen sind immer eins mit der All-Einheit, sonst würden sie nicht existieren. Es gibt daher nur zwei Sichtweisen bezüglich der All-Einheit. Entweder man ist sich ihrer bewusst oder nicht. Falls ein Kind also unbewusst mit der All-Einheit eins ist, hat es sie bereits verloren. Verlieren bedeutet, sich ihrer unbewusst sein. Das Kind befindet sich deshalb nicht in einem bewussten Himmel, sondern in einer unbewussten Hölle. Es ist nur deswegen relativ glücklich (falls es keine grösseren Belastungen erlebt hat), weil die kognitiven Fähigkeiten noch nicht entwickelt wurden, um die Flammen von Samsara bewusst zu erleben.

Erst wenn das Kind erwachsen ist, fühlt es den Wahnsinn eines von der All-Einheit getrennten Seins (lange nicht bewusst) und beginnt zu leiden. Dieses Leiden wird in der Regel über lange Zeit durch äussere Kompensationen betäubt, bis man sich eines Tages auf den Weg der Bewusstwerdung macht.

Ziel des Erwachens kann es nach Wilber deshalb nicht sein, in einen kindlichen, unbewussten Zustand zurückzukehren.

Trotzdem können wir von Kindern vieles lernen, wie beispielsweise vermehrt im Moment zu sein, jedoch bewusst, präsent und mit Achtsamkeit.

Da das Thema *Besetzungen* in der esoterischen Szene ziemlich verbreitet ist, hier nochmals ein paar Worte dazu. Wird dieser Begriff verwendet, sollte klar sein, dass er aus den Entwicklungsstufen *Purpur-Blau* stammt und in engem Zusammenhang mit Exorzismus steht.

Wie oben bereits beschrieben, müsste der Begriff zuerst von den Betroffenen genauer definiert werden. Oft wird darunter verstanden, dass es auf der astralen Ebene zu Angriffen von geistigen Wesen (beispielsweise Dämonen) kommt. Auf den Entwicklungsstufen von *Purpur-Blau* wird nicht verstanden, dass man nur von etwas heimgesucht werden kann, was man in diesem oder in anderen Leben abgespalten hat. Das soll nicht heissen, dass Menschen, welche unter *Besetzungen* leiden, auch im Alltag auf diesen Stufen leben. Es zeigt nur, dass ihr spirituelles Verständnis noch nicht durch ein *Oranges*, rationales Verständnis geprüft und entsprechend weiterentwickelt wurde.

Zum Hinterfragen des Konzeptes der *Besetzungen* braucht es die Entwicklung eines/einer Beobachters/in. Diese rationale Basis ermöglicht es, einen Vorgang wie Projektionen logisch zu durchdenken.

Nach der Überwindung des wissenschaftlichen Materialismus, dem ungesunden *Orange,* könnte das Geistige wieder akzeptiert und als etwas Alltägliches anerkannt werden, weil wir ja auch geistige Wesen sind.

Werde ich durch ein geistiges Wesen auf der astralen Ebene heimgesucht, welches mir feindlich gesinnt ist, kann ich mir wieder die Frage stellen «was kann ich durch dieses Wesen über mich erkennen?» Nachdem ich meine abgespaltenen Anteile zu mir zurückgeholt und das damit verbundene Leid mitfühlend aufgelöst habe, ist man mit einem entwickelten *Grün* vielleicht sogar fähig, anschliessend diesem Wesen mitfühlend zu begegnen, damit wir beide Frieden finden können.

Inneren Frieden finde ich, wenn es gelingt, aus dem *Drama-Dreieck* auszusteigen und die dazu gehörenden Anteile zurückzunehmen. Inneren Frieden und Frieden in der Welt erschaffen wir, wenn viele aus dem *Drama-Dreieck* aussteigen. Innen wie Aussen, Geist erschafft Materie. Der aktuell noch weit verbreitete Materialismus vermittelt jedoch weiterhin die Illusion, dass wir diese Macht nicht hätten.

Das Gegenmittel ist die Ausreifung eines gesunden *Orangen* Weltbildes, welches uns zu eigenständigem Denken befähigt.

5.   Ausblick

In diesem Buch wurde anhand eines integralen, *Gelben* Weltbildes versucht, ein entsprechendes Krankheitsverständnis zu skizzieren und zu vertiefen. Ein Krankheitsverständnis, resp. ein Verständnis von Symptomen, welches Körper, Seele und Geist als eine integrierte, systemische Einheit betrachtet, welche in einen spezifischen sozialen Kontext eingebettet ist.
Durch emotionale Stressoren werden *Sinnvolle Biologische Sonderprogramme (SBS)* ausgelöst, welche einerseits zu Alarmreaktionen des Nervensystems, andererseits zu spezifischen organischen Veränderungen führen können. Werden diese Stressoren über längere Zeit nicht aufgelöst, entstehen chronische Stress-Symptome. Anderseits können auch Vergiftungen, Verstrahlung, Medikamente, Hitze, Kälte, Fehl- und Mangelernährung, schädliches Bewegungsverhalten oder Unfälle zu unterschiedlichen Symptomen führen.

Können wir die Stressoren auflösen/beseitigen, finden im Körper eine Vielzahl an Regenerationsprozessen statt, welche bekannte Symptome wie Fieber, Schwellungen, Entzündungen, Schnupfen, Husten, etc. verursachen, wobei Mikroorganismen nicht als die Verursacher von Krankheit gesehen werden, sondern als ein integrierter Bestandteil der Regenerationsprozesse (Teil 3). Wenn wir erleben, dass der Körper weder ein Kriegsschauplatz für überschiessenden Zellaufbau ist, noch eindringende Mikroorganismen abwehren muss, führt dies zu einem friedlicheren Weltbild von Gesundheit und Symptomen.

Die Verbreitung emotionaler Stressoren bereits in der Kindheit, welche in vielen Fällen zu Entwicklungstraumata mit schwerwiegenden Folgen führen, ist epidemisch, wie am Anfang von Teil 2 beschrieben. Durch Dissoziation und Entwicklung von Überlebensanteilen werden diese Folgen normalisiert, was zu einer weitverbreiteten *Normopathie* in unserer Gesellschaft geführt hat. Es wurde beispielsweise zur Normalität, während Schwangerschaften und Geburten viele geburtshilfliche Massnahmen einzusetzen, welche die Kleinen bereits im Mutterleib und bei der Geburt traumatisieren können. Deregulierte Nervensysteme sind die Folge, welche zu chronischen Stressreaktionen führen. Kinder, welche zu Eltern mit einem deregulierten Nervensystem werden, traumatisieren wiederum ungewollt ihre Kinder, weil sie den neuen Vagus nicht entwickeln konnten, um angemessen auf die Bedürfnisse ihrer Kinder einzugehen. Dadurch entstehen Systembindungstraumata. Es ist nicht erstaunlich, dass die Opfer-Täter/in-Strukturen, welche daraus entstehen, sich auf allen Ebenen der Gesellschaft spiegeln. Die aktuelle neoliberale Ideologie legt davon Zeugnis ab, charakterisiert durch ein *Winner-takes-it-all System* und einem *Roten* Zinsgeld, welches zu einer massiven Spaltung zwischen Arm und Reich geführt hat.

Menschen, welche nicht traumatisiert sind oder ihre Traumata aufgelöst haben, könnten andere Menschen, Tiere und die Natur nie in diesem Masse ausbeuten oder solche Ausbeutungen widerstandslos hinnehmen.

In Teil 4 wurde ausführlich darauf eingegangen, wie (Entwicklungs)traumata verarbeitet werden können. Die nachfolgende Tabelle 8 zeigt die Verortung der Methoden im *4Quadranten-Modell* von Wilber, welche in diesem Buch beschrieben wurden. Daneben gibt es natürlich auch weitere wirksame Methoden.

Tabelle 8: Methoden im vereinfachten 4Quadranten-Modell verortet

Innen; subjektiv Ich	Aussen/es; objektiv Wissen/ Wissenschaft
Meditation, Kontemplation Holotropes Atem Lifespan Integration Wiedererleben Haltetherapie Schamanisches Reisen Arbeit mit Anteilen u. Projektionen Ehrliches Mitteilen Neurofeedback Enneagramm	Entwicklung eigenen Denkens auf der Basis von Erkenntnis durch ein wissenschaftliches Vorgehen: • Selbst- und Fremdbeobachtung von Phänomenen sowie Sammeln von Daten • Formulierung von Hypothesen und Theoriebildung • Überprüfen der Hypothesen an der Wirklichkeit durch Experimente und Kontrollgruppen Beobachtung des eigenen Denkens
Innen; subjektiv **Wir**	**Aussen/sie; objektiv** **Systeme und Organisationen**
Arbeit mit Werte- und Glaubenssystemen wie Spiral Dynamics	Aufstellungen

Durch die Verarbeitung von Entwicklungstraumata und Integration abgespaltener Kinderanteile werden wir weniger bedürftig und entwickeln Mitgefühl für uns selbst und für andere. Durch Stärkung der/des inneren Beobachters/in und zunehmender Präsenz entwickelt sich Entidentifikation von reaktiven Mustern und den drei *Geistesgiften* Anhaftung, Ablehnung und Verwirrung. Dadurch wird es leichter, uns für die Bedürfnisse anderer zu interessieren, ohne dass unsere eigenen dazwischen kommen.

Diese Fähigkeit zur Empathie legt die Basis für Nächstenliebe im *Wirtschaftsleben*. Das *Wirtschaftsleben* ist einer der drei Bereiche der *sozialen Dreigliederung* nach Steiner, welche zur Gestaltung einer lebensfreundlichen Gemeinschaft zukunftsweisend werden könnte.

Zur Verwirklichung von Nächstenliebe im *Wirtschaftsleben* braucht es ein Interesse an den Mitmenschen. Erst wenn es möglich ist, sich für andere zu interessieren, unabhängig von den eigenen Bedürfnissen, kann herausgefunden werden, was sie tatsächlich brauchen. So könnten wir uns in Zukunft zunehmend gegenseitig versorgen, damit wir alle unseren Bedürfnissen entsprechend leben können, wobei das Geld der Menschheit als reine Tauschhilfe dienen sollte.

Die Entwicklung eigenständigen Denkens auf der Grundlage eines gesunden *Orangen* Weltbildes stärkt die Freiheit im *Geistesleben*. Dies erleichtert, Propaganda zu durchschauen und die Politik (das *Rechtsleben*) von Monopolen und der Macht einiger globaler Player zu befreien. Danach kann es auf seine eigentliche Aufgabe ausgerichtet werden: die Sicherung der Gleichheit aller Menschen im Hinblick auf Regelungen, welche ein friedliches Zusammenleben ermöglichen.

Mit dem aufkeimenden *Türkisfarbenen* Weltbild wird der Dienst an anderen zu einem Bedürfnis. Wenn wir unsere Projektionen zurücknehmen und aus dem Dramadreieck aussteigen, schaffen wir den Boden für nachhaltigen Frieden. Mit der Entwicklung zunehmender Entidentifikation im *Gelben* Weltbild zeigt sich unsere Urspaltung, das Urtrauma immer deutlicher, welche nach östlichen Weisheitslehren die Wurzel allen Leidens ist: die Spaltung zwischen uns und der Welt, zwischen Subjekt und Objekt, zwischen Ich und Du. Wir alle sind dieses eine kosmische Bewusstsein, welches sich individuell ausdrückt und in der Materie Erfahrungen macht.

Im aufkeimenden *Türkisfarbenen* Weltbild könnte sich ein Krankheits-, resp. Gesundheitsverständnis dieser Entwicklungsstufe auf die Heilung dieser Urspaltung fokussieren.

Mögen alle Wesen frei und glücklich sein und die Ursachen für Glück realisieren.
Mögen wir frei von Leid und dessen Ursachen sein.
Mögen wir nie von der wahren leidfreien Freude getrennt sein.
Mögen wir frei von Anhaftung und Ablehnung in grossem Gleichmut verweilen.

Und möge dieses Buch zum inneren Frieden beitragen.

Katharina Lehmann, Psychologin, Dr. phil.

Seit vielen Jahren beschäftigt sich Katharina mit Stressreaktionen, insbesondere den extremen Formen Trauma und Burnout sowie Methoden zur Stressregulation. Während mehrerer Jahre arbeitete sie bei der Polizei, neben notfallpsychologischen Einsätzen, in den Bereichen Beratung, Schulung, Selektion und Suchtprävention. Zuvor leitete sie ein Beratungszentrum für Betriebliches Gesundheitsmanagement an der Uni/ETH Zürich mit Angeboten zu Organisationsentwicklung und Stressmanagement.

Seit ihrer Therapieausbildung in transpersonaler Psychologie ist sie in eigener Praxis tätig mit dem Fokus Einzel- und Entwicklungstraumata, Konflikt- und Stressmanagement sowie spirituelle Entwicklung. Dabei dient ihr eine langjährige Meditationspraxis.

Sie ist Gründungsmitglied der Stiftung *VitaNetz* deren Geschäftsführerin.
www.katharina-lehmann.ch

Alice Haller-Berger, dipl. HFS systemische Familienberaterin

Alice hat jahrelange Erfahrung mit der Auflösung von Bindungsstörungen zwischen Mutter und Kind. Grundlage dafür ist eine bindungsorientierte Psychologie und Pädagogik. Nach mehrjähriger Arbeit im Suchtbereich beim blauen Kreuz ist sie seit Jahren in eigener Praxis tätig, mit dem Fokus Familienstellen und der Verarbeitung von Geburts- und Entwicklungstraumata. Im Einzelsetting erlernen die Eltern einen heilsamen Bindungsstil, um ihre Kinder durch Höhen und Tiefen zu Autonomie begleiten zu können.

Sie ist Präsidentin der Stiftung *VitaNetz* und ebenfalls Gründungsmitglied.
www.alicehaller-berger.ch

Elisabeth Galli-Affolter, Fachfrau für Gesundheit

Ursprünglich als Pflegefachfrau tätig, arbeitet Elisabeth seit vielen Jahren in eigener Praxis mit Ahnenlinien und schamanischen Arbeiten. Diese führen oft in frühere Leben, welche Zusammenhänge mit aktuellen Problemen aufzeigen und deren Verarbeitung erleichtern. Zusätzlich bietet sie Fussreflexzonenmassage, Rückentherapie und Energiearbeit an, um Traumatisierungen auch auf körperlicher Ebene verarbeiten zu können. Ein zusätzlicher Fokus von ihr ist bioenergetische Informationsmedizin.

Sie ist freie Mitarbeiterin der Stiftung *VitaNetz*.

furezoma@gawnet.ch

Christian Kaufmann

Christian war fast 30 Jahre in einem Energieunternehmen in der Personal- und Organisationsentwicklung tätig. Schwerpunktmässig begleitete er Menschen und Teams in Veränderungsprozessen. Er war auch erster Ansprechpartner bei Konflikten. Nebenamtlich war er im Vorstand gemeinnütziger Organisationen tätig (Umweltschutz, gesundheitsverträglicher Mobilfunk etc.).

Als Mitglied des Stiftungsrates von *VitaNetz* und drittes Gründungsmitglied kümmert er sich um die Bearbeitung von Videoproduktionen.

Stiftung *VitaNetz*

Wir engagieren uns für eine Gemeinschaft, welche die Gesundheit und Lebendigkeit von Mensch, Tier und Natur achtet und fördert.

Wir setzen uns für eine Wirtschaft mit einem Geldsystem ein, welches Fülle erzeugt sowie Freiheit und Gleichwertigkeit der Menschheitsfamilie fördert, im Wissen darum, dass die Entwicklung des Bewusstseins dafür Voraussetzung ist. Basis bilden der integrale Ansatz von Ken Wilber sowie die soziale Dreigliederung von Rudolf Steiner mit drei sich selbst verwaltenden Bereichen. Bei diesen handelt es sich um das Geistes-, Rechts- und Wirtschaftsleben. Jedem dieser Bereiche wird eine geistige Idee zugeordnet: dem Geistesleben die Freiheit, dem Rechtsleben die Gleichheit und dem Wirtschaftsleben die Nächstenliebe.

www.vitanetz.ch

6.   Literaturverzeichnis

Adelaars, A., Rätsch, Ch., Müller-Ebeling, C. (2006). *Ayahuasca.* Baden: AT Verlag.

Allione, T. (2009). *Den Dämonen Nahrung geben.* München: Arkana.

Assagioli, R. (2004). Handbuch der *Psychosynthese.* Zürich: Nawo Verlag.

Atkinson, R. L., Atkinson, C. R., Smith, E., & Bem, D. (1990). *Introduction to Psychology.* Geneva: Cosmopress.

Bachelor, M. (2003). *Meditation.* Freiamt im Schwarzwald: Arbor.

Baer, N., Schuler, D., Füglister-Dousse, S., Morau-Gruet, F. (2013). *Depressionen in der Schweizer Bevölkerung.* Schweizerisches Gesundheitsobservatorium.

Baumeister, A. (2020). *Neue Medizin. Einfach erklärt.* Bestellung über die Webseite möglich: www.neue-medizin-medium.de.

Beck, D.E., Larsen, T.H., Soloni, S., Vilioen, R.C., Johns, T. O. (2019). *Spiral Dynamics in der Praxis.* Bielefeld: Kamphausen Media GmbH.

Bertell, R. (2020). *Kriegswaffe Planet Erde.* Glenhausen: J.K. Fischer-Verlag.

Bonneval, H. (2014). *Wahrheit heilt!* Norderstedt: BoD – Books on Demand.

Bonneval, H. (2019). *Denken als Weg.* Norderstedt: BoD – Books on Demand.

Bonneval, H. (2020). *Wie werden wir leben?* Norderstedt: BoD – Books on Demand.

Borghardt, T., Erhardt, W, (2016). *Buddhistische Psychologie. Grundlagen und Praxis.* München: Arkana.

Bortz, J., Döring, N. (1998). *Forschungsmethoden und Evaluation.* Berlin: Springer-Verlag.

Boszormenyi-Nagy, I., Spark, G.M. (1981). *Unsichtbare Bindungen.* Stuttgart: Klett-Cotta.

Bowlby, J. (1972). *Mutterliebe und kindliche Entwicklung.* München/Basel: Verlag Ernst Reinhardt.

Buchwald, G. (2020). *Impfen – Das Geschäft mit der Angst.* Lahnstein: emu-Verlag.

Budzynski, Th., Budzynski, H., Evans, R.J., Abarbanel, A. (2009*). Introduction to quantitative EEG and Neurofeedback.* San Diego: Academic Press.

Bundesamt für Sozialversicherungen (2018). *IV-Statistik 2017. Statistik zur sozialen Sicherheit*. Pdf.

Burkart, A. (2018). *«Freiheit» No29: Gesundheit, Krankheit und Heilung*. Anger: Akademie Zukunft Mensch.

Burkart, A. (2022). *«Freiheit» No6: Ahriman, Geist der Schwere*. Anger: Akademie Zukunft Mensch.

Burkart, A. (2023). *«Freiheit» No30: Das Mysterium der Ernährung aus spiritueller Sicht*. Anger: Akademie Zukunft Mensch.

Campell, J. (1999). *Der Heros in tausend Gestalten*. Frankfurt am Main: Insel Verlag.

Dahlke, M & R., Zahn, V. (2003). *Frauen-Heil-Kunde*. München: Goldmann.

Dahlke, R. (2017*). Jetzt einfach fasten!* München: ZS Verlag GmbH.

Ehrmann, E. (2016). *Kohärentes Atmen*. Bielefeld: tao.de in J. Kamphausen Mediengruppe GmbH.

Emerson, W. (1996). *Behandlung von Geburtstrauma bei Säuglingen und Kindern*. Heidelberg: Mattes Verlag.

Emerson, W. (2020). *Geburtstrauma*. Heidelberg: Mattes Verlag.

Enders, G. (2019). *Darm mit Charme*. Berlin: Ullstein Buchverlage GmbH.

Esfeld, M. (2023). *Land ohne Mut*. Berlin: Achgut Edition.

Evans, J.R., Abarbanel, A. (1999). *Introduction to quantitative EEG and Neurofeedback*. San Diego: Academic Press.

Eybl, B. (2022). *Die seelischen Ursachen von Krankheiten*. Wien: Ibera Verlag/European University Press.

Falkai, P., Wittchen, H-U. (2015). *Diagnostische Kriterien DSM-5*. Göttingen: Hogrefe.

Felitti, V.J. et al. (1998). The Adverse Childhood Experiences (ACE) Study. *American Journal of Preventive Medicine, 14 (4)*, 245-285.

Fetzner, A. (2019). *Schamanische Reisen zum Krafttier. Heimkehr der verlorenen Seele*. ISBN: 9783750420588.

Fisher, S.F. (2014). *Neurofeedback in the Treatment of Developmental Trauma*. New York: W.W. Norton & Company Inc.

Foerster von, H., & Pörksen, B. (2003). *Wahrheit ist die Erfindung eines Lügners*. Heidelberg: Carl-Auer-Systeme-Verlag.

Gartz, L. (2018). *Globaler Reichtum*. Michelstadt: Neunheit Verlag.

Goenka, S.N. (2009). *Meditation now.* Onalska: Pariyatti Publishing.

Gordon, Th. (1988). Übungsbuch Gordon Familientraining. *Effectiveness Training Incorporated.* California.

Gotzsche, P.C. (2016). *Tödliche Psychopharmaka und organisiertes Leugnen.* München: riva Verlag.

Grof, St. (1985). *Beyond the brain.* Albany NY: New York Press.

Grof, St. (2006). *Das Abenteuer der Selbstentdeckung.* Reinbek bei Hamburg: Rowohlt Taschenbuch Verlag.

Gschwend, G, (2012). *Notfallpsychologie und Trauma-Akuttherapie.* Bern: Verlag Hans Huber.

Hamer, R.G. (1995). *Einführung in die Neue Medizin.* Helmut Pilhar – GHK Academy German (Podcast).

Hamer, R.G. (2009). *Aids – die Krankheit, die es gar nicht gibt.* Alhaurin el Grande: Amici di Dirk.

Hellinger, B. (1998). *Wie Liebe gelingt, ein Kursbuch.* Heidelberg: Carl-Auer-Verlag.

Hellinger, B. (2003). *Ordnungen des Helfens.* Heidelberg: Carl-Auer-Verlag.

Hellinger B. (2005). *Wahrheit in Bewegung.* Freiburg: Herder.

Helmes, P. (2019). *Das Theater um Greta und die Klima-Hysterie.* Troisdorf: SZ-Druck & Verlagsservice GmbH.

Hengartner, M.P. (2018). Zürcher Hochschule für Angewandte Wissenschaften anlässlich der Lernveranstaltung antidepressive Medikamente: *Kritische Evaluation von Risiken und Nutzen* vom 30.10. 2018.

Hockertz, S.W. (2021). *Generation Maske.* Rottenburg: Kopp Verlag.

Huber, M. (2023). Wie es ist, muss es nicht bleiben. Paderborn: Junfernmann.

Hüther, G. (2009). *Biologie der Angst. Wie aus Stress Gefühle werden.* Göttingen: Vandenhoeck & Ruprecht.

Ingermann, S. (2004). *Die Schamanische Reise.* Ansata.

Jacobsen, St. (2003). *Progressive Muskelrelaxation.* CD

Kabat-Zinn (1999). *Stressbewältigung durch die Praxis der Achtsamkeit.* Arbor Verlag Freiamt.

Kaluza, G. (2003). Stress. In M. Jerusalem, H. Weber (Hrsg.), *Psychologische Gesundheitsförderung.* (S. 339-361). Göttingen: Hogrefe.

Keleman, St. (1995). *Verkörperte Gefühle.* München: Kösel Verlag.

Klein, G.N. (2022). *Der Vagus Schlüssel zur Trauma Heilung*. Gräfe und Unzer Verlag.

Kornfield, J. (2008). *Das weise Herz*. München: Goldmann.

Kreiss, Ch. (2020). *Gekaufte Wissenschaft*. Hamburg: tredition GmbH.

Krötsch, I. (2022). Ja zum Leben. In St. Lanka und U. Stoll (Hrsg.). *Aus der mechanistischen Denkfalle ins Verstehen*. Schwäbisch Hall: Praxis-Neue-Medizin-Verlag.

Küstenmacher, M., Haberer, T., Küstenmacher, W.T. (2022). *Gott 9.0*. Pössneck: GGP Media GmbH.

Lanka, St. (2021). Corona. Es geht um mehr: Um Alles! *Wissenschafftplus, 2*, 6-19.

Lanka, St. (2021). Präliminäre Resultate der Kontrollversuche. *Wissenschafftplus, 2*, 52-57.

Lanka, St. (2021). Gefährliche Behauptungen. *Wissenschafftplus, 3*, 6-15.

Lanka, St., Stoll U. (2022). Allgemeine Informationen- der Rundumschlag. In St. Lanka und U. Stoll (Hrsg.). *Aus der mechanistischen Denkfalle ins Verstehen*. Schwäbisch Hall: Praxis-Neue-Medizin-Verlag.

Lanka, St. (2023). Wie geht Seuche? Allgemein. *Wissenschafftplus, 2*, 38-39.

Lanka, St. (2023). Angst-Kartell Virologie. *Wissenschafftplus, 2*, 34-35.

LaPierre, A., Heller, L. (2013). *Entwicklungstrauma heilen*. München: Kösel Verlag.

Lehmann, K. (2006). *Umgang mit Komplexität. Perspektivenerweiterung durch Organisationsaufstellungen*. Heidelberg: Carl-Auer.

Levine, P.A. (1998). *Trauma-Heilung*. Essen: Synthesis.

Levine, P.A. (2015). *Trauma und Gedächtnis*. Münschen: Kösel-Verlag.

Lewer, D., O'Reilliy, C., Mojatabai, R., Evans-Lacko, S. (2015). Antidepressant use in 27 Eurpean coutries: associations with sociodemopraphic, cultural and economic factors. *The British Journal of Psychiatry, 207*, 221-226.

Luhmann, N. (1987). *Soziale Systeme*. Frankfurt am Main: Suhrkamp.

Lüssi, G. (2021). Kurze Einführung in die Universalbiologie. *Wissenschafftplus, 2*, 38-45.

Lüssi, G. (2022). *Angst vor Krankheiten durch Wissen ersetzen*. Schwäbisch Hall: Praxis-neue-Medizin-Verlag.

Marktl, W. (2007). Physiologische Grundlagen des Säure-Basen-Haushaltes. In

W. Marktl, B. Reiter & C. Ekmekcioglu (Hrsg.) *Säure – Basen – Schlacken: Pro und Contra – eine wissenschaftliche Diskussion.* Wien: Springer-Verlag.

Masiero, G., Mazzonna, F, Verbeek, O. (2018). *What drives the rise of antidepressant consumption? Evidence from Switzerland.* Draft Version, Università della Svizzera Italiana, Faculty of Economics.

Mausfeld, R. (2009). Psychologie, ,weisse Folter' und die Verantwortlichkeit von Wissenschaftlern, *Psychologische Rundschau, 60 (4),* S. 229–240.

Mausfeld, R. (2019). *Angst und Macht.* Frankfurt/Main: Westend Verlag GmbH.

Mayring, P. (2003). *Qualitative Inhaltsanalyse.* Weinheim: Belz.

McGoldrick M., Gerson R. (1990). *Genogramme in der Familienberatung.* Bern: Hans Huber.

Meyen, M. (2021). *Propaganda-Matrix.* München: Rubikon Betriebsgesellschaft mbH.

Meyer, R. (2023). *Tierisch gut. Tiere als Spiegel der Seele.* ISBN: 978386661205.

Moritz A. (1997). *Timeless Secrets of Health and Rejuvenation.* USA: Lightning Source Inc.

Moritz, A. (2008). *Die wundersame Leber- und Gallenblasenreinigung.* Bad Lausick: voxverlag.de.

Morschitzky, H. (2011). *Die zehn Gesichter der Angst.* Ostfildern: Patmos Verlag.

Münnich, D. (2019). *Das System der 5 Biologischen Naturgesetze – Band 1.* ISBN: 978-3-00-035336-9.

Münnich, D. (2018). *Das System der 5 Biologischen Naturgesetze – Band 2.* ISBN: 978-3-00-041917-3.

Naranjo, C. (2001). *Erkenne dich selbst im Enneagramm. Die 9 Typen der Persönlichkeit.* Kösel.

Orban, P., Zinnel, I. (2005). *Drehbuch des Lebens.* Reinbek bei Hamburg: Rowohlt.

Osho (2004). *Das Buch der Heilung.* Berlin: Ullstein Buchverlage GmbH.

Ott, U. (2000). *Schriften zur Meditationsforschung: Merkmale der 40 Hz-Aktivität im EEG während Ruhe, Kopfrechnen und Meditation.* Frankfurt am Main: Peter Lang GmbH.

Pace, P. (2007). *Lifespan Integration. Connecting Ego States through Time.* Eirene Imprint.

Palmer, H. (1995). *Das Enneagramm in Liebe und Arbeit.* München: Knaur.

Palmer, H. (2000). *Das Enneagramm. Sich selbst und andere verstehen lernen.* München: Knaur.

Parkin, Om C. (2011). *Die Intelligenz des Erwachens.* advaitaMedia GmbH.

Petri, S. (1996). Erlebnisgedächtnis, Wiedererleben und posttraumatische Störungen. *The International Journal of preinatal and pernatal Psychologie and Medicine (8),* S. 519-531.

Pfluger, Ch. (2019). *Die Strategie der friedlichen Umwälzung.* Solothurn: edition Zeitpunkt.

Porges, St. (2017). *Die Polyvagal-Theorie.* Lichtenau: G.P. Probst.

Prekop, J. (1988, 1995, 2. Auflage). *Der kleine Tyrann,* München Kösel.

Prekop, J., Hellinger, B. (1998). *Wenn ihr wüsstet, wie ich euch liebe.* München: Kösel.

Reuther, G. (2022). *Heilung Nebensache.* München: riva Verlag.

Robbins, J. (2000). *A Symphonie in the Brain.* New York: Tarcher Putnam.

Rosenberg, M. (2004). *Gewaltfreie Kommunikation.* Paderborn: Junfernmann.

Rügemer, W. (2020). *Die Kapitalisten des 21. Jahrhunderts.* Köln: Papy Rossa Verlag.

Ruppert, F. (2012). *Trauma, Angst und Liebe. Unterwegs zu gesunder Eigenständigkeit.* München: Kösel.

Ruppert, F. (2019). *Wer bin ich in einer traumatisierten Gesellschaft?* Stuttgart: Klett-Cotta.

Satir, V., Baldwin, M. (1989). *Familientherapie in Aktion.* Paderborn: Junfernmann.

Schauer, M., Neuner, F., Elbert, T. (2011). *Narrative Exposure Therapy: A Short-Term Intervention for Traumatic Stress Disorder after War, Terror or Torture.* Göttingen: Hogrefe & Huber Publishers.

Schlippe von, A., & Schweitzer, J. (1998). *Lehrbuch der systemischen Therapie und Beratung.* Göttingen: Vandenhoeck & Ruprecht.

Schuler, D., Tuch A., Buscher, N., Camenzind, P. (2016). *Psychische Gesundheit in der Schweiz.* Schweizerisches Gesundheitsobservatorium.

Schützenberger, A.A. (2001). *Oh, meine Ahnen.* Heidelberg: Carl-Auer-Systeme-Verlag.

Selvini Palazzoli, M., Anolli, L., Di Blasio, P., Giossi, C., Pisano, J., Ricci, C. (1993). *Hinter den Kulissen der Organisation.* Stuttgart: Klett-Cotta.

Sheldrake, R. (1998). *Das schöpferische Universum.* Berlin: Ullstein Buchverlage.

Sparrer, I. (2001). *Wunder, Lösung und System.* Heidelberg: Carl-Auer-Verlag.

Steiner, R. (1980). *Die Philosophie, Kosmologie und Religion in der Anthroposophie.* Dornach. Rudolf Steiner Verlag.

Steiner, R. (2019). *Theosophie.* Dornach: Rudolf Steiner Taschenbuchverlag.

Steiner, R. (2020). *Die Geheimwissenschaft im Umriss.* Berlin: Lunata.

St. Louis, C. (2015). Die Assimilierung unserer Schöpferseele. In C. St.Louis & H. Kautz-Vella. *Total vernebelt – giftiger Krieg.* Hesper Verlag.

Stoll, U. (2023). *Medikamenten Wirkung – Mit dem Wissen der Universalbiologie betrachtet.* Schwäbisch Hall: Praxis-neue-Medizin-Verlag.

Stroebe, W., Hewstone, M., Codol, J.-P., Stephenson G. (1992). *Einführung in die Sozialpsychologie* (Milgram-Experimente S. 392). Heidelberg: Springer.

Sugak, K. (2023). Pocken, Teil 1. *Wissenschafftplus, 2,* 24-31.

Sugak, K. (2023). Pocken Teil 2. *Wissenschafftplus, 3,* 42-51.

Sugak, K. (2023). Pocken Teil 3. *Wissenschafftplus, 4,* 40-46.

Van der Kolk, B. (2016). *Verkörperter Schrecken. Traumaspuren in Gehirn, Geist und Körper und wie man sie heilen kann.* Lichtenau: Probst Verlag.

Varga von Kibéd, M., & Sparrer, I. (2000). *Ganz im Gegenteil. Für Querdenker und solche die es werden wollen.* Heidelberg: Carl-Auer-Systeme-Verlag.

Vormann, J. (2007). Säure-Basen-Haushalt: Latente Azidose als Ursache chronischer Erkrankungen. In W. Marktl, B. Reiter & C. Ekmekcioglu (Hrsg.) *Säure – Basen – Schlacken: Pro und Contra – eine wissenschaftliche Diskussion.* Wien: Springer-Verlag.

Walch, S. (2009). *Dimensionen der menschlichen Seele.* Düsseldorf: Patmos Verlag.

Wilber, K. (1996). *The Atman Project.* Illinois: Quest Books.

Wilber, K. (2000). *Integral Psychology.* Boulder: Shambhala.

Wilber, K. (2003). *Boomeritis.* Boulder: Shambhala.

Wilber, K. (2007). *Integral Spirituality.* Boston & London: Integral books.

Wilber, K. (2008). *Wege zum Selbst.* München: Arkana.

Woggon, B. (2009). *Behandlung mit Psychopharmaka.* Bern: Hans Huber.

Young, R. (2002). The pH Miracle. New York: Grand Central Publishing.

Young, R. (2016). Who had their Finger on the Magic of Life – Antoine

Béchamp or Louis Pasteur? *International Journal of Vaccines and Vaccination, 2 (5).*

Zapf, D. & Semmer, N. (2004). Stress und Gesundheit in Organisationen. In H. Schuler (Hrsg.), *Enzyklopädie der Psychologie: Themenbereich D Praxisgebiete, Serie III Wirtschafts-, Organisation- und Arbeitspsychologie, Band 3 Organisationspsychologie – Grundlagen und Personalpsychologie* (S. 1007-1112). Göttingen: Hogrefe.

YouTube-Beiträge:

Burkart, A. (2018): Spiritualität 2/10. www.youtube.com/watch?app=desktop&v=ZGVR4_i0Sko&list=PLx5OSRvDry1P-FKLuBRPokEUTibxGIAMX&index=2, (abgerufen am 3.1.2024).

Burkart, A. (2019). *Waldorfpädagogik II.* https://www.youtube.com/watch?v=dLzWy9m5ePs&list=PLPsKQnVnJetPJyQQ8qYl0Cxte447B3RXK&index=8, (abgerufen am 1.5.2024).

Burkart, A. (2020). *Das Geheimnis deiner Seele, Teil 1.* https://m.youtube.com/watch?v=UPkAj7D5YbY, (abgerufen im März 2024).

Burkart, A. (2020). *Das Geheimnis deiner Seele, Teil 2.* https://m.youtube.com/watch?v=twMsSvrMt0c, (abgerufen im März 2024).

Burkart, A. (2020). *Das Geheimnis deiner Seele, Teil 3.* https://m.youtube.com/watch?v=BIdwIFlk5g4, (abgerufen im März 2024).

Burkart, A. (2021). *Woher weiss ich, was die Wahrheit ist?* https://m.youtube.com/watch?v=-PhbcHHagRE&pp=ygUMI2F4ZWxidXJrYXJ0, (abgerufen am 6.5.2024).

DavidM1337. (2010). *Die fünf biologischen Naturgesetze: die Dokumentation.* www.youtube.com/watch?v=Z57uBCcOdvI&list=PLDBDEC44E9571081A&index=3, (abgerufen im Januar 2022).

FairTalk (2021). *Kurz nachgefragt bei Axel Burkart.* https://m.youtube.com/watch?v=8rSOByEyDLs, (abgerufen am 6.5.2024).

Free-new-medicine (2016). *Motoric Conflict/Motorischer Konflikt – Epileptic Seizure/Epilepsie.* https:// www.youtube.com/watch?v=UPr_Eh647hg, (abgerufen am 2.8.2024).

Garve, R. (2021). *Medizingeschichte – Mythos Ansteckung?* www.youtube.com/watch?app=desktop&v=enaf9SuFHvc, (abgerufen im Januar 2022).

Garve, R. (2022). *Der Untergang von Gross-Tartarien*, Teil 1. www.bitchute. com/video/0MIr0e9WoOYc/, (abgerufen im August 2024).

Renggli, F. (2022). *Der ganz normale Irrsinn – die Natur- und Kulturgeschichte der Mutter-Kind-Beziehung.* www.youtube.com/watch?v=G7chJWLweuI, (abgerufen am 1.8.2024).

Tornick, E. (2016). *Still Face Experiment.* https:// www.youtube.com/ watch?v=YTTSXc6sARg, (abgerufen im Juni 2018).

Links:

Anthrowiki (12.9.2022). *Ägyptisch-chaldäische Kultur.* www.anthrowiki.at/ Ägyptisch-Chaldäische Kultur, (abgerufen im März 2024).

Anthrowiki (2.6.2024). *Atlantis.* www.anthrowiki.at/Atlantis, (abgerufen am 7.7.2024).

Barro, N. (2024). Webinar vom 17.6.: *Dauer der Heilung.* www.nicolasbarro.de.

Barro, N. (2024). Seminar/Webinar vom 13./14.7.: *Symptomkurs.* www.nicolas barro.de.

Bundesamt für Statistik (2022). *Weniger als 1000 Suizide im Jahr 2020 – Langjährige Tendenz weiter sinkend.* www.bfs.admin.ch/asset/de/23446122, (abgerufen Mai 2023).

Dowling, T. (2001). *Das Primär Enneagramm.* www.becoming-human.eu/ wp-content/uploads/2016/06/das_primaer_enneagramm.pdf, (abgerufen am 6.7.2024).

Duffy, D.P. (September 2011). *The Flexner Report – 100 Years later.* www. ncbi.nlm.nih.gov/pmc/articles/PMC3178858/, (abgerufen im April 2024).

Exenberger, S., Wenter, A., Sevecke, K., Schickl, M., Juen, B. (2022). *Childern's mental health during the first two years of the Covid19 pandemic: Burden, risk faktors and posttraumatic growth – a mixed methods partents perspective.* https://doi.org/10.3389/fpsy.2022.901205, (abgerufen am 10.2.2023).

GreenBirth (2021). *Abnabelung vor Auspulsieren der Nabelschnur?* www. greenbirth.de/de/a/abnabelung-vor-auspulsieren-der-nabelschnur, (abgerufen am 12.6.2024).

Gossel, P. (2022). *Die ursprünglichen und die weiteren Adverse Childhood Experiences (ACEs): Häufigkeiten und Zusammenhänge mit der Gesundheit bei 4109 Erwachsenen aus Deutschland.* https:// libdoc.fh-zwickau.de/opus4/

frontdoor/deliver/index/docId/15059/file/MasterprojektPeerGossel.pdf, (abgerufen am 21.8.2024).

Health-at-a-Glance-Europe (2017). https://www.oecd.org/els/health-systems/ Health-at-a-Glance-Europe-2017-CHARTSET.pdf, (abgerufen im Juni 2019).

Helsana (2021). *Corona.* https://reports.helsana.ch/corona, (abgerufen am 8.2.2023).

Infosperber (2013). Ärzte erhöhen Schwelle für Blutdruckmedikamente. www. infosperber.ch/wirtschaft/konzerne/aerzte-erhoehen-schwelle-fuer-blut druck-medikamente/, (abgerufen am 28.7.2024).

Interministerielle Arbeitsgruppe der Bundesregierung Deutschland (2023). *Gesundheitliche Auswirkungen auf Kinder und Jugendliche durch Corona.* www.bundesgesundheitsministerium.de/fileadmin/Dateien/3_Downloads /K/Kindergesundheit/Abschlussbericht_IMA_Kindergesundheit.pdf, (abgerufen im März 2023).

Kaufmännische Krankenkasse Deutschland (2022). *Sprachtherapie statt Spiel, Sport & Spaß: Mehr Kinder betroffen.* www.kkh.de/presse/presse mitteilungen/sprachdefizite, (abgerufen im Mai 2023).

Karpman, St. B. (2007). *The New Drama Triangles.* http://karpmandramatri angle.com/pdf/thenewdramatriangles.pdf, (abgerufen am 12.10.2024).

Kirkeby Hansen, A., Wisborg, K, Uldbjerg, N., Brink Henriksen, T. (2008). *Risk of respiratory morbidity in term infants delivered by elective caesa-rean section: cohort study.* https:// pubmed.ncbi.nlm.nih.gov/18077440/, (abgerufen am 12.6.2024).

Miera, J.J. (2024). www.praehistorische-archaeologie.de/wissen/grundlagen/ evolution-des-menschen/, (abgerufen im April 2024).

Morschitzky, H. (2011). *Das vegetative Nervensystem.* https://panikattacken. at/panikstoerung/panikstoerung.html, (abgerufen im Mai 2016; Dokument aktuell nicht mehr verfügbar).

NextLevel. *Studien zur Ansteckung.* https://t.me/NextLevelOriginal (Telegram Kanal).

Leinweber, D. (2021). *Das Primär-Enneagramm.* www.dirkleinweber.de/ material-2/material-2/, (abgerufen im Juni 2024).

Pharmazeutische Zeitung (10.1.2019). *Absetzen, aber richtig.* https://www.pharma zeutische-zeitung.de/absetzen-aber-richtig/, (abgerufen im Mai 2019).

Obsan (2022). *Bulletin 02/2022*: www.bfs.admin.ch/asset/de/22444909, (abgerufen am 8.2.2023).

Pro Juventute (November 2021). *Update Corona-Report: Kinder und Jugendliche brauchen unsere Unterstützung!* www. projuventute.ch (Update Corona Report), (abgerufen im März 2023).

RP-Online (24.4.2013). *Suizid bei Männern dreimal höher als bei Frauen.* http:// www.rp-online.de/leben/gesundheit/news/suizid-bei-maennern-dreimal-hoeher-als-bei-frauen-aid-1.3352906 (abgerufen im April 2018).

Suchtschweiz (2024). *Zahlen und Fakten.* www.suchtschweiz.ch, (abgerufen am 24.4.2024).

Spektrum.de (2020). *Wie viel Schmerzen spüren Babys?* https://www.spektrum.de/magazin/babys-wie-viel-schmerzen-spueren-neugeborene/1766242, (abgerufen am 15.5.2024).

Tagesanzeiger (3.7.2012). *Wieder einmal eine Busse: 3 Mrd. USD für GlaxoSmithKline.* https://patientensicht.ch/artikel/wieder-einmal-busse-mrd-usd-fuer-glaxosmithkline, (abgerufen im April 2019).

Wagner, B. (2016). *Wann ist Trauer eine psychische Erkrankung?* https:// www.researchgate.net/publication/309436480_Wann_ist_Trauer_eine_psychische_Erkrankung, (abgerufen im Mai 2019).

World Health Organisation WHO (2024). *Stärkung der Akzeptanz in Gemeinschaften von Impfstoffen durch pädagogische Interventionen.* www.who.int/europe/de/activities/strengthening-community-acceptance-of-vaccines-through-educational-interventions, (abgerufen am 18.5.2024).

Wikipedia (22.12.2022). *Symptom.* https://de.wikipedia.org/wiki/Symptom, (abgerufen am 15.4.2024).

Wikipedia (Dezember 2023). *The Adverse Childhood Experiences – ACE-Study.* https://de.m.wikipedia.org/wiki/The_Adverse_Childhood_Experiences_(ACE)_Study, (abgerufen am 23.4.2024).

Wikipedia (30.11.2023). *Hyperventilation.* https://de.wikipedia.org/wiki/Hyperventilation, (abgerufen am 25.8.2024).

Wikipedia (7.12.2023). *Krankheit.* www.de.wikipedia.org/wiki/Krankheit, (abgerufen am 14.3.2024).

Wikipedia (Dezember 2023). *Boreout.* www.de.m.wikipedia.org/wiki/Boreout-Syndrom, (abgerufen am 23.9.2024).

Wikipedia (1.4.2024). *False Memory Syndrome Fondation.* https://de.m.wiki pedia.org/wiki/False_Memory_Syndrome_Foundation, (abgerufen im April 2024).

Wikipedia (24.4.2024). *Ötzi.* https://de.wikipedia.org/wiki/Ötzi, (abgerufen am 24.4.2024).

Wikipedia (Juni 2024). *Gehirnentwicklung beim Menschen.* https:// de.m.wiki pedia.org/wiki/Gehirnentwicklung_beim_Menschen, (abgerufen am 25.8.2024).